LES ANCIENS ET LES MODERNES – ÉTUDES DE PHILOSOPHIE
sous la direction de Chantal Jaquet et Pierre-Marie Morel
5

Savoir immédiat et savoir absolu

Jean-Michel Buée

Savoir immédiat et savoir absolu

La lecture de Jacobi par Hegel

PARIS
CLASSIQUES GARNIER
2011

Jean-Michel Buée est maître de conférences en philosophie à l'université Joseph-Fourier de Grenoble.

ISBN 978-2-8124-0349-1
ISSN 2109-8042

LA LECTURE DE JACOBI PAR HEGEL

Jacobi reste pour nous ce qu'il était déjà pour Hegel : celui qui, en dévoilant à Mendelssohn le spinozisme de Lessing, déclenche le « coup de tonnerre dans un ciel bleu[1] » que fut la querelle du panthéisme. Querelle étrange, dont les conséquences sont sans proportion avec la minceur apparente de son objet initial[2], puisqu'elle ouvre une discussion qui, au-delà des buts explicitement visés par Jacobi[3], va avoir au moins une double répercussion : d'un côté, permettre la redécouverte de Spinoza en Allemagne[4], de l'autre, contraindre toute pensée qui prétend assumer,

---

1 G.W.F. Hegel, *Vorlesungen über die Geschichte der Philosophie* in *Werke in 20 Banden* (*W*) hrsg. von E. Moldenhauer und K.M. Michel, Frankfurt a. M., Suhrkamp, 1970, 20, 316-317 / tr. P. Garniron, *Leçons sur la philosophie de l'histoire*, tome 7, Paris, Vrin, 1991, p. 1832. Là où ils ne diffèrent pas de la version éditée dans les *Gesammelte Werke* (*GW*), Hamburg, Meiner, les textes allemands sont cités dans la version des *Werke* à l'aide du sigle *W* suivi de l'indication du tome et du numéro de la page.

2 Dans son ouvrage *The Fate of Reason*, Cambridge (Mass.) et London, Harvard University Press, 1987, F.C. Beiser écrit qu'« « il est difficile d'imaginer une querelle dont la cause doit tant au hasard – la révélation par Jacobi du spinozisme de Lessing – et dont les effets furent si importants. La querelle du panthéisme a totalement modifié le paysage intellectuel allemand du dix-huitième siècle, et elle continue à être un objet de préoccupation pour les penseurs durant une bonne partie du dix-neuvième siècle » (p. 44). *Cf.* aussi sur ce point la présentation de la querelle du panthéisme que fournit l'ouvrage de W. Breckman, *Marx, the Young hegelians and the origins of Radical Social Theory. Dethroning the Self*, Cambridge, Cambridge University Press, 1999, p. 23-28.

3 Beiser, *op. cit.*, montre qu'en accusant le rationalisme d'aboutir au « fatalisme » et au « nihilisme » de Spinoza, Jacobi cherche d'abord à mettre en évidence l'incapacité de l'*Aufklärung* berlinoise à être la « philosophie populaire » qu'elle prétend être, puisqu'il est impossible de recourir à la raison sans ruiner les certitudes morales et religieuses communes (p. 76). Toutefois, il y a aussi chez Jacobi une visée philosophique plus générale : montrer que les progrès d'une connaissance scientifique « mécaniste » et « déterministe » mènent inévitablement à la destruction des vérités morales et religieuses que nous considérons comme essentielles (p. 85), et mettre en cause l'universalité et l'objectivité qu'invoque la raison à l'appui de sa prétention à combattre le préjugé et la superstition. (p. 86 *sq.*).

4 Sur ce point, outre l'ouvrage de H. Timm, *Gott und die Freiheit. Studien zur Religionsphilosophie der Goethezeit I Die Spinozarenaissance*, Frankfurt. a. M., 1974, *cf.* l'ouvrage collectif *Spinoza im Deutschland des achtzehnten Jahrhunderts* (E. Schürmann, N. Waszek, F. Weinreich hrsg.), Stuttgart, Frommann-Holzboog, 2002, ainsi que les textes de S. Zac, *Spinoza en Allemagne. Mendelssohn, Lessing et Jacobi*, Paris, Méridiens Klincksieck, 1989, de J.M. Vaysse, *Totalité et subjectivité. Spinoza dans l'idéalisme allemand*, Paris, Vrin, 1994 et les actes de divers

ne serait-ce que partiellement, l'héritage des Lumières, à se redéfinir, en abandonnant la métaphysique « scolaire » d'inspiration wolffienne que Mendelssohn tentait encore d'opposer à la foi immédiate de Jacobi. De ce point de vue, Jacobi est bien, comme le dit Hegel, celui qui, avec Kant, force la raison à reposer la question de son propre sens[1], et ouvre ainsi la voie tant aux premières élaborations systématiques de ce qu'il est convenu d'appeler l'« idéalisme allemand[2] » qu'à celles d'une pensée « préromantique » qui cherche, au contraire, à répéter sous d'autres formes le refus jacobien de toute philosophie « rationaliste[3] ». Si l'on ajoute que Jacobi est aussi le premier critique « perspicace » de Kant[4], et le protagoniste des deux autres « querelles » – celle de l'athéisme[5],

---

colloques consacrés à la réception de Spinoza : *Spinoza entre Lumières et romantisme, Cahiers de Fontenay* n° 36 à 38, 1985, *Spinoza au dix-huitième siècle*, Paris, Méridiens Klincksieck, 1990, *Dieu et la nature. La question du panthéisme dans l'idéalisme allemand* (C. Bouton éd.), Hildesheim, Olms, 2005.

1   *Cf. Uber Friedrich Heinrich Jacobis Werke Dritter Band, W.*4, 455 / tr. A. Doz, *Recension des Œuvres de Jacobi*, Paris, Vrin, 1976, p. 37 : « Il n'est guère contestable que l'œuvre commune de Jacobi et de Kant est d'avoir mis fin non pas tant au contenu de *la métaphysique d'autrefois* qu'à son *mode de connaissance*, et d'avoir ainsi fondé la nécessité d'une conception complètement renouvelée du *logique*. Par là Jacobi a fait époque de façon durable dans l'histoire de la philosophie allemande, et […] dans l'histoire de la philosophie tout court ». – *Cf.* aussi *Wissenschaft der Logik, W.*6, 539 / tr. G. Jarczyk, P.J. Labarrière, *Science de la logique, La doctrine du concept*, Paris, Aubier, 1981 p. 355 *sq.* : « C'est par *Kant* et *Jacobi* que toute la manière de la métaphysique d'antan, et du même coup sa méthode, s'est trouvée jetée par-dessus les moulins ».

2   Le rôle essentiel de Jacobi pour les premières élaborations systématiques du jeune Schelling et les premiers textes philosophiques de Hölderlin est bien souligné par D. Henrich, *Konstellationen, Probleme und Debatten am Ursprung der idealistichen Philosophie (1789-1795)*, Stuttgart, Klett-Cotta, 1991. Dans une autre étude, intitulée *Der Ursprung der Doppelphilosophie. Friedrich Heinrich Jacobis Beteudung für das nachkantische Denken* in *F.H. Jacobi Präsident der Akademie, Philosoph, Theoretiker der Sprache*, München, 1993, D. Henrich résume le résultat de ses analyses en écrivant que « les modes de pensée de Jacobi et l'ensemble de son œuvre se sont toujours vus reconnaître l'importance qui est la leur, et ont toujours exercé leur effet le plus significatif, là où ils sont devenus l'occasion d'embrasser d'un même regard les *deux* pôles de la double philosophie projetée par Jacobi, et de comprendre et, si possible, de déterminer plus profondément, l'antagonisme qui règne entre eux, mais en même temps et du même coup de percevoir et d'élaborer à nouveau et d'une autre manière l'assise commune à partir de laquelle sont conçus les deux pôles de cette double philosophie. » p. 26. *Cf.* aussi M. Frank, « *Unendliche Annäherung* ». *Die Anfänge der philosophischen Frühromantik*, Frankfurt. a. M., Suhrkamp, 1997.

3   *Cf.* M. Frank, *op. cit.*

4   *Cf.* A. Philonenko, Introduction à *Qu'est ce que s'orienter dans la pensée*, Paris, Vrin, 1967, p. 22.

5   En 1798, Fichte, professeur à Iéna et co-directeur, avec Niethammer, du *Journal philosophique* publie, malgré son désaccord avec les thèses de l'auteur, un article de Forberg, intitulé *L'évolution du concept de religion*, dans lequel celui-ci interprète la théologie morale kantienne et fichtéenne dans un sens susceptible d'ébranler la foi ; les défenseurs du trône et de l'autel, regroupés au sein de la revue anti-jacobine *Eudémonia* voient là un bon prétexte pour en

puis celle des « choses divines[1] » – qui marquent la vie intellectuelle de son temps, on perçoit aisément, malgré l'oubli relatif qui affecte aujourd'hui sa pensée, quelle fut l'importance de son rôle dans les débats philosophiques de l'Allemagne du début du XIXe siècle.

Cette importance suffit-elle, cependant, à expliquer l'intérêt que lui porte Hegel ? On constate en effet que Jacobi semble jouir d'un double « privilège » dans le corpus hégélien : outre le fait d'être l'un des auteurs les plus fréquemment cités par un philosophe dont on connaît la parcimonie en ce domaine[2], il est aussi celui, parmi tous ses contemporains, sur la pensée duquel Hegel ne cesse de revenir, sans qu'un tel retour soit lié à l'existence d'un contexte polémique comparable à ceux qui entourent les rapports de Jacobi avec Fichte ou avec Schelling. On comprend, dès lors, que bon nombre d'interprètes actuels aient pu voir là le signe d'une sorte d'« aveu caché » : sans doute une pensée systématique qui se conçoit

---

appeler à l'autorité des Princes contre l'« athéisme » de Fichte ; intervention couronnée de succès puisque le prince-électeur de Saxe, Frédéric-Auguste, prend le 19 Novembre 1798 un rescrit de confiscation du *Journal philosophique*, auquel Fichte répond par la publication le 19 Janvier 1799 d'un texte intitulé *Appellation an das Publikum über die ihm beigemessenen atheistischen Äußerungen* (*Appel au public contre l'accusation d'athéisme*), in *Fichte Sämmtliche Werke*, hrsg. von I.H. Fichte, 8 Bde, Berlin, Veit &Co, 1845-46, V, p. 191, dans lequel il invoque le témoignage de Jacobi. Celui-ci répondra par sa *Lettre à Fichte*, (*Jacobi an Fichte* in *Werkeausgabe*, Bd 2, K. Hammacher und W. Jaeschke hrsg., Hamburg, Meiner, 2004 p. 190 / tr. P. Cerruti, *Lettre à Fichte* in *Jacobi. Sur l'entreprise du criticisme de ramener la raison à l'entendement*, Paris, Vrin, 2009, p. 103) rendue publique à l'automne 1799, où il déclare que l'accusation d'athéisme ne saurait valoir contre la personne de Fichte, mais que sa philosophie, comme toute philosophie rationaliste, ne peut qu'aboutir à l'athéisme. Après un réquisitoire de mise en accusation adressé le 18 décembre 1798 par Frédéric-Auguste à la cour de Weimar, Fichte démissionnera d'Iéna en 1799 et partira pour Berlin. On trouvera les textes de Fichte traduits par J.C. Goddard in *Querelle de l'athéisme*, Paris, Vrin, 1993.

1 En 1811, Jacobi publie un texte intitulé *Von den göttlichen Dingen und ihrer Offenbarung*, (in *Werkeausgabe*, Bd. 3., *op. cit.*, 2000 / tr. P. Cerutti, *Des choses divines et de leur révélation*, Paris, Vrin, 2008), dans la seconde partie duquel il poursuit sa critique de Kant et de Fichte, en présentant la philosophie de Schelling comme un « *idéalmatérialisme* » ou une philosophie de « *l'uni-totalité* » (p. 80 / tr. p. 93), qui supprime toute différence entre philosophie morale et philosophie de la nature, et soutient que seule la nature existe. Schelling répond en 1812 par un violent pamphlet intitulé *Denkmal der Schrift von den göttlichen Dingen des Herrn F.H. Jacobi* (*Monument en l'honneur de l'écrit sur les choses divines de Mr. F.H. Jacobi*) in *Sämmtliche Werke* I, 8,19, Berlin, Total Verlag, 1997 ; cette nouvelle polémique va susciter les réactions de Fries et de F. Schlegel qui prennent position en faveur de Jacobi. Cf. *Religionsphilosophie und spekulative Theologie. Der Streit um die Göttlichen Dinge (1799-1812), Quellenband*, hrsg. von W. Jaeschke, Hamburg, Meiner, 1994.

2 Ainsi E. Weil remarque-t-il, à propos d'un tout autre problème – l'interprétation de la Révolution française – que Hegel a cité davantage « ce qu'il se croyait obligé de combattre » que « ce qui lui paraissait convaincant ». *Hegel et le concept de la révolution* in *Philosophie et réalité*, Paris, Beauchesne, 1982, p. 144.

elle-même comme un savoir absolu est-elle l'inverse même d'une pensée qui récuse tout système en invoquant un savoir immédiat qualifié de « non-savoir », ou plus exactement, de « savoir du non-savoir[1] » ; mais cet antagonisme apparent ne dissimule-t-il pas une parenté plus originaire et plus profonde ? D'ailleurs, la pensée du jeune Hegel n'est-elle pas le lieu d'une célébration « romantique » de la vie et de son infinité ? Et celle-ci ne garde-t-elle pas le souvenir du geste de Jacobi, opposant au rationalisme abstrait et à ses médiations, l'« immédiateté » et la « simplicité » de l'existence[2] ? Quant aux textes de la maturité, ne peut-on les lire comme une tentative pour donner au savoir immédiat une forme conceptuelle, moyennant une subjectivisation de l'absolu, qui témoigne clairement de la primauté, au sein du système, des questions religieuses et théologiques[3] ?

On peut toutefois se demander si ce type d'approche ne néglige pas un fait : à l'évidence, lorsqu'il parle de Jacobi, Hegel cherche d'abord à apporter une réponse rationnelle à une question – celle de la satisfaction

---

1 *Cf.* Jacobi, *Werke*, IV, 1, hrsg. von F. H. Jacobi, F. Roth und F. Köppen, 6 Bde, Fleischer, Leipzig, 1812-1825, *Vorbericht*, p. XLIII : il y a « une science du non-savoir [...] qui consiste dans la connaissance que tout savoir humain est lacunaire et doit nécessairement le demeurer ». Cité par L. Guillermit in « le réalisme de Jacobi », *Introduction* à *David Hume et la croyance. Idéalisme et réalisme*, Paris, Vrin, 2000, p. 80.

2 Jacobi, *Werke*, IV, 1, *op. cit.* p. 2 / tr. J. J. Anstett, *Lettres à Mendelssohn sur la doctrine de Spinoza* in *Œuvres philosophiques*, Paris, Aubier, 1946, p. 119.

3 Ces orientations nous semblent présentes dans des travaux comme ceux de R. Legros, *Le jeune Hegel et la naissance de la pensée romantique*, Bruxelles, Ousia, 1980, H.J. Gawoll, *Hegel-Jacobi-Obereit. Konstellationen im deutschen Idealismus*, Frankfurt. a. M., Peter Lang, 2008, V. Rühle, *Zum Darstellungs-und Mitteilungsproblem einer philosophie des Absoluten*, *Hegel-Studien*, 24, 1988 ou S. Mercier, *Grandeurs et limites de la pensée de Jacobi d'après Hegel* in *Science et Esprit*, 58/3, Bellarmin, Montréal, 2006, qui écrit p. 284 que Jacobi constitue « une limite mais non une barrière sur le chemin de l'Absolu », « parce que la limite pointe au-delà d'elle-même, appelle son dépassement » : au-delà de la question de l'influence de Jacobi sur le jeune Hegel, il s'agit toujours, en rapprochant les deux pensées, de montrer que la philosophie hégélienne ne fait qu'expliciter conceptuellement, sur un mode ontologique ou théologique, le contenu « substantiel » intuitionné dans le savoir immédiat. L'article de L. De Vos, *Hegel und Jacobi (ab 1807). Jacobi-Kritik in Fortsetzung Jacobischer Motive ?* in *Hegel und die Geschichte der Philosophie* (D. H. Heidemann, C. Krijnen hrsg.), Darmstadt, WBG, 2007, p. 218-237, participe, à cet égard, d'une orientation analogue, dans la mesure où il développe l'idée que Hegel donne une forme conceptuelle aux convictions personnelles de Jacobi quant à l'irréductibilité de la liberté au mécanisme naturel, même s'il ne semble pas accorder une primauté à la dimension théologique ou religieuse de la pensée hégélienne. De même, P. Cerruti, dans la « présentation » de sa traduction française des textes de Jacobi, *Sur l'entreprise du criticisme de ramener la raison à l'entendement* et *Lettre à Fichte*, *op. cit.* p. 21 note 1, souligne que « le Hegel des écrits de Francfort est [...] très proche de Jacobi et adopte la même position que lui à l'égard de Fichte ».

concrète de l'individu singulier – que Jacobi a eu le mérite de poser à la philosophie, mais à laquelle il répond sur un mode – le savoir immédiat – qui se borne à restaurer sous une forme dégradée un dogmatisme métaphysique dont le système, plus soucieux de prolonger et de radicaliser la démarche de Kant que d'en annuler les effets, se veut au contraire le dépassement[1]. En ce sens, peut-on réellement considérer ce qu'a d'énigmatique dans l'œuvre de Hegel la résurgence d'un débat avec Jacobi comme le signe d'une proximité des deux pensées ? N'y voit-on pas plutôt surgir une certaine inquiétude du concept et de la raison vis-à-vis du refus que leur opposent des attitudes religieuses, mais aussi politiques, morales ou esthétiques, pour lesquelles la singularité de l'individu tend à devenir un absolu ? En sorte qu'il conviendrait plutôt de se demander si tout ce qui, dans la pensée hégélienne, se noue autour du nom de Jacobi, ne renvoie pas, en dernière analyse, plus qu'à un référent historique précis, à une question : celle que pose au discours philosophique l'existence d'un refus délibéré qui lui interdit de s'installer, une fois pour toutes et définitivement, dans la certitude de son absolue cohérence[2] ?

AMBIGUÏTÉ DE JACOBI OU AMBIVALENCE DE HEGEL ?

Il semble clair, en tout cas, que, lorsqu'on les regarde comme un tout, les textes que Hegel consacre explicitement à la pensée de Jacobi – l'écrit de 1802, *Foi et savoir*, la *Recension* de 1817 du tome III des *Œuvres complètes*, les *Leçons sur l'histoire de la philosophie* de 1825-1826, le concept préliminaire des éditions de 1827 et 1830 de l'*Encyclopédie*[3] – en proposent la même image : celle d'une pensée ambiguë, voire incohérente,

---

1   *Enzyklopädie der philosophischen Wissenschaften in Grundrisse*, W.8, 165 *sq.* / tr. B. Bourgeois, *Encyclopédie des sciences philosophiques*, I, Paris, Vrin, 1970, p. 339 *sq.*

2   On peut remarquer que Hegel lui-même compare, dans sa *Préface à la philosophie de la religion d'Hinrichs* – en songeant sans doute davantage à Schleiermacher qu'à Jacobi – le refus « sentimental » de la philosophie à une « sophistique » moderne. *Vorrede zu Hinrichs'Religionsphilosophie*, W.11, 61 / tr. F. Guibal, G. Petitdemange, *Préface à la philosophie de la religion de Hinrichs* in *Archives de philosophie*, 33-4, Oct-Dec 1970, p. 911.

3   *Glauben und wissen oder die Reflexionsphilosophie der Subjektivität in der Vollständigkeit ihrer Formen als Kantische, Jacobische und Fichtesche Philosophie*, W, 2, 287 *sq.* trad. A. Philonenko, C. Lecouteux, *Foi et savoir*, Paris, Vrin, 1988 ; *Über Friedrich Heinrich Jacobis Werke Dritter Band*, W, 4, 429 *sq.* trad. *op. cit.* ; *Enzyklopädie der philosophischen Wissenschaften in Grundrisse*,

ni pleinement philosophique, ni purement extérieure à la philosophie, mais qui repose sur une sorte de mélange instable entre ces deux dimensions antagonistes, et dont l'unité réside, plus que dans un contenu ou un principe fondamental, dans un genre ou un style que Hegel qualifie de *geistreich*[1], de « riche en esprit » – pour signifier que l'authentique richesse spéculative qui s'y découvre, ça et là, tient davantage au hasard d'une inspiration heureuse qu'à une réelle volonté d'amener la pensée à se mouvoir dans l'élément du concept.

D'un côté, en effet, comment dénier toute portée philosophique à un discours voué tout entier à ce qui est l'objet par excellence du philosopher, autrement dit à la saisie du vrai ou de l'absolu ? Ainsi Hegel semble-t-il accorder à la pensée de Jacobi une signification qui excède largement son rôle historique : Jacobi n'est pas seulement, à côté de Kant et de Fichte, l'une des figures majeures de ce que *Foi et savoir* nomme « la philosophie de la réflexion de la subjectivité[2] » ; il n'est pas uniquement l'un de ceux qui ont contribué de façon décisive, dans le contexte de la post-*Aufklärung* allemande, à l'avènement d'une nouvelle forme de pensée libérée du poids de la métaphysique de Wolff et de Mendelssohn ; mais, à en croire l'*Encyclopédie*, ou du moins ses deux dernières éditions, il est aussi l'incarnation à part entière d'un type fondamental et spécifique de rapport à la vérité, autrement dit de ce que Hegel nomme une « *position de la pensée par rapport à l'objectivité* », irréductible à toute autre, celle du savoir immédiat, dont l'importance équivaut, sur le plan proprement philosophique, à celle des deux autres « positions » que distingue le texte, à savoir la métaphysique dogmatique d'une part, l'empirisme et la philosophie critique de l'autre[3].

Mais en même temps, qu'en est-il de la critique radicale de la raison qu'entend opérer Jacobi ? Comment ne pas voir qu'elle repose en partie sur un empirisme, proche de celui du sens commun, qui, en absolutisant le fini, ne fait en réalité que congédier toute philosophie digne de ce nom ? Et surtout comment en méconnaître l'incohérence radicale, puisqu'en séparant le fini de l'infini, la foi du savoir, l'immédiateté de la médiation, le discours de Jacobi ne peut que demeurer dépendant

---

W, 8, 148 *sq.* trad. *op. cit.* ; *Vorlesungen über die Geschichte der Philosophie*, W,20, 315 *sq.* trad. *op. cit.*

1   *W.*2, 353, 355, 375, 387 / tr. p. 144, 146, 161, 170 et *W.*4, 452 *sq.*, 455, 457 / tr. p. 36 *sq.*, 38 *sq.*, 40.

2   *W.*2, 287 / tr. p. 89

3   *W.*8, 93-167 / tr. p. 293-343

du type même de pensée qu'il prétend critiquer et dépasser : celui de la réflexion de l'entendement abstrait[1] ?

Reste que si tous les textes de Hegel, soulignent chacun dans leur perspective propre, la présence chez Jacobi d'une ambiguïté fondamentale, ils le font d'une manière qui apparaît elle-même curieusement ambiguë, lorsque l'on compare les conclusions de l'ouvrage de 1802 à celles des écrits postérieurs : si *Foi et savoir* procède d'une attitude polémique, qui s'emploie à montrer l'incapacité de Jacobi, totalement aveugle à la présence du spéculatif chez Spinoza ou chez Kant, à aller au delà d'une expression « instinctive » de la raison, limitée à quelques passages rares et isolés, ou encore à souligner que le caractère réflexif de son propre discours lui interdit, sans même qu'il s'en rende compte, d'en revenir à un rapport à l'absolu qui soit de l'ordre d'une foi immédiate et naïve[2], les textes ultérieurs semblent, en revanche, adopter une tout autre perspective : dans la *Recension* de 1817, le ton polémique, que Jacobi avait jugé particulièrement blessant[3], a entièrement disparu ; quant aux griefs précédents, sans être à proprement parler abandonnés, ils sont relégués au second plan. Ainsi la critique de Spinoza cesse-t-elle d'être synonyme de non-pensée et d'indigence conceptuelle ; elle est désormais le modèle même de la profondeur spéculative : non seulement Jacobi a su s'élever à ce qui est le point de vue propre du spinozisme, à l'intuition de l'un substantiel, mais il est allé au-delà, en percevant que l'absolu n'est pas seulement substance, mais tout aussi bien sujet, c'est-à-dire esprit et liberté ; en d'autres termes, il a réellement accompli le passage de la substance absolue à l'esprit absolu, même s'il ne l'a accompli qu'intérieurement, « *dans l'intimité de son cœur (in seinem Innersten)* », comme dit Hegel, ce qui l'a contraint à séparer l'immédiateté de la médiation et par là, à ne saisir que sur le mode [spinoziste] de la substantialité figée, ce qui est pourtant l'absoluité même de l'esprit[4]. De même, la critique de Kant, que *Foi et savoir* qualifiait de « *galimatias* » dénué de toute teneur spéculative[5] est présentée ici comme le fruit d'une authentique démarche dialectique, même si celle-ci demeure purement subjective[6]. Bref, loin d'être l'empiriste, destructeur de toute philosophie, qu'évoque le texte

---

1   *W.*8, 154 *sq.* / tr. p. 130 *sq.* ; *W.*4, 435 *sq.* / tr. p. 23 *sq.* ; *W.*20, 326 *sq.* / tr. p. 1841 *sq.*

2   *W.*2, 356-358 / tr. p. 146 et 148, *W.*2, 380 *sq.* / tr. p. 165 *sq.*

3   *Cf.* la lettre à Niethammer du 30 mai 1807 in *Briefe von und an Hegel* I, 98, hrsg. von J. Hoffmeister, p. 166 *sq.* trad. J. Carrère, *Correspondance*, I, Paris, Gallimard, 1962 p. 154 *sq.*

4   *W.*4, 434 et 437 / tr. p. 23 et 25

5   *W.*2, 363 / tr. p. 151

6   *W.*4, 439 *sq.* / tr. p. 27 *sq.*

de 1802[1], ou même simplement un philosophe parmi d'autres, Jacobi acquiert un tout autre statut : il est désormais l'un des précurseurs du système, dont le discours, malgré la déficience d'une forme qui lui interdit d'apercevoir sa véritable portée, a pour contenu ce qui est le contenu spéculatif par excellence[2].

Sans doute pourrait-on objecter à ces remarques que la *Recension* des *Œuvres* de Jacobi est un texte dicté par les circonstances ; et que les préoccupations personnelles de Hegel – liées à ce que R. Haym présente comme une stratégie d'accommodation théorique visant à se concilier les bonnes grâces de Jacobi[3] – y prennent largement le pas sur les préoccupations authentiquement philosophiques. Pourtant, force est de constater que les écrits postérieurs, même si les réserves y sont beaucoup plus importantes que celles du texte de 1817, semblent confirmer pour l'essentiel cet éloge de Jacobi. Ainsi l'*Encyclopédie* critique-t-elle sévèrement la séparation de l'immédiateté et de la médiation ; mais elle se refuse cependant à ne voir dans le savoir immédiat qu'une forme particulière d'empirisme : elle semble plutôt y reconnaître l'expression de la pensée de l'Être, tel qu'il se donne dans son immédiateté indéterminée, autrement dit l'expression de ce qui forme le commencement de la *Science de la logique* et, par là, celui de l'exposition encyclopédique du système[4]. De même, les *Leçons*

---

1 *W*.2, 237, 375 *sq.* / tr. p. 133 et 161

2 La plupart des interprètes ont noté l'existence de cette transformation. *Cf.* par ex. V. Verra, *F.H. Jacobi dall'illuminismo all'idealismo*, Torino, Edizioni di « Filosofia », 1963, p. 289 *sq.* ainsi que les deux articles, *G.W.F. Hegel : Filosofia moderna e riflessione in Glauben und wissen* in *Fede e sapere*, a cura di R. Bonito Oliva e G. Cantillo, Milano, Guerini, 1998, p. 26-27 et *Jacobis Kritik am Deutschen Idealismus* in *Hegel-Studien*, 5, 1969, p. 221-222 ; R.P. Horstmann, *Les frontières de la raison, Recherche sur les objectifs et les motifs de l'idéalisme allemand*, Paris, Vrin, 1998, p. 53-54 ; B. Sandkaulen, *Grund und Ursache. Die Vernunftkritik Jacobis*, München, Fink, 2000, p. 234 ; A. Doz, Présentation de la *Recension des oeuvres de F.H. Jacobi*, *op. cit.* p. 15 *sq.* ; H. J. Gawoll, *Von der Unmittelbarkeit des Seins zur Vermittlung der Substanz* in *Hegel-Studien*, 33, 1998, p. 144 *sq.* ; V. Ruhle, *op. cit.* p. 160 ; M. Brüggen, *Jacobi, Schelling und Hegel* in *Friedrich Heinrich Jacobi, Philosoph und Literat der Goethezeit*, Klostermann, Frankfurt a.M, 1971, p. 225.

3 R. Haym, *Hegel und seine Zeit*, Berlin, 1857, p. 346-347. Trad. fr. P. Osmo, *Hegel et son temps*, Paris, Gallimard, 2008, p. 409-410.

4 *Cf.* H.J. Gawoll, *op. cit.* p. 74. La thèse apparaît nettement dans l'*Encyclopédie*, *W*.8, p. 152 *sq.* / tr. p. 328 *sq.* Elle est explicite dans les *Vorlesungen über die Philosophie der Religion, Teil 1 : Enleitung- Der Begriff der Religion*, (*PdR*) hrsg. von W. Jaeschke, Hamburg, Meiner, 1983 p. 171 *sq.* / tr. P. Garniron, *Leçons sur la philosophie de la religion I, Introduction, Le concept de la religion*, Paris, PUF, 1996, p. 161 *sq.* ; *cf.* aussi *Vorlesungen über die Beweise vom Dasein Gottes*, *W*.17, 369 / tr. J.M. Lardic, *Leçons sur les preuves de l'existence de Dieu*, Paris, Aubier, 1994, p. 58. Toutefois, cette affirmation n'implique pas, contrairement à ce que laisse entendre H.J. Gawoll, que Jacobi lui-même soit parvenu au point de vue qui constitue le « commencement » de la *Science de la logique*. *Cf. infra* note 2 p. 33.

sur l'histoire de la philosophie, tout en insistant sur le fait que la pensée de Jacobi reste une pensée d'entendement, n'hésitent pas à parler de sa « grandeur », en situant celle-ci là même où *Foi et savoir* voyait le signe du mépris de l'universel, autrement dit dans l'auto-affirmation, caractéristique du principe où s'exprime « la grandeur de notre temps », d'une subjectivité autonome, libérée de toute autorité et de toute extériorité, dont « le point de vue selon lequel l'esprit a immédiatement connaissance de Dieu » constitue l'une des figures historiques concrètes[1].

LA « LITTÉRATURE SECONDAIRE » : VIOLENCE HERMÉNEUTIQUE OU RECONNAISSANCE TARDIVE DE L'INFLUENCE DE JACOBI ?

Pourquoi ce retournement ? Comment l'expliquer ? Quelle signification lui accorder ? À examiner la « littérature secondaire », il semble que pour l'essentiel deux types d'interprétation y soient développés. La première considère les nombreux déplacements qui affectent la lecture hégélienne comme la marque d'une indécision, ou d'une « ambivalence[2] » qui serait l'un des effets de la résistance opposée par la pensée de Jacobi aux réductions et aux déformations qu'engendre inévitablement une dialectique artificielle et aveugle à ce qui en constitue la spécificité ; ce qui revient, au fond, à légitimer les réactions de Jacobi lui-même, tant à l'égard de *Foi et savoir*, dont il dénonce les falsifications caricaturales[3], qu'à l'égard de la *Recension* de 1817, dont il semble craindre que le ton trop élogieux ne fasse perdre de vue la nature du différend qui oppose une philosophie de l'identité, dont la tentative d'édifier un système de la liberté dépassant le spinozisme est vouée à l'échec, à l'immédiateté d'un savoir qui, moyennant un « *salto mortale* » – un saut périlleux – réussit d'emblée à se situer dans un espace à jamais inaccessible à la raison et à

---

1   *W.*20, 328 / tr. p. 1842.
2   Le terme est employé par exemple par H.J. Gawoll, *Von der Unmittelbarkeit …, op. cit.* p. 133 et 151.
3   *Cf.* les *Lettres à Köppen* de 1802, in *Transzendentalphilosophie und Spekulation. Der Streit um die Gestalt einer Ersten Philosophie (1799-1807)*, hrsg. von Walter Jaeschke, Hamburg, Meiner, 1993, p. 239 *sq.* ; en particulier la troisième lettre, où Jacobi proteste contre la distinction hégélienne entre une raison subjective et une raison objective, en affirmant qu'elle ne se trouve nulle part dans ses écrits philosophiques et en lui opposant la seule distinction pertinente à ses yeux, celle entre une raison adjective et une raison substantive (p. 258).

ses médiations conceptuelles[1]. Quant au second type d'interprétation, il part du constat banal que les transformations de la lecture hégélienne sont simplement le signe d'une évolution imputable à deux ordres de raisons : les remaniements de la conception du système entre la période d'Iéna et celle de Berlin d'un côté, et de l'autre la relecture des œuvres

---

1   Lettre à J. Neeb du 30 mai 1817 in *Auserlesener Briefwechsel*, Leipzig, 1825-27, Bd II, p. 467 *sq*. Même si elle ne correspond en toute rigueur à aucun des travaux existants sur le rapport Hegel-Jacobi, cette attitude semble trouver une illustration exemplaire dans l'ouvrage de B. Sandkaulen cité ci-dessus : constatant l'existence d'un décalage entre le point de vue de la *Recension* de 1817 et les critiques de l'*Encyclopédie*, l'auteur montre qu'il s'agit là d'un décalage apparent, qui permet toutefois à Hegel de présenter son « système scientifique de la liberté » comme à la fois opposé à la position de Jacobi et conforme à ses intentions véritables ; ce qui, conclut-elle, constitue « une pièce maîtresse de ce "procédé" (*diejenigen "Art und Kunst„*) que Hegel nomme *Aufhebung* », p. 238. Ce type d'approche semble constituer le présupposé, plus ou moins implicite d'autres études : par exemple celles de K. Hammacher, *Die Philosophie Friedrich Heinrich Jacobis*, Munchen, Fink, 1969, ainsi que l'article *Jacobi und das Problem der Dialektik* in *Friedrich Heinrich Jacobi, Philosoph und Literat der Goethezeit*, Frankfurt a. M, 1971, p. 119-155, opposant à la dialectique la dimension « dialogique » de la pensée de Jacobi, vis-à-vis de laquelle Hegel aurait fait preuve d'une cécité totale ; ou encore celle de M. Brüggen examinant les objections de *Foi et savoir* contre l'interprétation jacobienne de Spinoza (*La critique de Jacobi par Hegel dans « Foi et savoir »* in *Archives de philosophie*, 30, avril-juin 1967) qui accuse celles-ci de reposer sur le critère d'une « identité absolue » « impensable » pour Jacobi (p. 192) : le point de vue de Hegel serait ainsi lié, tant sur le plan de la critique « théorique » que sur celui de la critique de la philosophie pratique de Jacobi à une prise de position « unilatérale » « en faveur de l'identité et de l'infinité » (p. 190) ; en sorte que, concevant la raison comme « un processus prétendument spirituel se déroulant nécessairement selon ses lois dialectiques immanentes, de choses qui relèvent d'une considération uniquement théorique », il ne pourrait voir dans « la spontanéité, le vouloir, l'assentiment de l'observateur » valorisés par la morale de Jacobi qu'une « addition superflue ou un arrangement de la dialectique d'un niveau supérieur » (p. 198). *Cf.* aussi l'article *Jacobi, Schelling und Hegel, op. cit.* où M. Brüggen s'appuie, pour critiquer Hegel et Schelling, sur le passage des *Lettres sur la doctrine de Spinoza* dans lequel Jacobi écrit que « la rage démesurée d'expliquer nous fait rechercher si fébrilement ce qui est commun que nous ne prêtons plus attention à ce qui est différent ; nous voulons toujours seulement réunir, alors que nous aurions souvent plus avantage à séparer » (*Werke* IV, 1, *op. cit.* p. 72-73 / tr. p. 119). De ce point de vue, peut-être doit-on ajouter que le lien entre lecture falsificatrice de Jacobi et philosophie de l'identité excède la seule perspective hégélienne : il semble également valoir pour Schelling, dont l'attitude vis-à-vis de Jacobi présente, *mutatis mutandis*, une ambiguïté ou une ambivalence comparables, puisqu'elle passe de la reprise « enthousiaste » de la critique du savoir conditionné (*Vom Ich*) à la polémique violente (*Denkmal*) pour s'achever dans une présentation (*Contribution à l'histoire de la philosophie moderne*) qui évoque, elle aussi, mais autrement que Hegel, la présence de deux dimensions antagonistes : « la meilleure façon d'envisager Jacobi, ce serait de le considérer comme arrêté à la frontière de deux mondes : l'un était devant lui comme une étendue déserte et aride… l'autre, il le vit de loin comme une terre promise… Ainsi nous devons le reconnaître et l'honorer comme la vivante contradiction d'un temps antérieur et comme le prophète involontaire d'un avenir meilleur ». (Schelling, *Sämmtliche Werke, op. cit.*, I, 10, 182 ; trad. J.F. Marquet, *Contribution à l'histoire de la philosophie moderne*, Paris, PUF, 1983 p. 200-201).

de Jacobi opérée en 1815, dont Hegel déclare lui-même qu'elle lui a permis de découvrir « de nombreuses choses excellentes et neuves » qui projettent « une lumière nouvelle » sur « l'idée tout entière[1] ». Ainsi cette évolution aurait-elle pour sens d'exprimer une reconnaissance tardive de ce que *Foi et savoir* aurait, en un premier temps, cherché à refouler, à savoir l'existence d'une influence de Jacobi – dont on sait que Hegel avait lu, lors de ses années d'études au Stift de Tübingen, les *Lettres sur la doctrine de Spinoza* ainsi que les romans, *Alwill* et *Woldemar*[2] – tant sur la formation que sur le développement du système ; influence qui serait bien plus importante qu'on ne l'admet généralement, et dont Hegel semble d'ailleurs évoquer explicitement l'existence lorsqu'il répond, non sans quelque nostalgie, à Niethammer qui l'a informé de la mort de Jacobi, qu'« on se sent toujours abandonné, à mesure que l'on voit disparaître ces chênes vigoureux vers lesquels on a levé les yeux dès sa jeunesse. C'était un de ces hommes qui constituaient le point de départ d'un changement dans la formation spirituelle de l'époque, comme dans celle des individus et qui étaient de solides points d'appui pour le monde dans lequel nous nous représentons notre existence[3] ».

---

1 Lettre à Niethammer du 28 décembre 1815 in *Briefe von und an Hegel*, II, 258, hrsg. von J. Hoffmeister, p. 6, trad. J. Carrère, *Correspondance*, II, Paris, Gallimard, 1963. p. 64. *Cf.* sur ce point les commentaires de V. Verra cités ci-dessus.

2 *Cf.* le témoignage de K. Rosenkranz in *G.W.F. Hegels Leben*, Berlin, 1844, p. 40, trad. P. Osmo, *La vie de Hegel*, Paris, Gallimard, 2004, p. 145.

3 Lettre à Niethammer du 26 Mars 1819 in *Briefe* II, 355, *op. cit.* p. 13 trad. fr. *op. cit.* p. 89, ainsi que le commentaire de H.J. Gawoll, *Von der Unmittelbarkeit, op. cit.*, qui trouve dans cette « épitaphe » la confirmation que « les écrits polémiques et littéraires de Jacobi ne forment pas seulement un des points de départ du développement historique de Hegel, mais lui fournissent bien plus : une incitation à la philosophie instructive et riche de sens qui dure la vie entière » (art. cit. p. 135). Là encore, l'attitude que nous évoquons ne correspond à aucune formulation littérale et explicite dans les travaux existants ; mais elle nous semble constituer le présupposé implicite de nombreuses approches : celle de H.J. Gawoll, *op. cit.*, qui tente de reconstruire l'évolution de la lecture hégélienne de Jacobi, en en proposant un premier schéma, provisoire, puisque l'auteur affirme que nous ne disposons pas encore d'une « présentation exhaustive de la façon dont Hegel, de Tübingen à Berlin, a reçu la philosophie de Jacobi » (p. 134). Trois étapes sont distinguées : une influence précoce, mais « implicite » (p. 135), dont portent la marque les textes de Tübingen, de Berne et de Francfort, ce qui correspond à une « réhabilitation de l'immédiateté » ; puis une seconde phase, dont la *Differenzschrift* et *Foi et savoir* sont l'expression, caractérisée par une « révision critique de l'immédiateté » ; enfin, une dernière étape, correspondant à la *Recension* de 1817 et à l'*Encyclopédie*, qui est à entendre comme une « dynamisation de l'immédiateté ». On peut aussi mentionner l'article, déjà cité, de V. Rühle, essentiellement soucieux de montrer en quoi Hegel apporte une solution discursive au problème de la communication et de la présentation de l'absolu, que Jacobi avait soulevé, mais sans parvenir à le résoudre faute d'admettre la possibilité d'une saisie médiatisante de l'absolu : l'auteur parle, lui aussi, dans la dernière partie de son texte

On ne saurait contester le bien-fondé de recherches qui, estimant néfaste à la pensée de Jacobi l'emprise qu'ont exercé sur elle des approches issues, d'une façon ou d'une autre, de l'horizon de « l'idéalisme allemand », entreprennent de l'en libérer. Mais, même si l'on souscrit à l'idée que ce type de lecture a eu pour effet, sinon de faire de Jacobi lui-même l'homme « fini » qu'évoque Heidegger dans son cours sur Schelling[1], du moins de reléguer sa philosophie dans un oubli dont il est urgent de la tirer, par exemple en mettant en évidence le rôle central qu'y joue un « principe dialogique[2] », ou encore en en situant la spécificité dans une « métaphysique de l'action » qui confère son unité et sa cohérence à une critique de la raison dont les motivations ne sont pas essentiellement théoriques[3], en découle-t-il pour autant que l'on puisse partager les présupposés relatifs à Hegel qui accompagnent ces « réhabilitations » ? Sans doute les textes hégéliens sur Jacobi ont-ils une dimension historique, qu'ils ne songent d'ailleurs pas à dissimuler ; mais cela autorise-t-il à y voir un simple point de vue d'historien de la philosophie ? Et à apprécier celui-ci en fonction de l'idéal d'une historiographie « objective » et « scientifique » ? Ou, si l'on préfère, peut-on réellement prétendre que la critique et l'analyse de l'œuvre de Jacobi soient pour Hegel une fin en soi ? N'y a-t-il pas là au contraire un présupposé dangereux qui ne fait que masquer les enjeux proprement philosophiques du débat ? Par ailleurs qu'en est-il des déformations et des distorsions dont Hegel se serait rendu coupable au regard de ce qui serait une saisie exacte et fidèle de la philosophie jacobienne[4] ? Peut-on

---

(p. 172 *sq.*) d'une influence de Jacobi sur le *Fragment de Tübingen* ainsi que sur certains fragments de la période de Francfort, *Foi et Être* notamment ; par ailleurs, on retrouve, sous d'autres formes, l'idée d'un dialogue précoce avec Jacobi ou celle d'une influence sur le développement de la pensée hégélienne dans l'ouvrage de R. Legros, *op. cit.*, ainsi que dans celui déjà cité de R.P. Horstmann, *Les frontières de la raison.*

1   M. Heidegger, *Schellings Abhandlung über das Wesen der menschlichen Freiheit*, Tübingen, Niemeyer, 1971, p. 81, trad. J.F. Courtine, *Schelling. Le traité de 1809 sur l'essence de la liberté humaine*, p. 121, Paris, Gallimard, 1977.

2   *Cf.* l'ouvrage de K. Hammacher, *Die Philosophie Friedrich Heinrich Jacobis, op. cit.*, en particulier p. 38 *sq.*

3   *Cf.* l'ouvrage de B. Sandkaulen, *Grund und Ursache Die Vernunftkritik Jacobis, op. cit. cf.* notamment p. 220 *sq.*

4   Outre la différence entre raison subjective et raison objective que récuse Jacobi, on peut songer par exemple à la contradiction formelle que relève B. Sandkaulen, *op. cit.* p. 231, entre les analyses du § 76 de l'*Encyclopédie* (*W.*8, 164 / tr.. p. 340) assimilant le point de vue de Jacobi à celui de la philosophie cartésienne et la déclaration explicite de Jacobi affirmant dans la préface à la seconde édition des *Lettres sur Spinoza* (1789) : « Je ne suis pas *cartésien* », *Werke* IV, 1, *op. cit.* p. XXIV / tr. in P.H. Tavoillot, *Le crépuscule des Lumières. Les documents de la querelle du panthéisme (1780-1789)*, Paris, Cerf, 1995, p. 42.

les imputer, sans autre forme de procès, à une dialectique présentée comme une sorte de machine à gommer les différences qui ôterait toute spécificité à ce dont elle parle[1] ? Ne faudrait-il pas d'abord discuter la réponse – visant nommément Jacobi – que Hegel a lui même apportée à ce type d'accusation[2] ? Et se demander ensuite si ce qui, du point de vue de l'historien « scientifique » de la philosophie, apparaît comme une inexactitude ou une erreur, ne peut posséder un autre statut ? Dans la mesure où il refuse explicitement le modèle d'une historiographie « impartiale », dont les connaissances purement « historiques » ne sont qu'une forme de non-compréhension[3] ou « d'érudition » en elle-même dénuée d'intérêt[4], peut-on reprocher à Hegel de pratiquer une lecture des textes philosophiques qui refuse de s'en tenir à leur sens littéral et tente d'y discerner la présence de significations qui excèdent celles que leur attribuent explicitement leurs auteurs ? Enfin, à supposer même

---

1   Outre les textes de M. Brüggen que nous avons cités, l'article de K. Hammacher, *Jacobi und das Problem der Dialektik*, sans formuler à proprement parler ce type de critique, souligne cependant que la philosophie de Hegel est « monologique », dans la mesure où la dialectique phénoménologique ne fait jamais droit à la possibilité d'un dialogue entre consciences et, plus généralement, tend à effacer le rôle de l'individu et celui de la contingence.

2   *Cf.* en particulier *Aphorismen über Nichtwissen und absolutes Wissen im Verhältnisse zur christlichen Glaubenerkenntnis, W.*11, 369-372 / tr. J.L. Georget et P. Grosos, *Aphorismes sur le non-savoir et le savoir absolu en rapport avec la connaissance de la foi chrétienne* in *Ecrits sur la religion*, Paris, Vrin, 2001, p. 99-101, ainsi que la *Préface* à la seconde édition de l'*Encyclopédie* (*W.*8, 17-21 / tr.. p. 125-129) où Hegel récuse les accusations portées contre la « philosophie de l'identité » à partir d'un examen du spinozisme.

3   Sur « l'impartialité » ou la « neutralité » de l'histoire de la philosophie, *cf.* par exemple ce que déclarent les *Vorlesungen über die Geschichte der Philosophie, W.*18, 136 (Manuscrit de 1817) : « L'histoire de la philosophie doit précisément conduire à cette impartialité et, dans cette mesure, il paraît prudent de seulement donner des extraits des philosophes. Celui qui ne comprend rien à la chose, qui n'a aucun système, seulement des connaissances historiques, aura assurément un comportement impartial » ; *cf.* aussi un texte proche dans le cours de 1827 (*Leçons sur l'histoire de la philosophie*, tr. J. Gibelin, Paris, Gallimard, 1954, II, p. 65) : « On dit que précisément l'histoire (de la philosophie) doit conduire à l'impartialité. Mais ce qu'il y a de singulier, c'est que celui-là seul qui n'y connaît rien, qui n'a que des connaissances historiques, conserve une attitude impartiale (Connaître historiquement des doctrines, c'est ne pas les comprendre) ».

4   Sur l'insuffisance de tout point de vue qui voudrait traiter les philosophies comme de simples objets du passé, *cf. Vorlesungen über die Geschichte der Philosophie, W.*18, 16 : « On peut posséder une connaissance des affirmations, des propositions ou, si l'on veut, des opinions des philosophes [...] et n'avoir pas saisi [...] la chose principale, c'est à dire la *compréhension* des propositions » (tr. *op. cit.*, I, p. 21). *Cf.* aussi l'introduction du cours de 1827 : « Si l'histoire de la philosophie n'est considérée que comme une collection contingente de pensées et d'opinions, elle est inutile et n'a d'intérêt que pour l'érudition. Être érudit signifie : connaître des choses étrangères, et l'on considère d'ordinaire comme le dernier mot de l'érudition les immondices. S'occuper des opinions d'autrui ne peut avoir d'intérêt pour notre propre esprit, pour la vérité. Si les philosophies doivent passer pour des opinions, elles n'offrent pas de véritable intérêt. » (tr. *op. cit.*, I, p. 109).

que ce grief soit justifié, et que le Jacobi hégélien soit un Jacobi plus mythique que réel, les interrogations auxquelles il donne lieu, ainsi que les types d'attitudes et de discours qu'elles visent en deviendraient-ils mythiques pour autant ? Ne possèdent-ils pas au contraire une réalité qui, philosophiquement parlant, n'entretient aucun lien de dépendance essentiel avec la question empirique de savoir si l'application qui en est faite à tel ou tel auteur est ou non historiquement fondée[1] ?

On serait tenté d'en conclure qu'il convient de privilégier l'autre attitude que nous avons évoquée si, loin de rompre avec les présupposés de la précédente, elle ne faisait au contraire qu'en pousser plus loin l'application, en affirmant que la pensée de Jacobi a exercé une influence déterminante sur la formation et le développement du système, ou encore qu'il existe entre ces deux pensées, par delà leurs divergences évidentes, une réelle communauté de problématique : lus dans cette optique, que signifient en effet les textes de Hegel ? Ils ne sont plus l'œuvre d'un historien de la philosophie ; mais ils deviennent des documents ou des témoignages[2], autrement dit un donné, un matériau objectif destiné à l'historien actuel de la philosophie, qui s'en empare pour reconstituer un contexte, reconstruire une évolution, ou simplement désigner telle ou telle influence inaperçue, par exemple d'ordre langagier ou conceptuel. N'est-ce pas, là encore, attribuer à l'auteur que l'on étudie des préoccupations qui lui sont largement étrangères et qui découlent d'une projection sur sa pensée d'intérêts qui sont uniquement ceux de l'historien ? En outre, parler d'influence, évoquer telle ou telle analogie à propos de la relation entre deux pensées, n'est-ce pas transformer celle-ci en un rapport extérieur, quasi « mécanique », qui, en perdant tout caractère conflictuel, perd également tout intérêt

---

1   Ainsi, dans *Foi et savoir*, la pensée de Jacobi est-elle mise dans la même catégorie que celles de Herder et Schleiermacher, et ce malgré le désaccord clairement exprimé entre Jacobi et Herder à propos de Spinoza ; *cf.* W.2, 356 *sq.* / tr. p. 146 *sq.* et W.2, 388-392 / tr. p. 170-174. De même, le savoir immédiat, envisagé dans l'Encyclopédie comme « *troisième position de la pensée par rapport à l'objectivité* » (W.8, 147 / tr. p. 323 *sq.*) apparaît comme une sorte de « type-idéal », dont Jacobi est certes le représentant majeur, mais qui concerne également d'autres discours, du *cogito* cartésien à des auteurs comme Fries, Schleiermacher, Tholuk, voire F. Schlegel, ou même Schelling, en passant par ce qui constitue le fond de la preuve ontologique et par certains aspects de la métaphysique « classique », y compris *L'Ethique* de Spinoza.

2   De ce point de vue, peut-être est-il intéressant de remarquer que des approches comme celles de H.J. Gawoll et V. Rühle semblent accorder un rôle déterminant à la correspondance de Hegel en ayant parfois tendance à lire les textes spéculatifs à partir de la correspondance plutôt que d'adopter la démarche inverse.

philosophique[1] ? N'est-ce pas, enfin, courir le risque d'aboutir à des conclusions douteuses, y compris sur le plan proprement historique ?

À cet égard, un examen rapide de certains des travaux qui mettent en œuvre, d'une façon ou d'une autre, ce type d'approche, semble largement confirmer le bien-fondé de ces soupçons. Ainsi, qu'en est-il de l'idée qu'il y aurait une influence de Jacobi sur le Hegel de Tübingen, de Berne ou de Francfort ? Malgré certaines similitudes apparentes, la thèse ne saurait revendiquer une rigueur comparable à celle des recherches qui ont mis à jour le rôle décisif de la lecture précoce de Jacobi dans la constitution de la position philosophique du jeune Schelling, ou dans celle de Hölderlin[2]. Sans doute Hegel a-t-il lu, à Tübingen, les *Lettres sur la doctrine de Spinoza* et les romans de Jacobi, au même titre que ses

---

1   Ainsi la *Phénoménologie de l'Esprit* récuse-t-elle toute perspective psychologique qui prétend faire de l'individualité une simple résultante de sa « nature organique universelle », c'est à dire des « circonstances, situations, habitudes, coutumes, religion et ainsi de suite, trouvées-déjà-là », (*W*.3, 229 / tr. G. Jarczyk et P.J. Labarrière, *Phénoménologie de l'Esprit*, Paris, Gallimard, 1993, p. 306). À cette approche mécaniste, oublieuse de la liberté de l'individu, Hegel rétorque que « [...] en raison de cette liberté [...], le monde de l'individu est à comprendre seulement à partir de celui-ci même, et l'*influence* de l'effectivité, qui se trouve représentée comme *étant* en et pour soi, sur l'individu obtient par lui absolument le sens op-posé, selon lequel, ou bien il laisse *agir* en lui le flux de l'effectivité qui s'écoule, ou bien il l'interrompt et [le] renverse. » *W*.3, 231 / tr., p. 308. – Sur l'appartenance du concept d'influence au « mécanisme » et à son extériorité dépourvue de toute dimension réflexive, *cf.* également *Wissenschaft der Logik*, *W*.6, 414 *sq.* / tr. p. 224 *sq.* Cette critique vaut aussi, *mutatis mutandis* dans le champ de l'histoire de la philosophie ; ainsi les *Vorlesungen über die Geschichte der Philosophie* (introduction du manuscrit de Heidelberg, *W*.18, 70) déclare-t-elle : « On dit habituellement que les relations politiques, la religion, etc. sont à considérer parce qu'elles ont eu une grande influence sur la philosophie du temps et que celle-ci a exercé de même une influence sur elles. Mais, si l'on se contente de catégories telles que « grande influence », alors on expose les deux [côtés] dans une connexion extérieure et l'on sort du point de vue historique, en sorte que les deux [côtés] sont subsistants pour soi. Ici nous devons donc considérer cette relation selon une autre catégorie, selon l'action réciproque, et non selon l'influence. La catégorie essentielle est l'unité de toutes ces figurations diverses, en sorte qu'il y a seulement un esprit qui se manifeste et s'exprime en moments divers ».

2   *Cf.* en particulier D. Henrich, *Konstellationen. op. cit.*, ainsi que *Der Grund im Bewußtsein. Untersuchungen zu Hölderlins Denken (1794-1795)*, Stuttgart, Klett-Cotta, 1992. Les analyses de D. Henrich sont largement reprises dans le livre, déjà cité, de M. Frank, « *Unendliche Annäherung* » *Die Anfänge der philosophischen Frühromantik*. À l'exception d'une remarque de D. Henrich sur la provenance jacobienne de l'usage hégélien de la forme « *Vermittelung* » (*Konstellationen* p. 237*sq.*), on peut noter qu'aucun de ces travaux n'évoque une influence de Jacobi sur Hegel ; en revanche, R.P. Horstmann (*op. cit.* p. 127) parle d'une influence sur la distinction hégélienne entre entendement et raison « de la discussion philosophique de l'époque surtout autour de Jacobi et du cercle entourant Hölderlin » ; de même, K. Hammacher, dans son article sur la dialectique, fait allusion à une « influence immédiate (de Jacobi) sur Hegel », même si elle n'est « certainement pas aussi étendue et aussi forte que celle qui s'exerce sur Fichte et Schelling » (article cité p. 145).

condisciples célèbres, sans doute sa position à Francfort est-elle proche de celle de Hölderlin[1], voire de celle de Schelling, mais cela suffit-il pour en déduire l'existence d'un parcours analogue ? Et pour soutenir que Hegel serait parvenu, lui aussi, à une « philosophie de l'unification » (*Vereinigung-Philosophie*), en rupture complète avec l'idéalisme subjectif de Kant et de Fichte auquel il adhérait jusque là, en opposant à la foi de Jacobi une conception de l'Être ou de l'Inconditionné inspirée par le Spinoza des *Lettres à Mendelssohn*[2] ? Outre que l'on voit assez mal en quoi l'identité d'un résultat permet d'en inférer l'identité ou l'analogie du chemin qui y mène[3], les arguments des interprètes qui parlent d'une influence de la pensée de Jacobi sur le jeune Hegel ne procèdent-ils pas de comparaisons hâtives, et opérées sans réelle prise en compte du contexte ? Comparer le « *Fragment de Tübingen* » ou tel passage précis du texte de 1798 sur la constitution du Wurtemberg aux *Zufälligen Ergießungen eines einsamen Denkers*[4], rapprocher la foi du fragment francfortois *Glauben*

---

1 Les interprètes sont unanimes sur ce point ; tous soulignent en particulier la grande proximité entre le fragment de Hölderlin, *Urteil und Sein* et le fragment hégélien de Francfort *Glauben und Sein* ; *cf.* à ce propos par exemple l'ouvrage de C. Jamme, *Ein Ungelehrtes Buch. Die philosophische Gemeinschaft zwischen Hölderlin und Hegel in Frankfurt 1797-1800*, *Hegel-Studien* Beiheft 23, Bonn, Bouvier Verlag, 1983, en particulier p. 332 *sq.*

2 *Cf.* D. Henrich, *Konstellationen*, p. 155 *sq.*, 160, 206-212, 236-240, 249-263.

3 Hegel lui-même le rappelle lorsqu'il affirme dans la *Préface* de la *Phénoménologie* que : « la Chose n'est pas épuisée dans sa *fin*, mais dans son *exécution*, pas plus que le *résultat* n'est le tout *effectif*, mais de concert avec son devenir » (*W*.3, 12 / tr. p. 70).

4 Pour le premier rapprochement, *cf.* H.J. Gawoll, *Von der Unmittelbarkeit…, op. cit.*, p. 136 ; pour le second, *cf.* K. Hammacher, *Jacobi und das Problem der Dialektik, op. cit.* p. 145-147. Peut-être est-il intéressant de remarquer l'étrangeté du raisonnement fait ici par un auteur dont, par ailleurs, les analyses sur les limites de la dialectique hégélienne, envisagée du point de vue de Jacobi, ne sont pas dénuées d'intérêt : K. Hammacher commence par déduire l'existence d'une « influence directe de Jacobi » du fait que Hegel lisait à Berne la revue de Schiller, *Die Horen*, où étaient parues les *Zufälligen Ergieungen eines einsamen Denkers* ; puis il compare deux passages, arbitrairement isolés, du texte de Jacobi et du texte de Hegel sur la Constitution du Wurtemberg, qui soulignent l'un et l'autre que des institutions sclérosées ne peuvent survivre lorsqu'elles sont en décalage avec la morale vivante d'une communauté, pour en conclure, non seulement que le premier serait la source du second, mais que l'expérience jacobienne de la « conscience divisée » serait à l'origine de l'importance accordée au moment de la scission dans le procès de la dialectique spéculative. Sauf à supposer que Hegel ait souffert d'une déficience intellectuelle telle qu'il aurait été incapable de percevoir lui-même, après l'expérience de la Révolution française, l'existence d'une contradiction entre mœurs et institutions dans un pays dont il souligne dans *Die Verfassung Deutschlands* (par exemple *W*.1, 464 / tr. M. Jacob, *La Constitution de l'Allemagne* in *Ecrits politiques*, Paris, Champ libre, 1977, p. 35) qu'il demeure marqué sur le plan juridique et institutionnel par le féodalisme, on ne voit pas très bien comment accepter des conclusions de ce genre. Au-delà de toute ironie facile, on peut se demander si la présence d'un tel raisonnement chez un spécialiste de Jacobi dont la compétence est unanimement reconnue, ne vient pas confirmer, fût-ce de façon caricaturale, le bien-fondé

und Sein de celle de Jacobi[1], affirmer que les oppositions hégéliennes
entre religion subjective et religion objective, ou entre cœur et entendement, témoignent d'une « proximité frappante avec Jacobi jusque

---

de la thèse hégélienne selon laquelle le recours à la catégorie d'influence aurait partie
liée avec un mécanisme destructeur de tout sens. De ce point de vue, on peut partager
ce que P.F. Moreau nomme dans son livre *Spinoza. L'expérience et l'éternité*, Paris, PUF,
1994 p. 49 note 1, « l'agacement de certains critiques devant « *die entwicklungsgeschichtliche
Methode* » : l'ironie de Loewenhardt (*Benedict Spinoza in seinem Verhältnis zur Philosophie
und Naturforschung der Neueren Zeit*, Berlin, 1872, p. 384), comparant « ceux qui ramènent
Spinoza à Descartes, Bruno, Heereboord, à qui aurait découvert un morceau de marbre
de Carrare et affirmerait avoir ainsi trouvé la source d'où est issue la Vénus de Médicis »
ne peut-elle en effet s'appliquer, *mutatis mutandis*, à nombre de travaux sur le rapport
Hegel-Jacobi ?

1   L'obscurité, réelle, du texte de Hegel, dont on trouvera la traduction française par O. Depré
in *Premiers écrits (Francfort 1797-1800)*, Paris, Vrin, 1997, p. 137 *sq.* a donné lieu à diverses
interprétations : quand on n'y voit pas la reprise de thèmes aristotéliciens (F. Menegoni, Da
Glauben und Sein a *Glauben und Wissen* in *Fede e sapere, op. cit.*, p. 556 *sq.*), on affirme que Hegel
adopte une position proche de celle de Jacobi (par ex. M. Bondeli, *Der Kantianismus des jungen
Hegel*, Hamburg, Meiner, 1997, p. 215 *sq.* ainsi que l'article *Hegels Philosophische Entwicklung
in der Berner Periode* in *Hegel in Bern*, Hegel-*Studien*/Beiheft 33, Bonn, Bouvier,1990, p. 87, ou
H.J. Gawoll, article cité, p. 136 *sq.*) ; ou encore que la différence énoncée au début du texte
entre foi et démonstration provient de Jacobi. (*cf.* par exemple, M. Baum, *Die Entstehung
der Hegelschen Dialektik*, Bouvier, Bonn, 1986, p. 55 *sq.* ainsi que K. Düsing, *Das Problem
der Subjektivität in Hegels Logik*, Hegel-*Studien*/Beiheft 15, Bonn, Bouvier, 1976, p. 53) ; de
ce point de vue, la position de Hegel, encore incapable d'unir l'affirmation selon laquelle
la saisie de l'Être ne peut être que de l'ordre de la foi et celle selon laquelle l'Être est
indépendant de la conscience (Düsing, *op. cit.*, p. 69) consisterait à poser que l'absoluité
de l'Être, qui transcende la sphère de la conscience et de la foi, est fondée dans l'Être lui-
même (*ibid.*) ; *cf.* aussi, par exemple, l'analyse de L. Bignami, in *Concetto e Compito della
filosofia in Hegel*, Trento, Verifiche, 1990, qui parle de « l'impossibilité d'une connaissance
(directe) de l'Être qui n'en nie pas l'essence unifiante » p. 41, ou celle de C. Jamme,
op. cit., p. 335, qui distingue le « *monisme* poético-métaphysique » de Hölderlin et Sinclair,
auquel Hegel s'est rallié au début de son séjour à Francfort, de l'interrogation ultérieure
sur la façon dont l'Être se différencie, laquelle aboutit à l'idée d'une « *auto-division de
l'absolu* ». D'autres lectures, quant à elles, parlent d'un « spinozisme », proche de celui de
Herder (par ex. H.S. Harris, *Hegel's Development, Part one*, Oxford, Clarendon Press, 1972,
trad. P. Muller, *Le développement de Hegel*, Lausanne, L'Age d'Homme, 1981, t. 1, p. 244
sq.) ou évoquent une synthèse entre la « philosophie jacobienne de l'immédiateté » et la
« discursivité kantienne » (V. Rühle, art. cité, p. 181). Peut-être peut-on soulever deux
questions : d'une part, l'opposition entre foi et démonstration n'est-elle pas un thème si
répandu dans la pensée allemande de l'époque qu'il ne permet guère d'attester l'existence
d'une influence directe de Jacobi sur Hegel ? D'autre part, l'accent mis par les interprètes
de ce fragment sur l'indépendance et l'absoluité de l'Être par rapport à la conscience – ce
qui tend à rapprocher la position hégélienne de celle de Jacobi – ne fait-il pas oublier qu'à
la fin du texte, Hegel distingue la foi véritable de la foi positive en parlant « d'unifications
plus complètes ou plus incomplètes » (*W.*1, 253 / tr. *Premiers écrits, op. cit.* p. 140) ? Ne
peut-on penser dès lors que la position hégélienne, qui ne se confond en aucun sens avec
celle de Jacobi, est déjà plus proche de l'idée de la vie, comme « liaison de la liaison et de
la non-liaison » introduite dans le *System Fragment* de 1800, (*W.*1, 422 / tr. *Premiers écrits,
op. cit.* p. 372) que ne le disent K. Düsing ou C. Jamme ?

dans la formulation[1] », n'est-ce pas simplement confondre une visée pratique, essentiellement préoccupée des conditions de l'avènement dans le monde moderne d'une « religion populaire[2] » et une visée « ontologique », centrée sur la question de la croyance individuelle ? À cet égard, la correspondance avec Schelling suffit peut-être à montrer le peu de fondement de ce type de rapprochement : si Hegel songeait réellement à faire des *Lettres sur Spinoza* une utilisation comparable à celle de Schelling[3], pourquoi préciserait-il qu'il « a repris l'étude de la philosophie kantienne, afin d'apprendre à appliquer ses résultats les plus importants à mainte idée, pour nous encore banale et familière, et de développer celle-ci à la lumière de ces résultats » ? Et surtout, pourquoi ajouterait-il « quant aux efforts récents pour pénétrer à de plus grandes profondeurs, je les connais aussi peu que ceux de Reinhold, car ces spéculations me paraissent avoir une plus grande importance pour la raison théorique que pour leur application à des concepts généralement utilisables[4] » ? Ou bien encore, pourquoi répondrait-il à son ancien condisciple qui lui a expliqué, avec une allusion non dissimulée aux *Lettres* de Jacobi, qu'il est désormais « spinoziste », en esquissant les grandes lignes de sa problématique du *Vom Ich*, et en joignant à sa lettre l'écrit « *Sur la possibilité d'une forme de la philosophie en général* » : « Tu ne peux attendre de moi des remarques sur ton écrit. Je ne suis sur ce point qu'un apprenti ; j'essaye d'étudier les *Fondements* de Fichte[5] ». De même, peut-on véritablement parler d'une « ontothéologie de la sensibilité spirituelle », commune à Hegel et au premier romantisme,

---

1   V. Rühle, article cité p. 173 ; on trouve les mêmes rapprochements chez R. Legros, *op. cit.* p. 121 *sq.*

2   *Cf.* W.1, 30-32 / tr. R. Legros, *La religion est une des affaires les plus importantes de notre vie. Un fragment de Tübingen* in *la vie de Jésus* précédé de *Dissertations et fragments de l'époque de Stuttgart et de Tübingen*, Paris, Vrin, 2009 p. 52 ; ainsi que l'article de B. Bourgeois, *Le jeune Hegel et la relation rousseauiste de la morale et de la politique* in *Etudes Hégéliennes. Raison et décision*, Paris, PUF, 1992, p. 9-32.

3   Il est étonnant, à cet égard, que certains interprètes citent la correspondance avec Schelling pour y trouver la confirmation d'une influence de Jacobi, sans prendre en compte le fait que le problème de Hegel n'est pas de refonder théoriquement la philosophie de Kant, mais de l'appliquer sur le plan pratique. *Cf.* par exemple V. Rühle, article cité, p. 172 ou K. Hammacher, article cité, p. 145 note 101. En revanche M. Bondeli, dans son article sur le développement philosophique de Hegel à Berne, tout en admettant que l'opposition entre religion subjective et religion objective suit « la tendance de Rousseau et de Jacobi » (p. 65) montre clairement que les lettres à Schelling témoignent d'une certaine réserve à l'endroit de « projets de systèmes spéculatifs » comme ceux de Reinhold, de Fichte et de Schelling (*ibid.*).

4   *Briefe*, I, 8, *op. cit.* p. 16. Lettre à Schelling de la fin Janvier 1795, trad. fr. *op. cit.* p. 21.

5   *Briefe*, I, 14, *op. cit.* p. 32. Lettre à Schelling du 30 Août 1795, trad. fr. *op. cit.* p. 35.

qui s'enracinerait « dans la problématique ouverte par Jacobi » ? Et en conclure que celle-ci guide les écrits de Francfort, où le « *salto mortale* » prendrait « la forme d'un processus dialectique » et ne serait rien d'autre, en dernière analyse, qu'un « *saut périlleux prolongé*[1] » ?

Quant aux lectures qui évitent de recourir trop ouvertement à la catégorie d'influence en parlant d'une communauté de problématique entre Hegel et Jacobi, elles semblent reposer, elles aussi, sur nombre de présupposés douteux. Ainsi peut-on souscrire sans réticence au « schéma » de l'évolution du rapport entre les deux pensées que propose H.J. Gawoll[2] ? Non seulement celui-ci semble issu de considérations qui s'appliquent davantage à Schelling, voire à Fichte, dans la mesure où les relations entre Jacobi et Hegel ne donnent lieu, ni à une polémique du type de celle que suscite *Des choses divines et de leur révélation*[3], ni à un débat comparable à celui qui suit la publication de la *Lettre à Fichte*[4] ; mais l'auteur semble vouloir passer sous silence *Foi et savoir*, dont le point de vue est purement et simplement assimilé à celui de la *Differenzschrift*[5], et reprendre à son compte les analyses de la *Recension* de 1817, sans jamais s'interroger sur les raisons *philosophiques* qui ont pu conduire Hegel, après avoir vivement critiqué Jacobi, à voir en lui une sorte de « précurseur[6] ». En ce sens, est-il légitime de parler d'une

---

1 R. Legros, *op. cit.* p. 121, 123 et 133. Cette interprétation semble oublier que si les textes de Francfort thématisent, en accord avec Hölderlin, l'idée que l'identité est une forme de séparation, ils affirment aussi que la séparation est une forme de relation (d'où le thème de la liaison de la liaison et de la non-liaison), ce qui interdit le parallélisme entre « dialectique » et *salto mortale*. Ce point est encore plus net dans les textes de la maturité, qui montrent qu'une scission, se voudrait-elle abyssale, demeure une forme de médiation ; *cf.* par exemple *Recension, W.*4, 435 / tr. p. 23. ou *Encyclopédie, W.*8, 156 / tr. p. 331.
2 *Von der Unmittelbarkeit …, op. cit.*
3 *Cf.* le texte de Schelling, *Denkmal…, op. cit.*
4 Rappelons que le texte de Fichte, *Die Bestimmung des Menschen* / tr. J.C. Goddard, *La destination de l'homme*, Paris, Flammarion, 1995, peut se lire comme une réponse aux critiques de Jacobi.
5 Article cité p. 142.
6 Peu d'interprètes vont au delà du constat que l'attitude de Hegel a changé, ou d'une explication de type « biographique », pour soulever la question des raisons philosophiques qui permettent de saisir la continuité et la cohérence d'un parcours à première vue quelque peu contradictoire ; à cet égard, il est évident que l'explication par la relecture de Jacobi (*cf.* V. Verra, *Dall' Illuminismo, op. cit.*, p. 289 *sq.*) reste partielle, dans la mesure où Hegel n'évoque guère dans la *Recension* d'autres textes de Jacobi que ceux qu'il a analysés dans *Foi et Savoir*; quant à l'explication « stratégique », liée à des motivations personnelles (le souci de se réconcilier avec Jacobi, devenu Président de l'Académie des sciences bavaroise – *Cf.* la lettre de Niethammer du 9 Mai 1807 et la réponse de Hegel du 30 Mai in *Briefe*, I, 98, *op. cit.* p. 66, trad. fr. *op. cit.* p. 154 *sq.*), si elle est envisageable, quoique réductrice pour la *Recension*, elle semble en revanche dénuée de sens pour les deux dernières éditions

« réhabilitation », puis d'une « dynamisation » de l'immédiat ? N'est-ce pas lire Hegel en fonction de Jacobi, et en lui imputant une problématique dont il commence par récuser explicitement le bien-fondé[1] ? Ou, en tout cas, n'est-ce pas oublier que les textes qui peuvent autoriser ce type d'approche – la *Recension* ou l'*Encyclopédie* par exemple – sont une relecture, opérée après coup, de la signification de la pensée de Jacobi[2], dont rien ne garantit qu'elle corresponde à la moindre évolution réelle ?

Le même type de remarques s'applique, *mutatis mutandis*, à d'autres analyses « comparatistes » : par exemple à celle de V. Rühle, pour qui Hegel, dès *Glauben und Sein*, résoudrait le problème, initialement soulevé par Jacobi, d'une présentation discursive ou langagière de l'absolu[3] ; là encore, l'argumentation semble s'appuyer, sans le dire, et sans que soit posée la question du statut du texte de Hegel, sur la *Recension* de 1817[4] et elle rapproche de façon hasardeuse, et sans jamais s'assurer de la pertinence de ses comparaisons, les analyses hégéliennes de certains thèmes développés par Jacobi[5]. De même, la thèse que défend G. Höhn a sans doute le mérite de distinguer clairement un point de vue tendu

---

de l'*Encyclopédie* : en 1827, Jacobi était mort depuis huit ans et son « influence » n'était pas telle qu'il aurait été « utile » de présenter sa philosophie sous un jour favorable.

1   *Cf. Foi et savoir* in *W.*2, 409 *sq.* / tr. *op. cit.* p. 187.
2   Ainsi l'Introduction à la *PdR* de 1827 déclare-t-elle « C'est la philosophie qui reconnaît ce *principe* même du savoir immédiat lui-même en tant que *contenu*, qu'elle conduit en tant que tel jusqu'à son véritable *déploiement en lui-même* » *W.*16, 53 ; trad. fr. *op. cit.* p. 70.
3   *Cf.* article cité ci-dessus.
4   Par exemple lorsque l'auteur affirme que la critique jacobienne de Spinoza a eu un rôle dans la « génération » de la conception spéculative du système (p. 162), dans la mesure où elle montre que, pour Jacobi, la substance est en vérité esprit (p. 164). — En revanche, l'article de P. Jonkers, *Jacobi, Galimathias der spekulativen Vernunft ?* in *Hegel und die Geschichte der Philosophie*, (D. H. Heidemann, C. Krijnen, hrsg.), Darmstadt, WBG, 2007 p. 203-217, s'appuie explicitement sur l'aspect « élogieux » de la *Recension* de 1817 pour tenter de découvrir dans le chapitre 2 de *Foi et savoir* les traces d'une certaine reconnaissance des mérites de Jacobi. L'auteur montre bien que la polémique anti-jacobienne s'inscrit dans un horizon « substantialiste », qui reste « schellingien » ou « spinoziste », mais il semble plus difficile d'accepter l'idée que ce serait Jacobi lui-même qui « aurait fait prendre conscience à Hegel de la nécessité de critiquer la conception spinoziste de la substance » (p. 216).
5   L'auteur rapproche par exemple les enjeux de la question posée par Jacobi dans l'Appendice VII des *Lettres sur la doctrine de Spinoza* « Est-ce l'homme qui possède la raison ou la raison qui possède l'homme ? » (Jacobi, *Werke*, IV, 2, *op. cit.* / tr. *op. cit.*, p. 291) du concept hégélien d'esprit (article cité p. 165 et p. 173 – à noter que l'on trouve la même suggestion dans l'article cité *supra* de H.J. Gawoll p. 143) ; ou encore il perçoit une identité entre l'expérience de la mélancolie du fini, évoquée dans *Alwill*, p. 307 et l'« hypocondrie » dont parle Hegel dans sa lettre à Windischmann du 27 Mai 1810 (*Briefe*, I, 158, *op. cit.* p. 314 / tr. *op. cit.* p. 281), et en voit l'expression spéculative dans l'insistance du système sur la présence du moment de la négativité au sein de l'absolu (article cité p. 174).

vers la « renaissance du logos » d'une perspective qui serait une sorte de figure prototypique de toutes les critiques accusant la raison de mener inévitablement au « nihilisme[1] » ; mais, insister sur la complémentarité de deux penseurs qui auraient cherché à résoudre, « l'un polémiquement, l'autre systématiquement », la même difficulté, suggérer que le « triomphe de Hegel » ne peut faire oublier l'influence que les « idées centrales de Jacobi » ont exercé au XIXe siècle sur « la critique ou plutôt le refus du hégélianisme », en conclure qu'il s'agirait là de deux possibilités qui constituent « les deux lignes de force de toute pensée philosophique[2] », n'est-ce pas inscrire le débat dans un dilemme qui n'est finalement rien d'autre qu'une reprise inversée du dilemme formulé par Jacobi dans sa *Lettre à Fichte*[3] ? Et oublier qu'il ne suffit pas de substituer au choix « ou Dieu, ou le néant », un choix entre « renaissance du logos » et « critique de la raison nihiliste » pour rompre avec un type de pensée qui relève, selon Hegel, de l'entendement abstrait[4] ?

Qu'en est-il enfin, de la version particulière de la thèse de l'influence de Jacobi que défend R.P. Horstmann, lorsqu'il affirme que la critique jacobienne de Kant a joué un rôle déterminant dans l'élargissement hégélien du concept de raison propre aux Lumières[5] ? Ne repose-t-elle pas, elle aussi, sur l'identification hâtive de deux critiques foncièrement différentes ? Outre que l'on peut se demander si, malgré les dénégations de l'auteur[6], cette analyse n'est pas une nouvelle version de la conception, issue de Hegel lui-même, puis propagée par Kroner, selon laquelle « l'idéalisme allemand » se caractériserait par un progrès dont Kant serait le point de départ et Hegel le point d'aboutissement[7], ne peut-on

---

1 *F.H. Jacobi et G.W. Hegel ou la naissance du nihilisme et la renaissance du « Logos »* in *Revue de métaphysique et de morale*, 2, Avril-Juin 1970, Paris, A. Colin, ainsi que la version allemande, plus précise en ce qui concerne les textes de Hegel sur Jacobi, *Die Geburt des Nihilismus und die Wiedergeburt des Logos – F.H. Jacobi und Hegel als Kritiker der Philosophie* in *Friedrich Heinrich Jacobi, Philosoph und Literat der Goethezeit, op. cit.*, p. 281-300.

2 *Ibid.*, p. 131, 148, 150.

3 *Jacobi an Fichte, op. cit.*, p. 220 / tr. p. 128.

4 *Cf.* par exemple *Foi et savoir*, W.2, 410 / tr. *op. cit.* p. 188 et *Encyclopédie*, W.8, 154 / tr. p. 330.

5 *Les frontières de la raison, op. cit.*, par exemple p. 132.

6 *Ibid.*, p. 21 *sq.*

7 R. Kroner, *Von Kant bis Hegel*, Tübingen, Mohr-Siebeck, 1921-1924 ; concernant l'évaluation du rôle historique de Jacobi, ce type de conception semble également le fondement des considérations sur la postérité de la critique de la chose en soi que proposent par exemple E. Cassirer, *Les systèmes post-kantiens*, Lille, Presses universitaires de Lille, 1983, p. 36 *sq.*, ou A. Renaut, *Kant aujourd'hui*, Paris, Aubier, 1997, p. 88 *sq.* Par ailleurs, le point de vue inverse, substituant à l'achèvement hégélien un achèvement schellingien (*cf.* par exemple W. Schulz, *Die Vollendung des deutschen Idealismus in der Spätphilosophie Schellings*, Kohlhammer, Stuttgart, 1955), paraît tout aussi problématique ; *cf.* sur ce point les analyses

également s'interroger sur le bien-fondé de l'idée qu'il y aurait entre la critique hégélienne et la critique jacobienne de Kant un lien aussi étroit que celui qui existe entre l'interprétation hégélienne de Spinoza et les *Lettres* de Jacobi[1] ? Et surtout ne peut-on sérieusement douter de l'identité des deux critiques ? Hegel parle certes, comme Jacobi, d'une « incohérence » ou d'une « inconséquence » de Kant, et ce, tant dans *Foi et savoir* que dans l'*Encyclopédie*[2] ; mais s'agit-il de la même incohérence ? Alors que Jacobi vise une contradiction entre la tendance « idéaliste » ou « nihiliste », inhérente au kantisme comme à toute philosophie, et la supposition de l'existence d'une chose en soi[3], Hegel adopte une position quasiment inverse, lorsqu'il approuve Kant de chercher à dépasser le fini et le phénoménal, et de s'élever ainsi à ce qui est « le début d'une philosophie en général[4] », même s'il déplore que, pour saisir le sens de sa tentative, la philosophie critique adopte un horizon qui la contraint à présenter comme indépassable ce qu'il s'agit précisément de dépasser, et par là, à affirmer le caractère inconnaissable de la chose en soi ; bref, là où Jacobi entend mettre en question, comme étrangère au kantisme, la position même d'une chose en soi, Hegel insiste plutôt sur la contradiction qui consiste à en parler tout en affirmant qu'on ne peut rien en dire. En ce sens, affirmer que Hegel « s'est saisi [...] du problème d'arrière-fond lancé par Jacobi (le thème de la rationalité) » pour formuler, « à partir de lui », « sa contribution au dépassement des limites de la raison kantienne[5] », n'est-ce pas confondre deux questions qu'il importe au contraire, selon Hegel, de distinguer ?

---

de l'introduction du livre de F. Fischbach, *Du commencement en philosophie, étude sur Hegel et Schelling*, Paris, Vrin, 1999, p. 7 *sq.*

1   Pour un autre point de vue, *cf.* par exemple G. Kirscher, *Hegel et Jacobi critiques de Kant* in *Archives de philosophie*, 33, oct.-déc. 1970, p. 801-828 et G. Höhn, *Geburt des Nihilismus...*, *op. cit.*, p. 293 *sq.*

2   *Cf.* W.2, 317 / tr. p. 116 et W.8, 142 / tr. p. 121.

3   Appendice sur l'idéalisme transcendantal in *Werke* II, *op. cit.*, p. 291 *sq.* / tr. L. Guillermit in *David Hume et la croyance, idéalisme et réalisme*, Paris, Vrin, 2000, p. 241 *sq. Cf.* aussi la *Préface pouvant servir d'introduction à l'ensemble des écrits philosophiques de l'auteur* in *Werke*, II, *op. cit.* p. 30 *sq.* / tr. dans le même volume p. 136 *sq.*

4   *W.*2, 337 / tr. p. 133. ; *cf.* aussi *W* 2, 315 / tr. p. 114.

5   *Les frontières de la raison, op. cit.* p. 76. À vrai dire, pour affirmer que Hegel reprend la critique de l'*Appendice* d'*Idéalisme et réalisme*, R.P. Horstmann s'appuie sur l'idée que la critique hégélienne de l'entendement se confond avec la critique des limitations kantiennes de la rationalité énoncée par Jacobi (p. 132) : autrement dit, Hegel aurait repris à son compte le refus jacobien de la finitisation kantienne de la connaissance. Mais cela ne change rien quant au fond ; à bien y regarder, il apparaît en effet que dans *Foi et savoir*, c'est Jacobi et non Kant qui est accusé de finitiser la connaissance. D'autre part, si l'*Encyclopédie* approuve la critique jacobienne de l'entendement, elle n'en fait pas pour autant le principe de sa propre critique

Malgré les apparences, ces remarques ne cherchent nullement à mettre en question l'intérêt, l'utilité ou la légitimité d'une approche historique des textes philosophiques : il serait simplement absurde de vouloir nier ce que Hegel, précisément, n'a cessé de rappeler : toute philosophie naît dans un contexte historique donné et elle en demeure dépendante, même si elle n'en est jamais le pur et simple produit. Et il serait tout aussi absurde de récuser la fécondité de démarches « contextualistes » ou « reconstructrices », dont le rôle s'avère indispensable, par exemple là où les textes sont absents, ou lorsqu'ils sont trop partiels, trop allusifs ou trop obscurs pour que l'on puisse s'en contenter[1]. Reste que replacer dans leur contexte les écrits d'un philosophe sur un autre philosophe est une chose ; y voir de simples contributions à une histoire de la philosophie « impartiale » ou se contenter d'y chercher la trace d'« influences » en tout genre en est une autre. C'est là, nous semble-t-il, sortir du champ de la recherche proprement historiographique, et lui substituer les préjugés d'une métaphysique « historiciste », dont le principal effet est d'interdire l'accès aux enjeux proprement philosophiques des débats entre philosophes. À cet

---

de Kant. Elle reproche en effet à celui-ci non pas tant d'avoir finitisé la connaissance que d'avoir conféré une valeur absolue à un type de connaissance dont il reconnaît par ailleurs explicitement le caractère limité : « c'est [...] la plus grande inconséquence que, d'une part, d'accorder que l'entendement ne connaît que des phénomènes, et, d'autre part, d'affirmer cette connaissance comme *quelque chose d'absolu* en disant que la connaissance ne *peut* pas davantage, que c'est là la *borne naturelle*, absolue, du savoir humain. » (*W.*8, 142 *sq.* / tr. p. 321). En ce sens, la critique de Kant ne se confond ni avec la critique réelle de Jacobi, ni avec l'interprétation que Hegel donne de celle-ci.

1   *Cf.* par exemple ce que dit D. Henrich à propos des rapports entre Hegel et Hölderlin : « L'amitié de Hegel et de Hölderlin s'acheva dans le silence. Dans toute l'œuvre de Hegel, le nom de Hölderlin n'est pas mentionné une seule fois [...]. Sans la recherche (*Forschung*), nous ne saurions rien de ce qui les liait ». (*Hegel und Hölderlin*, in *Hegel im Kontext*, Frankfurt a. M., Suhrkamp, 1967). De même, la démarche adoptée dans *Konstellationen* tire-t-elle sa légitimité du fait que la référence à la lecture précoce des *Lettres* de Jacobi par Hölderlin et Schelling permet d'éclairer les allusions de nombreux textes, tant sur le plan biographique, par exemple, le sens d'une lettre adressée par Hölderlin à sa mère en février 1791, que sur le plan philosophique, par exemple, le sens du fragment *Urteil und Sein*, (*Sämtliche Werke*, Bd 2, *op. cit.* p. 502-503 / tr. D. Naville, *Être et jugement* in *Œuvres*, Paris, Gallimard, 1967), ou encore le début du *Vom Ich* de Schelling où est reprise presque littéralement une partie de l'argumentation des *Lettres* de Jacobi, *cf. Sämmtliche Werke, op. cit.* I, 1, 149 / tr. J.F. Courtine, *Du Moi comme principe de la philosophie ou sur l'inconditionné dans le savoir humain* in *Premiers écrits*, Paris, PUF, 1987, p. 47*sq.* À cet égard K.L. Michelet notait déjà, p. 56-57 de son texte de 1843, *Entwicklungsgeschichte der neuesten deutschen Philosophie mit besonderer Rücksicht auf die gegenwärtigen Kampf Schellings mit der hegelschen Schule*, Berlin, Duncker und Humblot que la *Glaubensphilosophie* de Jacobi est toujours demeurée plus proche de la philosophie de Schelling, qui s'en était inspiré dans ses premiers textes, que de celle de Hegel, malgré la polémique violente qui va opposer les deux hommes, alors que l'hostilité initiale de Jacobi vis-à-vis de Hegel fera rapidement place à une réconciliation, sur le plan des relations personnelles.

égard, le cas des rapports entre Hegel et Jacobi offre un bon exemple des contresens auxquels risque d'exposer cette dérive « historiciste » : poser que la pensée de Jacobi est pour Hegel un simple objet d'étude, ou que les lectures qu'il en propose ont pour seul intérêt d'en révéler l'influence sur sa propre philosophie, n'est-ce pas oublier un point décisif ? Avant d'être un penseur parmi d'autres, Jacobi est – et se veut – d'abord, un critique radical, non de telle ou telle philosophie, mais de la philosophie tout court. En ce sens, n'est-il pas légitime de supposer qu'une *Auseinandersetzung* – autrement dit un débat ou une confrontation – avec lui est d'abord un combat, dont l'enjeu, dans le cas de Hegel, n'est autre que la défense de la philosophie et de sa prétention à l'absolue cohérence contre un discours qui les refuse ? Bref, ne faut-il pas considérer que pour Hegel la pensée de Jacobi constitue d'abord, et paradoxalement, l'expression philosophique de ce qui est l'attitude anti-philosophique par excellence, autrement dit l'attitude de l'individu singulier et fini qui, obstinément attaché à sa singularité et à sa finitude, rejette l'universel et la raison, en leur opposant l'immédiateté d'une foi ou d'un sentiment qui, au-delà de la philosophie elle-même, mettent en question ce qui, aux yeux de celle-ci constitue le fondement de toute communication et de toute communauté humaine[1].

---

1   Tous les textes consacrés à Jacobi se préoccupent, d'une façon ou d'une autre, de cet aspect ; ainsi *Foi et savoir*, qui déclare à propos de Jacobi : « Comme présentation riche en esprit la raison se garde d'accueillir en soi l'infini du concept et de devenir bien commun et scientifi- cité » (*W.*2, 355 / tr. p. 146), et qui oppose ce qui est « bien commun de la scientificité » à ce qui n'est que « subjectivement riche en esprit » (*W.*2, 376 / tr. p. 161). De même l'*Encyclopédie* évoque le risque pour le savoir immédiat de s'abandonner « à l'arbitraire barbare de ce qu'il s'imagine et de ce qu'il assure, à une suffisance en moralité et à un orgueil du sentiment, ou à un avis et raisonnement sans mesure qui se déclare avec le plus de force contre la philosophie et les philosophèmes » (*W.*8, 166 / tr. p. 341 *sq.*) ; ce à quoi font écho les *Leçons sur l'histoire de la philosophie* (« Si l'on admet la validité du savoir immédiat, chacun n'a alors affaire qu'à soi-même ; tout est justifié. Celui-ci sait ceci, celui-là cela ; tout est approuvé, ce qu'il y a de pire, de plus irréligieux, etc. », *W.*20, 325 / tr. p. 1839 *sq.*) et la *Recension* de 1817 (« les idées positives de Jacobi, lorsqu'il les expose, ne se montrent qu'avec la valeur *d'assurances ; sentiment, pressentiment, immédiateté de la conscience, intuition* intellectuelle, *foi, certitude* irrésistible des idées, voilà ce qu'on donne comme assise de leur vérité. »). *W.*4, 452 / tr. p. 36 ; *cf.* aussi l'allusion au fait que si l'invocation du cœur sur le plan éthique « devait porter contre la *saisie déterminée* de la *finitude* des lois, droits et devoirs *déterminés*, il n'est pas besoin de développer en détail où cela mènerait », *Ibid.*, 4, 449 / tr. p. 34. Par ailleurs, cette critique de l'arbitraire et de la violence de l'absolutisation du sentiment est omniprésente dans le système ; *cf.*, par exemple, Préface de la *Phénoménologie* (« En se recommandant du sentiment, son oracle intérieur, » le sens commun « foule aux pieds la racine de l'humanité » *W.*3, 63 / tr. p. 125) ; *Encyclopédie*, § 447 Remarque : « Lorsqu'un homme, à propos de quelque chose en appelle, non pas à la nature et au concept de la Chose, ou du moins à des raisons, à l'universalité d'entendement, mais à son *sentiment*, il n'y a rien d'autre à faire que de le laisser là où il est, parce qu'il se refuse, ce faisant, à la communauté de la rationalité (*Vernünftigkeit*), qu'il s'enferme dans sa subjectivité isolée, – la *particularité propre* », *W.*7, 271 / tr. B. Bourgeois, *Encyclopédie,*

LE DISCOURS PHILOSOPHIQUE ET LA RÉVOLTE DU SENTIMENT

L'intérêt d'une telle hypothèse est d'abord de permettre une lecture cohérente des transformations et des déplacements que comportent les textes de Hegel. Si l'on pose que la pensée de Jacobi est l'expression philosophique de la révolte de l'individu contre l'universel, peut-être comprend-on mieux deux choses : d'une part l'insistance de *Foi et savoir* sur l'indigence spéculative d'un discours présenté comme un simple redoublement du subjectivisme, un « subjectif du subjectif », pour reprendre l'expression hégélienne[1] ; d'autre part, les limites d'une position qui, en conservant un rapport d'extériorité radicale à ce qu'elle critique, contredit sa propre prétention au savoir absolu[2]. D'où un changement de problématique qui, dans les textes de la maturité, se traduit par une tout autre attitude à l'égard de Jacobi : il n'est plus question désormais de rejeter le refus de la philosophie – du moins ce qui en est l'expression philosophique – dans les ténèbres du non-sens ; mais il s'agit au contraire d'en saisir le sens positif, et de montrer que le système

---

III, *La philosophie de l'esprit*, Paris, Vrin, 1988, p. 244 *sq.* ; *Principes de la philosophie du droit*, § 140, Remarque : « l'*opinion subjective* est expressément énoncée comme la règle du droit et de l'obligation […]. Avec cela, même l'apparence d'une objectivité éthique a totalement disparu. Une telle doctrine se rattache immédiatement à la soi-disant philosophie […] qui nie que le *vrai* soit connaissable » W.7, 271 *sq.* /tr. J.F. Kervégan, Paris, PUF, 1998, p. 222, et § 270, Remarque : « à l'encontre de ce vrai qui se drape dans la subjectivité du sentiment et de la représentation, le vrai est la prodigieuse transgression de l'intérieur vers l'extérieur, [transgression formée par] l'imprégnation de la raison dans la réalité, à laquelle toute l'histoire du monde a travaillé, travail par lequel l'humanité cultivée a conquis l'effectivité et la conscience de l'être-là rationnel, des institutions étatiques et des lois » W.7, 418 / tr. *op. cit.*, p. 335 ; *Vorlesungen über die Philosophie der Religion* (1824), *W.*16, 128 : « avec l'appel au sentiment propre, la communauté entre nous est rompue » / tr. p. 167. Il semble cependant que, dans les textes de la maturité, plus que Jacobi lui-même, ces critiques visent des auteurs tels que Fries, F. Schlegel ou Schleiermacher, et plus généralement ce que les Préfaces des deux premières éditions de l'*Encyclopédie* (1817 et 1827) ainsi que l'*Allocution pour l'ouverture des cours à Berlin* (22 Octobre 1818) présentent comme la tendance dominante de l'époque. *Cf.* W.8, 12 / tr. p. 119 *sq.* ; 8, 15 *sq.* / tr. p. 123 *sq.* ; 10, 402 *sq.* /tr. *op. cit.* p. 147 *sq.*

1   W.2, 332 / tr. p. 129.
2   *Cf.* sur ce point les analyses de G. Gérard dans *Critique et dialectique. Itinéraire de Hegel à Iéna, 1801-1805*, Bruxelles, Facultés Universitaires St Louis, 1982, p. 97 *sq.* et p. 190 *sq.*, sur les limites d'un point de vue critique, que Hegel a d'ailleurs lui-même thématisées dans son texte de 1802 sur *L'essence de la critique philosophique. Son rapport avec l'état présent de la philosophie en particulier* (W.2, 185 *sq.*, trad. B. Fauquet, Paris, Vrin, 1972, p. 99) ; *cf.* aussi les remarques de V. Verra sur le fait que *Foi et savoir* n'intègre pas les positions qu'il critique dans *Filosofia Moderna e Riflessione in Glauben und Wissen*, in *Fede e sapere, op. cit.*, p. 21.

reconnaît parfaitement la légitimité de ce que l'on prétend, à tord, lui
opposer : non seulement le sentiment possède un rôle, limité mais réel,
tant sur le plan moral et politique que religieux[1] ; mais il peut trouver
dans le système lui-même la satisfaction ultime à laquelle il aspire, à
la seule condition d'en appréhender la signification véritable : le savoir
immédiat s'oppose si peu à la philosophie qu'il n'est rien d'autre que ce
qui en forme le commencement, autrement dit le savoir de l'Être vide
et indéterminé[2] ; quant à l'exigence, prétendument opposée au concept,
d'une vie parfaitement accordée à elle-même et vécue dans le sentiment
d'une présence pleine et entière, elle est, elle aussi, si peu étrangère au
discours et à son absolue cohérence qu'elle en constitue l'aboutissement.
En se décidant au penser, en s'élevant au plan du concept, en en par-
courant le procès infini, l'individu se libère de sa singularité et de sa
particularité excluantes, et peut ainsi accéder à l'immédiateté d'une
absolue jouissance spirituelle[3], dont le plaisir empirique de l'être fini
n'est que la caricature vide et inconsistante[4].

---

1   Cf. par exemple le rôle reconnu à la Gesinnung, tant sur le plan de la morale vivante (Grundlinien
    der Philosophie des Rechts § 137, W.7, 255 / tr. p. 213) que sur le plan politique (§ 268 et § 269,
    W.7, 413 sq. / tr. p. 330 sq.), ainsi que le rôle, limité mais réel, de la foi subjective, sur le plan
    religieux (cf. par exemple Encyclopédie § 555, W.10, 366 sq. / tr. p. 344).
2   Encore faut-il rappeler que Hegel distingue deux aspects : le savoir immédiat lui-même,
    dont « la Logique [...] et la philosophie tout entière » (W.8, 165 ; / tr. p. 339) explicitent
    rationnellement le contenu, en partant de la pensée de l'être qui en est le fond, et en
    commençant par en mettre à jour l'identité avec le néant ; et une métaphysique, qui, en
    absolutisant l'immédiat, interdit au contraire d'apercevoir cette identité, et s'oppose au
    développement du discours philosophique systématique auquel elle substitue un dog-
    matisme irrationaliste, dont Jacobi a formulé le principe et dont l'expression concrète
    se trouve chez Fries, Schleiermacher ou F. Schlegel. En reconnaissant la légitimité du
    premier point de vue, Hegel entend précisément récuser celle du second.
3   Sur le caractère apparent de l'opposition du savoir immédiat à la philosophie, cf. par exemple
    Encyclopédie, W.8, 153 / tr. p. 328) : « À la philosophie il ne peut pas venir le moins du monde
    à l'esprit, de vouloir contredire ces propositions du savoir immédiat [sur la liaison de la
    représentation de Dieu et de la certitude de son être] [...] On peut, bien plutôt, seulement
    s'étonner de ce que l'on ait pu croire que ces propositions étaient opposées à la philoso-
    phie. » L'idée que l'achèvement de la compréhension philosophique constitue la satisfaction
    véritable visée par le savoir immédiat nous semble impliquée par l'insistance du dernier
    paragraphe de l'Encyclopédie de 1830 sur l'unité de l'activité et de la jouissance dans l'acte
    par lequel « l'Idée éternelle qui est en et pour soi se fait agissante, s'engendre et jouit de soi
    éternellement comme esprit absolu » (W.10, 394 / tr. 374) ; cf. aussi la citation d'Aristote
    sur laquelle s'achèvent les deux dernières éditions de l'Encyclopédie, où il est question pour
    l'homme de posséder « à certains moments » « l'état de joie » que « Dieu a toujours » (W.10,
    395 / tr. p. 375). Sur le fait que Hegel conçoive la philosophie comme le développement
    accompli du savoir immédiat, cf. l'article de G. Kirscher, Hegel et la philosophie de Jacobi in
    Hegel-Studien, Beiheft 4, Bouvier Verlag, Bonn, 1969, p. 181-191.
4   L'opposition est clairement formulée dans Foi et Savoir (W.2, 291 sq. / tr. p. 95) ; elle se
    retrouve sous une autre forme, par exemple dans la figure de la Phénoménologie, Plaisir

Notre hypothèse présente encore un autre avantage, qui est de rendre compte d'un aspect des textes de la maturité consacrés à Jacobi qui, à première vue semble quelque peu surprenant : au lieu de critiquer Jacobi, Hegel en vient souvent au contraire à prendre appui sur sa pensée, et à en invoquer l'autorité, pour combattre des attitudes qui, qu'elles parlent de « faits de conscience », qu'elles prônent la valeur de la conviction sur le plan éthique, ou celle de la foi et du sentiment intérieur sur le plan religieux, semblent pourtant s'inscrire dans la continuité de celles de Jacobi. Ainsi, la *Recension* de 1817, après avoir approuvé la critique de la « manière *narrative* » dont Kant traite des activités spirituelles, pré- cise-t-elle, en visant manifestement Fries, que « cette critique acquiert actuellement une importance d'autant plus grande que même des amis de Jacobi ont pu penser avoir trouvé une *amélioration* de la philosophie critique en ceci que la connaissance de l'esprit connaissant pourrait devenir l'affaire d'une *anthropologie* – devenir le récit tout simple de *faits* qui se *trouveraient là* dans la conscience, la connaissance ne consistant alors en rien d'autre qu'en une *analyse* du donné[1] ». De même, la remarque au § 140 des *Principes de la philosophie du droit* n'hésite-t-elle pas, là encore, contre Fries et son éthique de la conviction, à citer une lettre de Jacobi, où celui-ci critique les « méfaits » auxquels la « conviction sentie » a entraîné nombre d'hommes[2]. Au-delà de son aspect « stratégique », cette façon d'opposer l'enseignement de Jacobi à celui de ses disciples supposés[3], découle à l'évidence du changement d'attitude qui s'opère

---

et nécessité (*W.*3, 270 / tr. p. 346 *sq.*) où Hegel conçoit la satisfaction à laquelle conduit la philosophie comme la vérité de la satisfaction, éphémère et inconsistante, parce qu'immédiate à laquelle conduit l'hédonisme

1   *W.*4, 442 / tr. p. 29.

2   *W.*7, 285, note / tr. p. 223 note.

3   On peut encore remarquer qu'un autre passage de la *Recension* justifie la critique de la « philosophie pratique » de Jacobi en évoquant les conséquences désastreuses qu'elle peut entraîner « lorsqu'on considère combien facilement le *romantisme* pénètre par effraction jusque dans l'éthicité et combien volontiers les hommes sont enclins à agir *magnanime- ment* plutôt qu'*honnêtement, noblement* plutôt que *moralement*, combien volontiers, en se permettant d'agir contre la *lettre* de la loi, il s'affranchissent (en fait) non pas tant de la lettre que de la *loi.* » (*W.*4, 449 *sq.* / tr. p. 34). De même, la correspondance de Hegel semble confirmer que la note du § 140 des *Principes de la Philosophie du droit* est conforme aux positions de Jacobi. Ainsi Roth déclare-t-il à ce propos : « En lisant bien des passages qui sont inégalables, par exemple p. 152 [il s'agit de la remarque au § 140], je me suis vivement représenté la joie qu'ils auraient procurée à mon défunt ami Jacobi », même s'il regrette « de ne pas comprendre du tout les paragraphes, et même bien des choses dans les remarques » ! (Lettre à Hegel du 18 décembre 1820 in *Briefe*, II, 378, *op. cit.* p. 244, trad. fr. *op. cit.* p. 215); déclaration que corrobore celle de Niethammer dans sa lettre à Hegel du 16 avril 1821 (*Briefe*, II, 385, *op. cit.* p. 258, trad. fr. *op. cit.* p. 227) : « Je prends

dans les textes de la maturité : en devenant une sorte de précurseur du système, qui est seul à pouvoir en revendiquer et en assumer l'héritage authentique, Jacobi cesse d'être un adversaire ; il devient un allié dans la lutte contre des positions « irrationalistes », que son « intuition rationnelle[1] » dépasse, mais que persistent à défendre tous ceux pour qui l'immédiateté du cœur et du sentiment demeure un horizon ultime[2].

---

plaisir aux paragraphes qui sont tels que Jacobi les souhaitait. Assurément il n'aurait pas trouvé que tout répondait aussi bien à ses vœux, mais beaucoup de choses, même dans leur forme la plus rigoureuse, lui auraient cependant plu. » À en juger par la Préface aux *Principes de la Philosophie du droit* et sa critique de « La bouillie du "cœur, de l'amitié et de l'enthousiasme" » qui vise nommément Fries (*W*.7, 18 / tr. p. 76 *sq.*), Niethammer songe peut-être lui aussi à la même cible lorsqu'il ajoute : « il était temps de s'opposer à la platitude et à la sottise, non seulement de nos petits politiciens de café, mais aussi de nos spécialistes des sciences politiques ». En outre, d'autres textes semblent, eux aussi, défendre le point de vue de Jacobi contre celui de tel ou tel de ses disciples ; ainsi la Préface de la première édition de l'*Encyclopédie* qui, tout en déplorant que l'intérêt philosophique de l'époque prenne trop souvent la forme du savoir immédiat et du sentiment, y voit cependant l'expression d'un « amour sérieux de la *connaissance plus élevée* » (*W*.8, 13 / tr. p. 119 ainsi que le commentaire de B. Bourgeois dans sa *Présentation*, p. 37). On peut estimer que Hegel, dans ce texte de 1817 – contemporain de la *Recension* – songe à Jacobi dont le discours se verrait ainsi reconnaître une portée philosophique que la *Préface à la philosophie de la religion de* Hinrichs (1822) refuse en revanche au sentimentalisme religieux de la *christliche Glaube*, que Schleiermacher avait publiée en 1821.(*cf*. sur ce point *W*.11, 59 / tr. p. 907). De même, l'*Encyclopédie*, tout en soulignant que le savoir immédiat peut conduire à l'irrationalisme, semble avoir le souci de laver Jacobi de ces soupçons lorsqu'elle précise qu'il convient d'entendre sa doctrine de la croyance en un Dieu vrai et éternel dans le sens d'une intuition « *intellectuelle* », fondée sur un acte de l'esprit pensant (*W*.8, 149 *sq*. / tr. p. 326). Enfin, la Préface à la seconde édition de l'*Encyclopédie* présente « le noble *Jacobi* » comme le penseur qui a tenté, en suscitant « seulement la simple croyance en Dieu », de lutter contre l'indigence religieuse de l'époque, plus que comme l'expression de cette indigence (*W*.8, 27 / tr. *op. cit.* p. 134). Concernant la proximité et la différence entre Jacobi lui-même et des disciples tels que Fries, on peut encore ajouter un passage curieux des *Leçons sur l'histoire de la philosophie*, où Hegel voit l'un des aboutissements possibles de la philosophie kantienne dans « un manque de profondeur et de rigueur qui en reste à l'aspect critique et négatif, et qui, pour avoir quelque chose de positif, s'en tient à des faits de conscience et au pressentiment, renonçant à la pensée et retournant au sentiment (*W*.20, 313 / tr. p. 1827 *sq*.) : tantôt Hegel semble englober dans une même condamnation Kant, Jacobi et tous les tenants de l'immédiateté, tantôt au contraire, il semble s'appuyer sur Kant ou sur Jacobi, dont les discours sont alors reconnus comme authentiquement philosophiques, pour combattre un sentimentalisme absolu, destructeur de toute pensée. *Cf*. à ce propos, les analyses de E. Cafagna, *Dottrine psicologiche nella teoria hegeliana del volere* in *Annali della Scuola Normale Superiore di Pisa*, Pisa, 1996, I, 1, p. 479 *sq*.

1   *W*.4, 438 / tr. p. 25.
2   On peut aussi se demander si, tout en reconnaissant l'importance historique de Jacobi dans la formation d'un nouveau monde spirituel, « l'éloge funèbre » auquel se livre Hegel dans sa lettre à Niethammer du 26 mars 1819 (*Briefe*, II, 355, *op. cit.* p. 213, trad. fr. *op. cit.* p. 189) ne participe pas lui aussi de ce type d'intention ; il est significatif en tout cas que Hegel paraisse reprendre la préoccupation centrale de Jacobi, lorsqu'il parle de celui-ci comme d'un solide point d'appui « pour le monde dans lequel nous

L'hypothèse que nous avançons présente, enfin, l'intérêt de permettre de revenir sur les questions, liées l'une à l'autre, du sens du système et de son rapport à l'altérité, en les abordant d'un point de vue autre que celui qui consiste à analyser les structures logiques d'où le penser hégélien tire sa systématicité. D'un côté, cette approche ne peut que confirmer pour l'essentiel les résultats obtenus par ces analyses[1] : le savoir absolu n'est pas le discours clos sur lui-même, aveugle à la contingence, incapable de faire droit à la différence et à l'altérité que persistent à voir en lui certains lecteurs[2] ; si tel était le cas, comment pourrait-il en effet tenter de désamorcer les critiques des tenants de l'immédiateté, en leur opposant sa capacité à prendre en compte la singularité de l'individu, et ce, dans ce qui en forme l'aspect singulier par excellence, celui de la sensibilité et du sentiment ? Ou encore, comment pourrait-il se donner comme le lieu de la véritable satisfaction humaine, où, comme l'affirme déjà *Foi et savoir*, « le faire raisonnable et la jouissance suprême [...] sont [...] identiques[3] », en sorte que la scission entre raison et sentiment y

---

nous représentons notre existence » : c'est Jacobi qui n'a cessé d'insister sur le fait que, dans la mesure où il fonde son orientation dans le monde sur des représentations dont l'objectivité n'est jamais garantie, l'homme est constamment menacé par le nihilisme. (*Cf.* par exemple *Jacobi an Fichte, op. cit.*, p. 201 *sq.* / tr. p. 113 *sq.*, ainsi que les analyses d'A. Iacovacci, *Idealismo e nichilismo. La lettera di Jacobi a Fichte*, Padova, CEDAM, 1992, p. 113 *sq.*). Hegel ne reprend-il pas ici le problème de Jacobi lui-même ? Ne présente-t-il pas sa pensée comme un rempart contre les positions d'un sentimentalisme immédiat qui, sans être « nihiliste » au sens jacobien, menace cependant de défaire l'ordre raisonnable du monde objectif en contribuant à le laisser s'abîmer dans le chaos et la violence ?

1   Nous pensons aux travaux de P.J. Labarrière, *Structures et mouvement dialectique dans la Phénoménologie de l'esprit*, Paris, Aubier, 1968, ainsi que *Introduction à une lecture de la Phénoménologie de l'esprit*, Paris, Aubier, 1979, et de G. Jarczyk, *Système et liberté dans la logique de Hegel*, Paris, Aubier, 1980, ainsi que *Le négatif ou l'écriture de l'autre dans la logique de Hegel*, Paris, Ellipses, 1999 ; *cf.* aussi G. Jarczyk et P.J. Labarrière, *Hegeliana*, Paris, PUF, 1986 ; pour la question du rapport à la contingence, *cf.* B. Mabille, *Hegel, l'épreuve de la contingence*, Paris, Aubier, 1999, ainsi que J.M. Lardic, *La contingence chez Hegel* in *Hegel, comment le sens commun comprend la philosophie*, Arles, Actes Sud, 1989.

2   La thèse, issue en France, des *Leçons sur la Phénoménologie de l'esprit*, professées de 1933 à 1939 à l'Ecole des hautes études par A. Kojève (*Introduction à la lecture de Hegel*, Paris, Gallimard, 1947) semble constituer une sorte de « point de départ » pour tous les auteurs qui entendent se situer dans la lignée de Heidegger, de Nietzsche ou de Kierkegaard, fût-ce, comme E. Lévinas ou J. Derrida, en donnant à leur interprétation une forme complexe, qui permet d'instaurer une distance, tant avec Hegel et Heidegger, qu'avec des approches « phénoménologiques » fondées sur un primat de la conscience ou de la subjectivité. *Cf.* G. Jarczyk et P.J. Labarrière, *De Kojève à Hegel. 150 ans de pensée hégélienne en France*, Paris, Albin Michel, 1996 ainsi que V. Descombes, *Le Même et l'Autre. Quarante-cinq ans de philosophie française (1933-1978)*, Paris, Minuit, 1979.

3   *W.*2, 291, trad. fr p. 95. Il nous semble que la fin du troisième syllogisme exposé dans le § 577 de l'*Encyclopédie* (*W.*10, 394 ; / tr. p. 374) reprend le même thème.

est pleinement « sursumée » ? Mais en même temps, s'interroger sur la réponse hégélienne aux critiques des partisans de l'absoluité du sentiment permet peut-être d'en mettre à jour plus aisément les limites, et par là celles de la façon dont le système se comprend. Qu'en est-il en effet du sens qui est ici reconnu à la révolte du sentiment ? En est-il le seul sens ? Et surtout en est-il le sens véritable ? Hegel fait de la compréhension absolue la satisfaction humaine la plus haute, ou si l'on préfère, il affirme que compréhension du tout et jouissance suprême coïncident. Mais est-ce là ce à quoi aspire l'individu qui rejette l'universalité du discours au nom de l'immédiateté de son sentiment ? Ce qu'il refuse, n'est-ce pas précisément une réconciliation qui lui apparaît abstraite, parce que située sur le seul plan de la pensée et du discours, et à laquelle il oppose une satisfaction qui serait concrète, parce que concrètement vécue dans la singularité de sa vie effective[1] ? Hegel répondrait sans doute qu'une telle distinction est dénuée de sens ; et il ajouterait peut-être qu'elle ne fait que réintroduire, entre la pensée et l'être, une scission dont le système entier est la « sursomption ». Mais cette réponse ne présuppose-t-elle pas ce qui est en question ? N'équivaut-elle pas à accorder au discours un statut qui lui fait perdre de vue qu'il se veut le dépassement de tout dogmatisme métaphysique ? Et qui lui fait aussi perdre de vue que, lorsqu'il invoque

---

1   Nous ne voulons pas donner de la pensée de Jacobi une interprétation « existentialiste » du type de celle proposée par O.F. Bollnow dans *Die Lebensphilosophie F. H. Jacobis*, Stuttgart, Kohlhammer, 1933 – V. Verra rappelle à cet égard que Kierkegaard préférait l'« ironique » Lessing au « noble et enthousiaste Jacobi » (*Dall' Illuminismo, op. cit.*, p. XXV et 92 *sq.*). Mais, il n'en demeure pas moins que la thèse fondamentale des *Lettres sur Spinoza* (*Jacobi, Werke*, IV, 1, *op. cit.*, p. 2, trad. fr. *op. cit.* p. 119), selon laquelle « le plus grand mérite du chercheur est de dévoiler l'*existence* et de la révéler », car « sa fin ultime est ce qui ne se laisse pas expliquer, l'indissoluble, l'immédiat, le simple » peut s'entendre, au-delà de sa référence évidente à l'existence de Dieu, comme une défense du caractère irréductible de la vie et de l'existence concrètes à la spéculation et au discours. Telle est, du moins, l'interprétation que Fichte semble proposer de la pensée de Jacobi. *Cf.* par exemple *Rückerrinerungen, Antworten und Fragen, Sämmtliche Werke, op. cit.*, vol V, p. 335 / tr. J.C. Goddard, *Rappels, réponses, questions*, in *Querelle de l'athéisme, op. cit.* p. 140 : « La *vie* est but, en aucun cas l'activité spéculative ; celle-ci n'est que moyen. Et elle n'est pas même le moyen de *former* la vie, car elle appartient à un tout autre monde, et pour qu'une chose prétende avoir une influence sur la vie, il lui faut elle-même provenir de la vie. L'activité spéculative est seulement le moyen de *reconnaître* la vie » ; *cf.* aussi la lettre à Reinhold du 22 avril 1799 (*Briefwechsel*, II, p. 85-88) dans laquelle Fichte explique que Jacobi combat l'« enthousiasme logique » des philosophes au nom d'un enthousiasme pour « la vie réelle ». Sur tout cela *cf.* les analyses de V. Verra, *op. cit.* p. 285 *sq.*, ainsi que les remarques de la fin de l'article *G.W.F. Hegel : Filosofia moderna e Riflessione in Glauben und Wissen, op. cit.* p. 28, où Verra suggère que nombre de motifs polémiques de *Foi et savoir* peuvent valoir comme « critique *ante litteram* de nombreuses perspectives, finitistes, existentialistes ou irrationalistes » qui ont prétendu dépasser le hégélianisme.

l'immédiateté de son sentiment, l'individu entend précisément mettre en question un tel dogmatisme, en cherchant à montrer qu'aucun discours, fût-il systématique et absolument cohérent, ne saurait être pour l'homme le lieu d'une réconciliation et d'une satisfaction concrètes ?

On le voit, le débat va bien au-delà des arguments explicitement invoqués tant par Hegel que par Jacobi : il a pour enjeu un conflit qui porte sur deux façons différentes de concevoir la réconciliation ultime à laquelle est censée aboutir la philosophie : faut-il admettre, avec Hegel, que celle-ci ne consiste ni en une intuition intellectuelle, ni en un sentiment immédiat, parce qu'elle n'est rien d'autre que la compréhension du tout, telle qu'elle s'explicite dans le discours un et systématique de la philosophie ? Ou faut-il plutôt affirmer, comme l'indiquent, non Jacobi lui-même, mais les implications ultimes de sa critique de la raison, que cette réconciliation – conformément à ce que la tradition philosophique a toujours désigné sous le nom de sagesse – a pour lieu, non le discours philosophique en tant que tel, mais ce qui en est le résultat pour le philosophe, autrement dit la réalité concrète d'une vie sensée et vécue comme sensée par un être fini auquel la cohérence de son discours garantit que le monde dans lequel il vit, parle et agit, est bien un monde – un Cosmos un et compréhensible – et non un chaos insensé et absurde[1] ?

---

1   Cette interrogation est largement inspirée des analyses du livre d'E. Weil, *Logique de la philosophie*, Paris, Vrin, 1950, dont le dernier chapitre est consacré à la sagesse (p. 433 *sq.*). Mais cela n'implique nullement que l'on accorde à la « révolte du sentiment », incarnée par Jacobi ou par les tenants d'un « sentimentalisme immédiat » la portée ou l'importance que Weil donne à la violence radicale de l'attitude de l'homme de l'« Œuvre » et à son refus du discours de l'« Absolu », même si l'opposition raison-violence introduite par Weil semble en partie découler d'une réinterprétation, visant à permettre le « dépassement » de la clôture hégélienne, de ce qui est l'un des enjeux essentiels du débat de Hegel avec les partisans de l'immédiateté et du sentiment. Par ailleurs l'idée que la pensée de Jacobi soulève, sans la thématiser conceptuellement, la question du sens du discours pour l'homme concret apparaît chez d'autres auteurs : par exemple dans la conclusion du livre de V. Verra, qui affirme que « la position de Jacobi n'a pas pour seul sens d'être la critique de telle ou telle conception de la médiation, mais [...] d'être la critique de toute philosophie qui prétend se fonder uniquement sur des processus discursifs » (*op. cit.* p. 302) ; ou encore dans l'article de K. Hammacher «*Jacobi und das Problem der Dialektik* », qui accuse Hegel de refuser à l'homme la possibilité d'une satisfaction véritable sur le plan de l'action et de la vie, pour faire de la connaissance, entendue comme un savoir exclusivement théorique, le seul lieu de la réconciliation. (Article cité, p. 150 *sq.*) Ce grief est au sens strict injustifié, dans la mesure où *l'Encyclopédie* entend sursumer le dualisme esprit théorique-esprit pratique – d'où l'insistance du dernier syllogisme sur la coïncidence du connaître, de l'agir et du jouir dans l'infinité du procès de l'Idée absolue ; mais, en même temps, cette lecture, irrecevable sur un plan historiographique, exprime le refus d'une satisfaction exclusivement théorétique – et non théorique – qui n'équivaut pas, comme le

Finalement, peut-être l'intérêt d'une enquête sur les rapports entre la pensée de Hegel et celle de Jacobi est-il d'amener le questionnement à porter, plus que sur le système hégélien en tant que tel, sur le sens qu'il s'attribue ; et, par là à permettre que soit envisagée la possibilité d'une compréhension de ce sens qui serait autre que celle de Hegel lui-même, et qui s'accorderait davantage à la conscience des limites du discours, telle qu'elle s'exprime dans la pensée de Jacobi, mais aussi telle qu'elle trouve sa légitimation proprement conceptuelle dans une philosophie comme celle de Kant[1]. En ce sens, le but ultime d'une telle recherche ne pourrait-il être de suggérer que, par delà les différences historiques aussi irréductibles qu'irrécusables qui séparent une orientation « kantienne » d'une orientation « hégélienne », il peut cependant exister entre elles un certain accord sur le plan philosophique et, en tout cas une unité plus grande que ne l'admettent généralement et les partisans de Kant et ceux de Hegel ?

---

dit Hammacher, à un rejet de la dialectique hégélienne, mais soulève le problème d'une possible réinterprétation de la signification du système – dont la cohérence, absolue et « ouverte » n'est pas en cause ici – du point de vue de l'« être raisonnable, mais fini », dont parle Kant.

1   Cet « accord » entre Jacobi et Kant suppose, bien entendu, que l'on conçoive entre eux un autre rapport que ceux qu'ils ont conçus l'un et l'autre ; autrement dit, il suppose que soit récusée tant la thèse kantienne accusant Jacobi de *Schwärmerei*, (*cf. Was heißt sich in Denken orientieren ?*, *Werke*, VIII, 133 / tr. A. Philonenko, *Qu'est ce que s'orienter dans la pensée ?*, Paris, Vrin, 1967, et *Von einem neuerdings erhobenen vornehmen Ton in der Philosophie*, *Werke*, VIII, 389 / tr. A. Renaut, *Sur un ton supérieur nouvellement pris en philosophie* in *Oeuvres philosophiques*, III, Paris, Gallimard, p. 393), que la thèse jacobienne selon laquelle la philosophie de Kant repose sur une incohérence fondamentale qui lui interdit tout avenir (*Werke* II, *op. cit.*, p. 91, trad. fr L. Guillermit, *op. cit.*, Paris, Vrin, 2000, p. 241 et *Werke*, II, *op. cit.*, p. 15 *sq.* / tr. *Préface*, *op. cit.* p. 130).

LE JEUNE HEGEL ET JACOBI

Qu'il s'agisse du « fragment de Tübingen », des écrits de Berne ou de ceux de Francfort, on chercherait en vain dans les textes du jeune Hegel la moindre référence à Jacobi, dont le nom n'est même pas mentionné. Il semble difficile pourtant de simplement récuser l'idée que Jacobi aurait joué un rôle décisif dans la formation de la pensée hégélienne : Hegel n'a-t-il pas lu, à Tübingen, en compagnie de Schelling et de Hölderlin, les *Lettres* sur la doctrine de Spinoza, dont la seconde édition venait d'être publiée ? Et cette lecture n'a-t-elle pas été une source de débats intenses dont la notice que Hölderlin consacre au texte de Jacobi constitue une sorte d'écho lointain[1] ? Reste que, pour incontestables qu'ils soient, ces faits ne suffisent pas, à eux seuls, à indiquer en quel sens on pourrait, ici, parler d'« influence » : faut-il entendre par là une influence des *Lettres sur Spinoza*, ou de la querelle du panthéisme en général ? Mais, en ce cas, comment ne pas remarquer que cette influence est pour le moins paradoxale, puisque, à en croire la lettre que Schelling adresse à Hegel le 4 février 1795, la lecture de l'ouvrage de Jacobi aurait eu un effet strictement inverse de celui que visait son auteur, et n'aurait fait que renforcer chez Hegel la conviction qu'il était indispensable de combattre l'orthodoxie religieuse, en l'amenant à prendre pour devise le mot que Jacobi avait attribué à Lessing : « les concepts orthodoxes de la divinité ne sont plus pour nous[2] » ? Dès lors, faut-il plutôt évoquer une influence de la position propre de Jacobi et soutenir, comme semblent le faire nombre d'interprètes, que Hegel n'aurait cessé de s'éloigner de son « rationalisme » initial ? En sorte que, reconnaissant, contre Kant, l'importance décisive de la sensibilité et du sentiment, il en serait finalement venu, à Francfort, à adopter une attitude qui, sans être identique à celle de Jacobi, reposerait cependant sur l'immédiateté d'une foi – celle dont parle le fragment *Foi et être*

---

1 *Zu Jakobis Briefen über die Lehre des Spinoza* in *Sämtliche Werke und Briefe* Bd 2 (J. Schmidt hrsg), Frankfurt. a. M., Deutscher Klassiker Verlag, 1994, p. 492-495.

2 *Briefe, op. cit.* I, 10, p. 22 / tr. p. 26. — Pour le texte de Jacobi, *cf. Werke* IV, 1, *op. cit.*, p. 54 / tr. p. 108.

– dont le statut ne serait pas sans lien avec celui de la foi qui permet à Jacobi d'assigner au rationalisme des limites infranchissables ?

On ne saurait nier l'importance des enjeux que comportent ces questions. Mais pour importants qu'ils soient, permettent-ils réellement de lire les textes du jeune Hegel ? Ne peut-on hésiter, au contraire, devant cette nécessité de choisir entre un Hegel rationaliste et disciple de l'*Aufklärung*, et un Hegel « romantique », ou « mystique » ? N'est-ce pas oublier que le souci hégélien est d'abord un souci d'unité et de réconciliation, y compris là où la forme de cette unité n'est pas encore celle du système ? Et que ce souci semble difficilement conciliable avec les alternatives qu'impose d'introduire la référence à Jacobi ? Autrement dit, n'est-ce pas simplement un contresens, tant sur le plan historique que sur le plan philosophique, que de chercher à lire Hegel en fonction d'une problématique – celle de la querelle du panthéisme – dont il semble récuser les termes ?

Ce qui frappe, en tout cas, dans les interrogations hégéliennes sur la religion, qu'il s'agisse des écrits de Tübingen, de Berne ou de Francfort, c'est leur souci constant de déplacer l'interrogation traditionnelle sur la source ou l'origine de la croyance, et par là de dépasser les oppositions – entre foi et savoir, ou entre raison et sentiment – qui en sont le corrélat. Pour Hegel, la religion n'est pas essentiellement une attitude individuelle, dont la philosophie aurait pour tâche de chercher la justification, ou l'absence de justification ; elle est d'abord un phénomène historique et collectif, une réalité à la fois culturelle, sociale et politique, qu'il importe de questionner en cherchant comment elle peut devenir, dans le monde moderne, une religion vivante ou une « religion populaire[1] », qui garantisse à tous et à chacun un sens de l'existence, raisonnable et senti à la fois, susceptible d'être vécu au sein d'une communauté qui soit une véritable communauté politique. En ce sens, il faut sans doute reconnaître que la lecture des *Lettres* de Jacobi a pu fournir à Hegel une incitation supplémentaire à s'interroger sur le sens de la religion dans le monde moderne ; mais aussi qu'elle pouvait difficilement, du moins si l'on considère la spécificité de la problématique hégélienne, être plus qu'une simple incitation.

Dès lors, au lieu d'essayer d'établir, plus ou moins artificiellement, telle ou telle filiation entre les positions hégéliennes et celles qui s'affrontent dans la querelle du panthéisme, peut-être une interrogation

---

1   *W*.1, 12. tr. *La religion est...*, *op. cit.* p. 52.

sur le rapport entre le jeune Hegel et Jacobi doit-elle plutôt se proposer deux tâches, à la fois distinctes et complémentaires : d'une part se
concentrer sur la nouveauté d'une problématique, qui, loin de vouloir
défendre ou combattre le point de vue de l'*Aufklärung*, cherche plutôt à
dépasser des alternatives qu'une tradition – dans laquelle Jacobi demeure
inscrit – avait considérées comme indépassables ; d'autre part s'interroger
sur les raisons qui ont pu amener tel ou tel interprète à méconnaître
cette nouveauté et à imputer à Hegel un type de questionnement dont
il entend au contraire se libérer : au-delà de la cécité historique, ou de
la tendance – omniprésente chez les historiens de la philosophie – à
lire sur un plan « métaphysique » ou « ontologique » des énoncés qui
ne visent qu'à fonder la possibilité de parvenir concrètement à une
religion libérée de toute positivité, ne peut-on avancer l'hypothèse
que les textes du jeune Hegel comportent une difficulté, qui sans les
légitimer, laisse cependant prise aux interprétations qui voient en eux
l'apologie d'une appréhension immédiate de l'absolu ? Lorsqu'il affirme
qu'« avec la religion, la philosophie doit nécessairement cesser[1] » – thèse
qui ne vaut pas seulement pour la période de Francfort, mais semble
sous-jacente aux écrits antérieurs –, Hegel ne se condamne-t-il pas
en effet à ne pouvoir comprendre la possibilité de son discours sur
la religion qu'en s'interdisant en même temps de pouvoir justifier le
caractère rationnel de son contenu ? Ou si l'on préfère, n'introduit-il
pas entre le discours conceptuel et la foi religieuse une différence dont
l'irréductibilité apparente incite à voir une valorisation de l'immédiateté
en ce qui ne renvoie qu'à l'effectivité d'une médiation vécue de la vie
finie et de la vie infinie ? De ce point de vue, l'idée d'un rapprochement avec Jacobi est bien un contresens ; mais n'est-elle pas aussi le
« révélateur » d'une ambiguïté qui traverse la pensée du jeune Hegel,
et que celle-ci ne réussira à éliminer qu'en abandonnant l'idée d'une
« subordination » de la philosophie à la religion ?

---

1   *W*.1, 422-423, tr in *Premiers écrits, op. cit.* p. 373.

LE « MANUSCRIT DE TÜBINGEN »
ET LES FRAGMENTS DE BERNE

Pour véritablement comparer les interrogations sur la religion que contiennent les premiers textes de Hegel – ceux de Tübingen et de Berne – à celles que proposent les *Lettres* de Jacobi, on ne saurait s'en tenir, comme semblent le faire certains interprètes[1], à tel ou tel rapprochement hâtif et plus ou moins arbitraire. Aussi faut-il d'abord en revenir à la problématique de Jacobi lui-même, ou du moins à la façon dont celle-ci pouvait être perçue par les étudiants de Tübingen. Que montre, à cet égard, la notice rédigée par Hölderlin ? Celle-ci résume fidèlement, dans une langue qui reprend, la plupart du temps, les phrases mêmes de l'ouvrage, l'essentiel du dialogue entre Lessing et Jacobi. Or, à en juger par la « sélection » des passages qu'il opère dans l'ensemble du texte, Hölderlin met l'accent sur deux points : d'une part, il y a pour Jacobi une contradiction manifeste entre les thèses de Spinoza, ou celles de la philosophie en général, et les convictions les mieux ancrées du sens commun, en particulier celles qui touchent au libre arbitre ou à l'existence de causes finales. D'autre part, seule permet d'échapper au « scepticisme complet » qu'engendre cette contradiction, une foi qui, moyennant un *salto mortale*, conduit l'homme à ce qui est à jamais inaccessible à la raison et à ses démonstrations, autrement dit à ce que Jacobi nomme « l'immédiat, le simple, l'insoluble[2] ». Cette présentation a l'intérêt de montrer où se situe, selon Hölderlin, la question décisive aux yeux de Jacobi : celle-ci ne porte pas tant sur le contenu « hétérodoxe » de telle ou telle thèse spinoziste, que sur la « coupure » entre les « résultats » de l'exercice d'une raison qui se croit, à tort, dotée d'une autonomie absolue, et les certitudes originaires qui doivent garantir le sens du monde et de l'existence ; coupure que Jacobi entend surmonter au moyen d'une foi – qui est en dernière analyse la foi en l'existence d'un Dieu « intelligent

---

1   Par exemple, à propos de la distinction religion objective/religion subjective, H.J. Gawoll dans son article *Glauben und Positivität. Hegels frühe Verhältnis zu Jacobi* in *Hegels Denkenentwicklung in der Berner und Frankfurter Zeit* (M. Bondeli, H. Linneweber-Lammerskitten hrsg.), München, Fink, 1999, p. 82-83, ainsi que V. Ruhle, art. cité, p. 172 *sq.* ou, à propos de l'utilisation de l'image de la lumière, M. Bondeli, *Der Kantianismus des jungen Hegel, op. cit.* p. 275 *sq.*

2   Hölderlin, *op. cit.* p. 495. Le texte de Jacobi se trouve p. 72 in *Werke*, IV, 1, *op. cit.* / tr *op. cit.* p. 119.

et personnel » – présentée comme une sorte d'évidence, naturellement présente en tout homme, et dont le statut serait comparable à celui de la croyance en l'existence d'un monde extérieur, que chacun oppose spontanément aux constructions artificielles et artificieuses qui, telles celles de Spinoza, en récusent le bien-fondé, lorsqu'elles prétendent que la succession et la durée sont de pures apparences, ou, comme dit Hölderlin en son langage kantien, « un simple phénomène[1] ».

Si l'on suppose que sa lecture de l'ouvrage de Jacobi ne conduit pas le jeune Hegel à des conclusions foncièrement différentes, il ne paraît pas totalement insensé de rapprocher les deux pensées : n'y a-t-il pas, dans le fragment de Tübingen, des thèses équivalentes à celles de Jacobi ? Ainsi la « religion objective » possède un aspect livresque, qui en fait un pur système dogmatique ou un « capital mort[2] » ; quant aux « connaissances métaphysiques qui portent sur Dieu, sur notre relation et celle du monde entier à lui », elles ne sont l'affaire que de « l'entendement ratiocinant » (*der räsonierende Verstand*) ou de « l'entendement froid[3] » ; de même le « raisonnement d'une *Aufklärung* » qui se contente de « partir de concepts selon une méthode mathématique » et d'arriver « à ce qu'elle prend pour vérité » par « une série de syllogismes comme *barbara* et *barocco*[4] » est totalement étranger au « cœur » et « à la simplicité de l'esprit et du sentiment[5] » ; ce qui amène à souligner que la lumière (*Aufklärung*) de l'entendement rend « plus ingénieux » mais pas « meilleur », et à distinguer « la science » de « la sagesse[6] », en comparant les « bavards de l'*Aufklärung* » à « des charlatans incapables d'offrir au monde autre chose qu'un fade remède universel parce qu'ils ignorent le tissu sacré et délicat des sentiments humains[7] ». Bref, qu'il s'agisse des dogmes chrétiens ou de la religion rationnelle des Lumières, lorsque « la doctrine est coupée

---

1   *Cf.* D. Henrich, *Konstellationen, op. cit.* p. 156-157, qui montre que Hölderlin reformule souvent à l'aide de concepts kantiens les propositions que Jacobi attribue à Spinoza, d'une façon qui traduit une volonté de lier à la doctrine spinoziste les conséquences de la critique kantienne qu'il a étudiée auparavant.

2   *W.*1, 13 / tr. p. 53. La distinction religion subjective/religion objective peut certes évoquer l'*Essai d'une critique de toute révélation* de Fichte, mais elle est courante dans les manuels de théologie utilisés au Stift, en particulier dans celui de Sartorius. *Cf.* K. Düsing, *Die Rezeption der kantischen Postulatenlehre in den frühen philosophischen Entwürfen Schellings und Hegels* in *Das älteste Systemprogramm*, Hegel-Studien Beiheft 9, Bonn, Bouvier, 1982, p. 69-70.

3   *W.*1, 16, 19 / tr. p. 57 et p. 61.

4   *W.*1, 25 / tr. p. 69.

5   *W.*1, 19 / tr. p. 61.

6   *W.*1, 25 / tr. p. 69.

7   *W.*1, 27 / tr. p. 71.

de la vie par une cloison », lorsque « doctrine et VIe sont simplement séparées et fortement éloignées l'une de l'autre, alors apparaît le soupçon que la forme de la religion est défectueuse[1] ».

On retrouve des thèmes semblables à Berne, où ils s'inscrivent dans ce qui est alors le propos central de la réflexion hégélienne, à savoir la critique de la positivité de la religion chrétienne, et de la séparation qui en découle entre une religion qui n'est qu'une « secte[2] » ou une religion privée, et la vie publique : la raison spéculative est incapable de fonder une véritable foi, mais elle donne naissance à une théologie, qui n'existe que dans les livres, et qui demeure étrangère aux besoins de l'homme, comme le sont de leur côté les querelles des théologiens sur l'engendrement éternel ou même sur la façon dont Dieu est lié à l'homme[3] ; quant à l'entendement des Lumières, ses effets peuvent être, eux aussi, tout à fait préjudiciables : ainsi une critique des miracles qui se contente de leur opposer la rationalité de la nature est-elle vouée à l'échec, car prétendre que tout peut être expliqué rationnellement, c'est « déjà concéder trop de terrain à ses adversaires[4] ». De même, pousser trop loin la critique des mythes et des traditions risque de ruiner totalement un type de sensibilité dont les religions antiques – la religion grecque en particulier – ont montré au contraire l'importance considérable :

> Avec les progrès de la raison, se perdent continuellement bien des sentiments, des associations de l'imagination autrefois émouvantes, et il est juste que nous regrettions leur perte[5].

Cette valorisation du cœur et du sentiment, ou encore l'affirmation que le moteur de l'action n'est ni l'entendement, ni la raison, mais la sensibilité et le désir, semblent, elles aussi, proches de Jacobi : la seule religion authentique est la religion subjective, qui est affaire de cœur ; elle doit parler au cœur, non à la mémoire ou à l'entendement ; et elle doit, « en séjournant amicalement parmi tous les sentiments de la vie », « être sensible, si elle veut agir sur la sensibilité[6] ». Aussi ne faut-il pas

---

1   *W*.1, 41 / tr. p. 87.
2   *W*.1, 110, tr G. Planty-Bonjour, *La positivité de la religion chrétienne*, Paris, PUF, 1983, p. 35.
3   *GW*.1, hrsg. von F. Nicolin und G. Schüler, Hamburg, Meiner, 1989 p. 138, 161, trad. R. Legros, F. Verstraeten, *Fragments de la période de Berne (1793-1796)*, Paris, Vrin, 1987, p. 55, p. 77.
4   *GW*.1, 409, tr *Fragments de la période de Berne, op. cit.* p. 88.
5   *GW*.1, 124, tr *Fragments, op. cit.*, p. 44.
6   *W*.1, 41, 12, tr *La religion… op. cit.* p. 87, 50.

s'effrayer devant la nécessité « d'admettre que la sensibilité constitue l'élément fondamental en toute action et en tout effort de l'homme[1] ». Ce à quoi font écho les textes de Berne, même si la critique de l'aspect « pathologique » des impulsions sensibles y est plus nette qu'à Tübingen : en s'incarnant dans la personne singulière de Jésus, l'idéal de la vertu cesse d'être une « froide abstraction », et c'est le fait que « nous puissions l'entendre parler et le voir agir qui rapproche de notre sentiment ce qui était déjà familier à notre esprit[2] » ; quant au héros « républicain » de l'antiquité, ce qui le caractérise, c'est qu'en lui, raison et sensibilité, forces physiques et forces morales forment une unité[3] ; enfin, si la croyance en l'existence de Dieu ne peut être un mobile qui pousse l'homme à agir moralement, contrairement à ce que prétend le pseudo-kantisme des théologiens orthodoxes de Tübingen[4], il n'en reste pas moins que la volonté est d'autant plus disposée à la raison « que la sensibilité y trouve, elle aussi, son compte[5] ».

Il ne suffit pas cependant de rapprocher des textes dont les thèmes semblent analogues ; il faut aussi se demander ce qu'il en est du statut et du sens de cette critique de la spéculation théorique et de cette apologie de la sensibilité qui semblent communs à Hegel et à Jacobi. N'apparaît-il pas alors que, loin d'attester d'une véritable communauté de pensée, il ne s'agit au contraire que d'analogies apparentes qui renvoient, en réalité, à une divergence totale ?

On peut remarquer tout d'abord que le rapport hégélien à l'entendement et à l'*Aufklärung* n'est pas exclusivement un rapport critique : non seulement l'utilité de l'entendement est réelle – il sert à « purifier les principes et à les présenter dans leur pureté[6] » – mais, dans ce cadre, sa démarche est tout à fait digne d'éloges : « il a produit des fruits magnifiques, comme le *Nathan* de Lessing, et il mérite les éloges par lesquels on l'a toujours exalté[7] ». Aussi Hegel, qui rappelle que « l'esprit enfantin s'est maintenu dans les religions, comme dans les constitutions et les

---

1   *W.*1, 10, tr, *op. cit.*, p. 49.
2   *GW.*1, 149, tr *Fragments, op. cit.* p. 65.
3   *GW.*1, 203, tr. *Fragments, op. cit.* p. 81.
4   *GW.*1, 353 *sq.* tr *Fragments, op. cit.* p. 3 *sq. Cf.* aussi in *Briefe*, I, 8, *op. cit.* p. 16. / tr. p. 21 *sq.* la lettre à Schelling de la fin Janvier 1795 évoquant « la démarche théologico-kantienne de la philosophie à Tübingen ».
5   *GW.*1, 358, tr *Fragments, op. cit.* p. 87.
6   *W.*1, 21, tr *La religion…op. cit.* p. 64.
7   *Ibid.*

législations dont il est l'origine[1] », et qui, en ce sens, défend clairement la nécessité d'une critique de la superstition et du préjugé[2], précise-t-il que si la religion populaire qu'il appelle de ses vœux doit comporter des cérémonies et même des mythes, car il n'existe aucun autre moyen de parler au cœur et à l'imagination, il importe cependant de veiller à ce que « la probabilité [...] d'un culte idolâtre soit aussi minime que possible[3] ». Plus que l'entendement ou l'*Aufklärung* en tant que tels, c'est donc leur *absolutisation* que dénonce Hegel : il est parfaitement légitime de vouloir « débarrasser[4] » un peuple de ses préjugés, lorsque ceux-ci sont totalement irrationnels, mais il est illusoire de croire que l'on puisse ainsi « donner la moralité à l'homme[5] », car l'entendement est incapable de rendre pratiques des principes ; il n'est qu'un « courtisan[6] » qui s'oriente avec complaisance d'après les principes de son maître. Aussi faut-il le subordonner à la « raison universelle[7] » ou à la « raison pratique[8] », qui seule peut fonder une religion populaire dont les doctrines, universelles, mais en même temps « simples[9] » et « humaines[10] », influent « sur la manière d'agir[11] » de chacun en « pénétrant la texture des sentiments humains » et en « s'associant à ce qui pousse les hommes à l'action[12] » pour donner « à la moralité et à ses mobiles un élan plus sublime[13] ».

Il est indéniable que Hegel relativise – souvent de façon très polémique – le rôle de l'entendement ; mais cette critique n'a rien à voir avec une attitude qui rejetterait la raison et ses médiations au nom de l'immédiateté de la foi et du sentiment. C'est au contraire au nom de la raison, entendue, de manière kantienne, comme raison pratique, qu'il

---

1 *GW*.1, 123, tr *Fragments, op. cit.* p. 42 *sq.*
2 *W*.1, 18 et 22 *sq.*, tr *La religion... op. cit.* p. 59 et 65 *sq.*
3 *W*.1, 40 / tr. p. 86-87.
4 *W*.1, 23 / tr. p. 66.
5 *W*.1, 26 / tr. p. 70.
6 *W*.1, 21 / tr. p. 64.
7 *W*.1, 32 / tr. p. 78.
8 *W*.1,17 / tr. p. 59.
9 *W*.1,34 / tr. p. 79.
10 *W*.1, *Ibid.* / tr. p. 80.
11 *W*.1, 13 / tr. p. 52.
12 *W*.1, 16 / tr. p. 58.
13 *W*.1, 12 / tr. p. 50. C'est cette subordination de l'entendement à la raison pratique qui conduit Hegel à affirmer que, pour être efficace, une critique des miracles doit se fonder, non sur la défense de l'explication rationnelle de la nature, mais uniquement sur la question de savoir si la raison est capable de se donner à elle-même son but suprême, ou si elle doit dépendre au contraire d'une autorité étrangère. *Cf. GW*.1, 409 / tr. *Fragments, op. cit.* p. 88 et *GW*.1, 378 / tr. *Fragments, op. cit.* p. 108.

est possible à la fois de reconnaître l'utilité de l'entendement et d'en limiter la portée pour l'édification d'une religion vivante et populaire. Ce qui nous conduit à une seconde remarque : l'horizon qui gouverne cette critique de l'entendement et de la raison spéculative, autrement dit l'horizon de la raison pratique, est aussi, paradoxalement, celui qui conduit à accorder un rôle essentiel à la sensibilité et au sentiment. À cet égard, même s'il est vrai que les textes de Berne parlent un langage qui s'accorde davantage à la lettre de la philosophie morale de Kant, il est significatif que le début du fragment de Tübingen en vienne à assimiler pratiquement le cœur à la raison pratique : pour distinguer religion et théologie, il faut saisir en effet que « si la théologie est l'affaire de l'entendement et de la mémoire [...], la religion en revanche est l'affaire du cœur, et mérite l'intérêt à cause d'une exigence de la raison pratique[1] ». Le « kantisme » dont se réclame Hegel – que l'on y voie un simple « langage[2] » ou, au contraire, une véritable option théorique – n'a rien en tout cas d'un kantisme « orthodoxe » ou du « kantisme de la lettre » dont un fragment de Berne reproche l'utilisation aux théologiens de Tübingen[3] : être « kantien », cela semble surtout signifier qu'au lieu de spéculer, de manière dogmatique, sur les contenus d'une théologie, rationnelle ou non, il importe plus de s'interroger, de manière critique, sur le rôle de la religion dans l'existence concrète de tous et de chacun, et de faire en sorte que celle-ci contribue à l'avènement d'une vie à la fois raisonnable et heureuse, sur le plan individuel, comme sur celui de la communauté et de l'Etat. C'est de ce point de vue que Hegel peut dire, sans éprouver apparemment le moindre sentiment d'infidélité à

---

1 *W.*1, 17 / tr. *La religion...op. cit.* p. 58-59.

2 *Cf.* sur ce point B. Bourgeois, *Le jeune Hegel et Rousseau* in *Etudes hégéliennes. Raison et décision*, Paris, PUF, 1992, p. 11 *sq.* Il est certain que le Hegel de Tübingen et de Berne ne peut être considéré comme un kantien « orthodoxe ». Mais le kantisme n'est-il qu'un langage qui lui permet d'exprimer une visée émancipatrice, comme le dit B. Bourgeois ? Ne peut-on parler d'un « esprit » du kantisme dont la doctrine des postulats serait la manifestation la plus élaborée, et que Hegel chercherait à « compléter », en s'interrogeant sur sa traduction concrète ?

3 Le fragment bernois « *Une foi positive est un système de principes...* », *GW.*1, 352 *sq.* / tr. *Fragments, op. cit.* p. 81 *sq.* s'en prend à l'utilisation que font les théologiens de Tübingen des postulats kantiens, compris comme une expression de l'incapacité de la raison pratique à réaliser sa visée morale sans le secours de la religion. Dans sa lettre à Hegel du 6 Janvier 1795, Schelling parle d'un « kantisme de la lettre » qui se combine avec « l'ancienne superstition » *Briefe*, I, 7, *op. cit.* p. 14, trad. fr. *op. cit.* p. 20. Sur ce point *cf.* K. Düsing, *Die Rezeption...*, art. cit. p. 55 *sq.* et 68 *sq.* Le point de vue visé par Hegel et Schelling est sans doute celui de G. C. Storr, professeur de théologie au Stift, qui, dans ses *Bemerkungen über Kant's philosophische Religionslehre* de 1794, cherchait à donner à toutes les propositions de la dogmatique chrétienne le statut de postulats de la raison pratique.

l'« esprit » du kantisme, non seulement qu'il est difficile de discerner si c'est la simple intelligence ou la moralité effective qui est le fondement de la détermination de la volonté, mais aussi que si dans un « système de la morale » (*System der Moral*), il est essentiel de séparer *in abstracto* la pure moralité de la sensibilité, et d'affirmer la soumission de celle-ci à cette pure moralité, en revanche, « lorsque l'on envisage l'homme en général et sa vie », il faut « surtout tenir compte de sa sensibilité, de sa dépendance à l'égard de la nature extérieure et intérieure, à l'égard de ce qui l'entoure et en quoi il vit, à l'égard de ses inclinations sensibles et de l'instinct aveugle[1] » : précisément parce que son discours ne se veut pas spéculatif, mais pratique ; ou si l'on préfère, parce que ce discours – en cela parfaitement kantien – relève plus d'un *Weltbegriff* que d'un *Schulbegriff der Philosophie*[2], Hegel estime qu'ici, où il ne s'agit pas de fonder la morale, mais de travailler à la moralisation de l'existence individuelle et collective, il n'a pas à s'embarrasser de la distinction abstraite entre raison et sensibilité ; et ce, d'autant moins que dans l'effectivité d'une existence véritablement informée par la raison, il est tout aussi impossible de discerner ce qui revient à la raison et ce qui revient à la sensibilité, qu'il l'est de distinguer « le rôle du sel dans un plat bien préparé », ou celui de « la lumière » dans la contemplation de l'harmonie de la nature[3].

Il ne s'agit donc pour Hegel ni d'opposer raison et sensibilité, au sens où le font les romans de Jacobi[4], ni d'opposer à l'abstraction de la raison l'immédiateté du sentiment vécu, au sens où pourraient inciter à le faire les *Lettres* sur Spinoza. À cet égard, le rapport au kantisme qu'entretiennent les deux pensées semble particulièrement significatif : pour Jacobi, il importe surtout de mettre en évidence chez Kant la

---

1 *W.*1, 11 / tr. *La religion… op. cit.* p. 49.
2 *Kritik der reinen Vernunft*, A 838/B 866 / tr. A. Renaut, *Critique de la raison pure*, Paris, G-F, 2006, p. 678.
3 *W.*1, 11 / tr. *La religion…op. cit.* p. 49.
4 *Cf.* par exemple dans *Woldemar* (*Werke*, V, *op. cit.*, p. 124-125) un passage qui souligne le rôle subordonné de la raison au regard du sentiment obscur qu'éprouve l'homme de son origine et de sa destination divines : « Il est impossible que *cette* raison puisse être la *source* de cette sagesse vers laquelle nous ne cessons de tendre comme vers le *bien suprême*. Elle n'est même pas en mesure de susciter le désir d'une telle sagesse ; elle ne peut que l'accroître, le rendre *plus sensible*. Que nous soyons *de nature divine*, c'est ce que nous dit *un je ne sais quoi d'originaire*, profondément caché en l'âme ; c'est ce que nous annonce une impulsion, innée en nous, qui tend à changer le passager en immortel, qui permet au temporel de participer de la nature de l'éternel et qui rend absolu le relatif : une impulsion qui peut nous conduire à la découverte de la raison, au lieu d'être découverte par elle ».

présence d'une contradiction fondamentale – celle qui consiste à devoir présupposer l'existence d'une chose en soi pour pouvoir affirmer que la connaissance se limite aux phénomènes – afin de découvrir au sein du rationalisme kantien une sorte d'aveu involontaire de la primauté de la foi et du sentiment, et de confirmer ainsi que « toute démonstration présuppose quelque chose de déjà démontré, dont le principe est une révélation[1] » ; tandis que Hegel ne se sépare du kantisme « orthodoxe », en soulignant le rôle moteur de la sensibilité dans l'action effective que pour permettre au fondement de la morale, autrement dit au principe de l'universalité, de s'accomplir dans l'effectivité d'une vie morale concrète, à laquelle la religion doit apporter une contribution décisive, en devenant une « religion populaire », qui s'adresse à la raison autant qu'à la sensibilité, au cœur et à l'imagination autant qu'à la pensée[2].

Au fond, lorsqu'il fait de l'entendement le principe de l'*Aufklärung*, Hegel cherche surtout à montrer qu'une entreprise dont la visée est à l'origine une visée pratique – puisqu'il s'agit en libérant l'homme de la superstition de le libérer de « l'esclavage hiérarchique et politique[3] » –, a été incapable de produire autre chose que des discours ou des doctrines, tout aussi abstraites et tout aussi étrangères à la vie que celles de l'orthodoxie chrétienne qu'elle combat. C'est en ce sens que le texte évoque « les bavards de l'*Aufklärung* » en les qualifiant de « charlatans[4] » ; ou encore, qu'il ironise sur des raisonnements qui, lorsqu'ils ne sont pas dénués de toute influence sur la vie – ainsi l'idée selon laquelle l'homme devrait être vertueux parce que c'est là le seul moyen pour lui d'être heureux[5] –, ou lorsqu'ils n'aboutissent pas à un résultat inverse de celui qu'ils visent – comme le *Théophron* de Campe, détruisant sa défense de l'autonomie morale en l'exposant sous la forme d'un manuel qui réduit l'homme à « une simple machine[6] » – ne sont qu'un verbiage « artificiel » et « obscur au sens commun[7] », dont la seule fonction est de permettre à une minorité d'intellectuels d'affirmer leur supériorité sur la masse ignorante en étalant avec suffisance un savoir qui n'est en réalité qu'une pseudo-sagesse[8].

---

1   Jacobi, *Werke*, IV, 1, *op. cit.*, p. 223 / tr. p. 193.
2   *La religion…W.*1, 13, 33 / tr. *La religion… op. cit.* p. 52, p. 78.
3   *W.*1, 31 / tr. p. 76.
4   *W.*1, 27, trad. fr. *op. cit.* p. 71.
5   *W.*1, 21 / tr. p. 64.
6   *W.*1, 22 / tr. p. 65.
7   *W.*1, 32 / tr. p. 77.
8   *Cf.* en particulier *W.*1, 26 / tr. p. 71.

Hegel n'entend donc ni contester l'utilité d'une critique de la superstition et du préjugé – le texte souligne au contraire que « la formation de l'entendement qui en résulte » « permet à l'*Aufklärung* de conserver une belle et éminente qualité[1] » – ni mettre en question le rôle émancipateur d'une religion rationnelle – là encore, il précise qu'« il est tout à fait crucial pour l'humanité de transformer la foi-fétiche pour la rapprocher toujours plus de la religion rationnelle et de la chasser[2] » ; il s'agit plutôt de constater que l'*Aufklärung*, dont le texte note qu'elle mériterait les éloges de ses admirateurs si elle était une vraie sagesse, a échoué parce qu'elle a cru naïvement qu'il suffisait de proclamer des principes rationnels pour que ceux-ci soient reçus « de manière vivante par le peuple[3] ». En ce sens, la critique hégélienne vise d'abord à montrer aux partisans des Lumières que pour jouer le rôle émancipateur qui est le sien, la religion rationnelle doit se transformer en une religion populaire, dont les doctrines, tout en étant fondées sur « la raison humaine universelle[4] », laissent une place à l'imagination, au cœur et à la sensibilité. Aussi la fin du *Fragment* insiste-t-elle sur la nécessité de mettre en œuvre deux attitudes inverses, quoique complémentaires : d'un côté, tout en maintenant l'idée qu'il existe une différence fondamentale entre une religion rationnelle et une foi-fétiche, il faut reconnaître l'impossibilité d'instaurer une religion publique d'où serait absolument exclue « la possibilité d'une renaissance de la foi-fétiche[5] » ; ce qui conduit, au lieu d'éliminer l'imagination et la sensibilité, en ne voyant en elles que la source de la superstition et du préjugé, à admettre qu'à côté de doctrines rationnelles, peu nombreuses, simples et humaines, mais accordées à l'esprit du peuple et à son degré de culture, la religion populaire doit comporter des rites, des cérémonies, des sacrifices et même des mythes, dont la fonction est de prévenir « les égarements aventureux de l'imagination » en indiquant à celle-ci « un beau chemin qu'elle pourra alors parsemer de fleurs[6] ». Mais en même temps, il est tout aussi essentiel de veiller à ce que la présence de ces éléments « positifs » ne se traduise pas par une régression en deçà de la rationalité éclairée. Aussi Hegel souligne-t-il qu'il importe « de donner aussi peu que possible l'occasion de rester attaché à la lettre et aux usages

---

1   *W.*1, 25 / tr. p. 70.
2   *W.*1, 28 *sq.* / tr. p. 73.
3   *W.*1, 23 / tr. p. 67.
4   *W.*1, 37 / tr. p. 83.
5   *W.*1, 29 / tr. p. 73.
6   *W.*1, 37 / tr. p. 83.

(des pratiques religieuses)[1] » et de s'assurer que les cérémonies, qui ne doivent pas être l'occasion d'un culte idolâtre, « ne soient pas constituées de telle manière que ne subsiste que le rouage, le mécanisme et que s'envole l'esprit[2] » ; de même, il convient d'empêcher que la religion devienne « une institution autoritaire[3] » qui, en maintenant le peuple « dans un état d'éternelle minorité[4] » permettrait au « désir de pouvoir des prêtres[5] » de se donner libre cours.

La critique hégélienne n'est pas l'expression d'un rejet « romantique » de l'*Aufklärung*, ou celle d'une « double réserve[6] » qui renverrait dos à dos partisans des Lumières et partisans du christianisme orthodoxe : c'est précisément pour empêcher que les Lumières ne soient qu'un simple discours, aussi éloigné de la vie concrète que le sont les dogmes de l'orthodoxie chrétienne, que Hegel déploie ici une stratégie, comparable à celle qu'expose Kant dans la Préface à la seconde édition de la *Critique de la raison pure*, et qui consiste à en « rétrécir » l'usage théorique pour en « élargir » la portée pratique[7], en en faisant l'un des moments, subordonné mais essentiel, d'une entreprise – l'édification d'une religion populaire conçue sur le modèle de la religion grecque antique – dont le concept même implique le dépassement de toutes les scissions – entre raison et sensibilité, entre doctrine et vie, entre raison théorique et raison pratique – dans lesquelles continue à se mouvoir le discours éclairé.

De ce point de vue, comme le dit C. Jamme, dans un article intitulé « *Tout défaut d'amour est violence.* » *Le jeune Hegel, Hölderlin et la dialectique des Lumières*[8], Hegel entend faire en sorte qu'en informant la vie concrète de tous et de chacun, les Lumières contribuent à la restauration ou au retour, dans le monde moderne, de la vie belle et heureuse qui caractérisait la Cité grecque. Ou, si l'on préfère, il entend libérer l'*Aufklärung* d'un aristocratisme, clairement manifesté par exemple dans la distinction kantienne entre usage public et usage privé de la raison[9], qui l'a empêchée

1 *W*.1, 29 / tr. p. 73.
2 *W*.1, 40 / tr. p. 87.
3 *W*.1, 41 / tr. p. 87.
4 *W*.1, 43 / tr. p. 91.
5 *W*.1, 37 / tr. p. 83.
6 C'est la thèse que soutient J. Habermas dans *Le discours philosophique de la modernité*, Paris, Gallimard, 1988, p. 30 *sq.*
7 *KrV*, B XXIV, XXV / tr. p. 82.
8 C. Jamme, *« Tout défaut d'amour est violence ». Hegel, Hölderlin et la dialectique des Lumières* in *Conférence*, n° 10-11, 2000, p. 101-157.
9 Kant, *Was ist Aufklärung ?* / tr. J. F. Poirier, Paris, GF, 2006, p. 45.

jusqu'ici d'exercer son influence au-delà du cercle restreint des savants et des intellectuels. En ce sens, il faut plutôt parler d'une radicalisation des Lumières, dont l'expression la plus nette, qui, sur ce point, correspond parfaitement à l'intention du *Fragment* de Tübingen[1], est sans doute un passage de la fin du texte que Rosenszweig a intitulé *Le plus vieux programme de système de l'idéalisme allemand* dans lequel l'auteur – qu'il s'agisse de Hölderlin, de Schelling, ou de Hegel lui-même – avance l'idée d'une union de la raison et de la mythologie, en y voyant le seul moyen d'unir public éclairé et public non éclairé en un monde où l'homme, libéré de toute tutelle intellectuelle, et devenu politiquement et religieusement majeur, pourrait développer ses forces de manière égale :

> Je parlerai ici d'une Idée qui, autant que je sache, n'a jamais pénétré l'esprit de personne : nous devons avoir une nouvelle mythologie, mais cette mythologie doit être au service des Idées, elle doit devenir une mythologie de la *raison*. Jusqu'à ce que nous rendions les Idées esthétiques, c'est-à-dire mythologiques, elles n'ont pas d'intérêt pour le *peuple* et inversement, jusqu'à ce que la mythologie soit rationnelle, le philosophe doit en avoir honte. Ainsi finalement, les éclairés et les non-éclairés doivent se tendre la main, la mythologie doit devenir philosophique et le peuple rationnel, et la philosophie doit devenir mythologique pour rendre les philosophes sensibles. Alors régnera l'unité éternelle parmi nous. Plus jamais le regard méprisant, plus jamais le tremblement aveugle du peuple devant ses sages et son clergé. Alors seulement nous attendra la formation *égale* de *toutes* les forces, de l'individu aussi bien que de tous les individus. Aucune force ne sera plus opprimée, alors régnera la liberté universelle et l'égalité des esprits ! Un esprit supérieur envoyé du ciel doit fonder cette religion nouvelle parmi nous, elle sera la dernière, la plus grande œuvre de l'humanité[2].

Dès lors, parler d'analogie entre Hegel et Jacobi, n'est-ce pas simplement oublier que des thèmes qui peuvent sembler proches quand on les envisage comme de purs contenus « objectifs », valant indépendamment des questions qui en rendent possible la formulation, prennent au contraire des significations diamétralement opposées lorsque l'on s'attache à restituer les problématiques qui en permettent l'énonciation ? De ce point

---

1   *Cf.* sur ce point D. Henrich, *Systemprogramm ?* in *Das älteste Systemprogramm, Hegel-Studien*, Beiheft 9, Bonn, Bouvier, 1982, qui écrit p. 10-11 : « Le programme contient des traces, qui, lorsqu'on les rassemble, garantissent d'une certaine manière que son destinataire doit être un groupe qui est passé par le *Stift* de Tübingen ou qui, même, y vit encore. Il suppose une familiarité avec ce que l'on pouvait considérer comme le savoir moyen d'un *Stiftler* avancé en philosophie. »

2   *Das älteste Systemprogramm des deutschen Idealismus* in *W.1*, 236 / tr. in *Premiers écrits, op. cit.* p. 97.

de vue, le discours de Jacobi participe à l'évidence d'une interrogation
« traditionnelle » sur la source ou sur l'origine de la croyance ; ou, si
l'on préfère, il reste dépendant d'une « structure » commune à une
multitude de façons possibles de penser la relation entre foi et raison
– dont celle qu'il « actualise » : la foi est un présupposé originaire d'où
la raison elle-même tire sa possibilité – en refusant aussi bien l'attitude
d'une « théologie naturelle » : la raison est un instrument au service de
l'explicitation de la foi – ou celle d'une « religion rationnelle » : à la foi
révélée doit se substituer la saisie rationnelle d'un Dieu transcendant –
que celle d'un « athéisme » de type spinoziste : la foi n'est qu'une
superstition, et il suffit pour en prouver le caractère illusoire, d'expliciter
la rationalité immanente à l'être. C'est dans ce cadre que Jacobi en vient
à instaurer entre sensibilité et raison un rapport qui est à la fois
d'opposition – Dieu est inaccessible à la raison – et de dépendance
hiérarchique – il est aussi l'Être qui fonde la possibilité de saisir rationnellement tout autre existant. Or, lorsqu'il choisit d'interroger la religion
à partir d'un horizon « moral et politique », lorsqu'il la rapporte à la
vie et à l'action, en voyant d'emblée en elle une réalité historique concrète,
Hegel a d'ores et déjà rompu avec ce type de problématique. Ainsi le
début du fragment de Tübingen déclare-t-il, à propos de la théologie,
ou de la religion entendue comme « science de Dieu, de ses propriétés,
de notre rapport et de celui du monde avec lui, et de l'immortalité de
notre âme », qu'il importe peu que tout ceci puisse « ou être accessible
à la simple raison (*bloße Vernunft*) ou même nous être connu par une
autre voie » ; seul importe, – que la connaissance de Dieu provienne de
la raison, de la révélation ou du sentiment – le fait que la religion « n'est
pas une connaissance simplement historique ou raisonnée (*räsonierte*),
mais « concerne le cœur » et « a une influence sur nos sentiments
(*Empfindungen*) et sur la détermination de notre volonté[1] ». Ce déplacement de problématique interdit de conférer à la critique de l'entendement
ou à l'insistance sur le rôle de la sensibilité la signification – traduisant
à la fois une proximité et une distance avec Jacobi – qu'elles auraient
si Hegel s'interrogeait sur l'origine ou sur le fondement de la foi. Non
seulement le concept hégélien de religion suppose que soient dépassés
d'emblée les dualismes que tend au contraire à reconduire la problématique de Jacobi – le dualisme raison – sensibilité, mais aussi des oppositions telles que doctrine – vie, entendement – cœur, raison
théorique – raison pratique, pensée – sentiment ou des scissions comme

---

1   *W*.1, 11 / tr. *La religion… op. cit.* p. 50.

privé – public, religion – Etat, fondement de la morale – vie morale, morale – politique ; mais ce dépassement, qui se concrétise par l'affirmation initiale de l'unité de la raison et de la sensibilité, vise également à mettre en évidence les limites d'un débat religieux du type de celui qu'a provoqué en Allemagne le livre de Jacobi. Refuser de choisir entre la raison et la sensibilité, c'est aussi refuser de choisir entre l'*Aufklärung* et le « romantisme » ; ou, si l'on préfère, c'est poser d'emblée que la religion, en tant que réalité concrète et concrètement vécue, impose, du fait même de sa concrétude, de renoncer à des querelles « théologiques » ou « métaphysiques[1] » étrangères à ce qui est la seule question décisive, celle de la réalisation effective, au sein du monde moderne en général, et de l'Allemagne en particulier, d'une « religion populaire » unissant raison et sensibilité, dont l'avènement est exigé par le concept même de religion. On comprend, dès lors, que les deux discours puissent entretenir un rapport foncièrement différent au christianisme : alors que Jacobi, dont la foi immédiate ne saisit en toute rigueur, qu'une infinité indéterminée, donne, arbitrairement, à celle-ci un contenu déterminé, en adoptant une sorte de « christianisme minimal[2] » – il existe un Dieu personnel et intelligent, transcendant et créateur de l'univers – Hegel se désintéresse à peu près totalement, dans ces textes, de la dogmatique chrétienne, pour s'interroger sur la capacité du

---

1   L'une des conséquences de la perspective « pratique » adoptée par le jeune Hegel est aussi qu'il est peut-être inapproprié de lire sur un plan « théorique » ou « métaphysique » des énoncés qui ne prétendent pas à la rigueur théorique. Pour prendre l'exemple d'une étude, dont les analyses sont par ailleurs tout à fait éclairantes, peut-on procéder comme le fait M. Bondeli dans son ouvrage *Der Kantianismus des jungen Hegel* ? Après avoir évoqué l'*Appendice* I des *Lettres* de Jacobi, consacré à Giordano Bruno, à propos des images de la lumière et de la matière utilisées par Hegel pour montrer comment « les idées de la raison animent toute la texture des sensations de l'homme » (p. 49), M. Bondeli considère qu'il convient d'entendre l'expression « Idées de la raison » dans un sens kantien strict, et il en conclut que « Hegel amalgame ici la tâche anthropologico-pragmatique de la sensibilisation de la morale avec une pensée de l'unité qui est une pensée métaphysique, dans laquelle sont confondus des *topoi* d'unité kantiens et jacobiens » (*op. cit.* p. 275). N'est-ce pas beaucoup pour rendre compte de l'idée qu'en l'homme la raison agit à travers les pulsions sensibles qu'elle informe ?

2   *Cf.* par exemple la fin du texte *Des choses divines* (*op. cit.* p. 19 / tr. *op. cit.* p. 24), où Jacobi énonce subitement une profession de foi chrétienne, au terme d'une polémique avec la philosophie de l'identité de Schelling, qui montre simplement que la seule façon d'échapper au nihilisme et au fatalisme est de croire en un Dieu qui, étant esprit, est transcendant et créateur de l'univers. Sur la difficulté de concilier l'« infinité abstraite » du Dieu de Jacobi et l'incarnation chrétienne, *cf.* la *Recension des Aphorismes de Göschel* / tr. p. 93 *sq.* et l'opposition dans la remarque au § 63 de l'*Encyclopédie* de 1827-1830 (*W.*8, 152 / tr. p. 327) entre « le contenu objectif, riche en lui-même » de la croyance chrétienne et le contenu « indéterminé en lui-même » de la croyance propre au savoir immédiat. — Sur le « christianisme » de Jacobi, *cf.* aussi *Werke*, IV, 1, *op. cit.* p. 211 *sq.* / tr. p. 187 *sq.*

christianisme – à ses yeux la religion du monde moderne – à devenir, en Allemagne, la religion vivante ou populaire sans laquelle il est vain de songer à la réalisation d'un monde de la liberté raisonnable ; d'où des interrogations, déjà présentes à Tübingen, mais qu'explicitent surtout les fragments bernois, sur la transformation du christianisme en religion positive, sur sa capacité à être plus et autre chose qu'une religion privée, ou encore sur son aptitude à s'accorder à l'esprit du temps et aux exigences qu'imposent les institutions d'un Etat moderne. Au fond, en repensant et en prolongeant dans un discours de style « kantien », plus soucieux d'orientation raisonnable dans l'existence que de la production de connaissances spéculatives, des questions qui procèdent elles-mêmes des postulats kantiens, Hegel en vient à développer une problématique essentiellement « politique », qui vise, même si le modèle, faute d'avoir trouvé un début de réalisation historique, en est à chercher dans la *polis* antique et dans sa religion, l'avènement d'une vie sensée pour tous et pour chacun, en un monde dont les scissions sont déjà dépassées, en pensée, dans le concept de religion vivante, mais dont l'unité reste à réaliser, concrètement, par le biais d'une transformation des conditions existantes. De ce point de vue, il est difficile de penser qu'il ait pu exister entre le jeune Hegel et Jacobi – une fois admis le fait que la lecture des *Lettres* a pu renforcer la conviction de la nécessité d'un combat, dirigé à la fois contre l'orthodoxie religieuse et contre le despotisme politique[1] – autre chose qu'un rapport d'opposition radicale : la modernité constitue pour le premier une réalité qu'il ne saurait être question de fuir en se réfugiant dans le rêve ou la nostalgie – peut-être faut-il rappeler à cet égard que les évocations hégéliennes du monde antique sont délibérément et consciemment « nostalgiques[2] », et qu'elles visent surtout à souligner l'absence ou la perte de ce dont une action raisonnable doit permettre le retour ; – d'ailleurs, s'il versait dans la

---

1   Si l'on tient absolument à soulever la question des « influences » décisives qui s'exercent sur les premiers textes de Hegel, peut-être faut-il, en dehors du kantisme, songer à Rousseau plus qu'à Jacobi ; *cf.* par exemple sur ce point les analyses de B. Bourgeois, (article cité.), qui montre, en comparant la religion civile du *Contrat social* et la religion populaire du fragment de Tübingen, que la différence entre les deux points de vue est liée au rejet hégélien de l'« individualisme éthico-politique » et du « subjectivisme » dont témoigne le primat rousseauiste de la morale sur la politique ; ce qui tend aussi, par un autre biais, à confirmer que l'idée de l'« influence » d'une pensée aussi « individualiste » et « subjectiviste » que celle de Jacobi est pour le moins douteuse.

2   *Cf.* sur ce point l'article de M. Herceg, *le jeune Hegel et la naissance de la réconciliation moderne. Essai sur le Fragment de Tübingen (1792-1793)* in *Les Etudes philosophiques*, 3, 2004, p. 383-401. Le rapprochement qu'instaure l'auteur avec l'expérience de la rupture et de la discontinuité historique chez W. Benjamin nous semble cependant problématique.

« nostalgie », Hegel pourrait-il écrire que « lorsqu'il est question de la façon dont on doit agir sur les hommes, il faut les prendre comme ils sont[1] » ? – ; tandis qu'elle semble représenter pour le second une menace que tout son discours vise à conjurer et à éloigner en prônant un « repli » sur des contenus religieux traditionnels, réinterprétés au moyen du concept de foi immédiate[2]. Une pensée tout entière tournée vers la réalisation d'un avenir sensé, et qui n'hésite pas devant l'idée d'une transformation effective du réel – fût-elle seulement une action sur les « mentalités » – pouvait-elle vraiment reconnaître son bien dans une pensée surtout soucieuse d'opposer, aux tendances « nihilistes » qu'elle croit discerner dans la science et la philosophie modernes, un retour à ce qu'elle présente elle-même comme des certitudes « traditionnelles » et même « archaïques[3] » ? En ce sens, Jacobi n'est certes pas l'un des « exaltés mystiques » (*mysticher Schwärmer*) dont parle un fragment de Berne[4] ; mais pouvait-il être autre chose, aux yeux du jeune Hegel, que l'un de ceux qui, tel un Storr ou un Flatt, visaient à défendre une « orthodoxie religieuse » dont il importait au contraire de se libérer[5] ?

---

1   *W.*1, 30 / tr. *La religion…, op. cit.* p. 75
2   Dans un article intitulé *Jacobi et la critique de l'Aufklärung matérialiste* in *Autour de Hegel. Hommage à B. Bourgeois*, (P. Osmo éd.) Paris, Vrin, 2000, p. 139-160, H. F. Fulda montre qu'il faut corriger l'image habituelle d'un Jacobi adversaire de l'*Aufklärung*, traditionna- liste et réactionnaire sur le plan politique, et replacer la pensée de Jacobi dans le cadre du combat *interne* mené par l'*Aufklärung* contre ses propres tendances matérialistes, accusées, en ouvrant la voie à l'oppression et au despotisme, de ruiner le sens même de l'entreprise des *Lumières*. Mais, il n'en reste pas moins que ce n'était pas là l'interprétation de Hegel, et, que, quoi qu'en dise Fulda, la polémique anti-rationaliste de Jacobi, semble bien impliquer une reprise des contenus religieux traditionnels qui oppose ceux-ci à l'attitude d'une modernité qui s'appuie au contraire sur la rationalité « scientifique ». *Cf.* sur ce point F. Beiser, *op. cit.*, p. 85 *sq.*
3   *Cf. Werke*, II, *op. cit.*, *Appendice VII*, p. 157 *sq.* / tr. p. 294.
4   *GW.*1, 203 / tr. *Fragments, op. cit.* p. 81.
5   Sur G. C. Storr, *cf.* note 2 p. 51. J.F. Flatt, professeur de philosophie au Stift de Tübingen, dont Hegel suivit les cours, avait contesté les postulats kantiens au nom d'une défense de l'orthodoxie religieuse qui n'hésitait pas cependant à renouveler les arguments tradition- nels, dans deux ouvrages *Briefe über den moralischen Erkenntnisgrund der Religion uberhaupt und besonders in Beziehung auf die Kantische Philosophie* (1789) et *Beiträge zum christlichen Dogmatik und Moral und zur Geschichte derselben* (1792). Dans l'introduction de son cours de métaphysique de 1790, probablement suivi par Hegel, il fait l'éloge de Jacobi, dont il avait recensé favorablement *Idéalisme et réalisme* dans les *Tübingische Gelehrte Anzeigen* en 1787 et la seconde édition des *Lettres* en 1790. De son côté, Jacobi, dans une note de la seconde édition de l'*Appendice VII* des *Lettres* qualifie Flatt de « chercheur savant et pénétrant que j'estime beaucoup » (*Werke*, II, *op. cit.*, p. 145 / tr. in *Le Crépuscule des Lumières, op. cit.* p. 387). Sur les rapports entre Flatt et Jacobi, *cf.* D. Henrich, *Konstellationen, op. cit.* p. 169 et p. 209. Sur l'influence de Flatt sur Hegel, *cf.* M. De Angelis, *Die Rolle des Einflusses von J.J. Rousseau auf die Herausbildung von Hegels Jungendideal*, Frankfurt. a. M., P. Lang, 1995.

Si l'idée d'une influence de Jacobi sur les textes de Tübingen ou de Berne[1], semble n'être qu'un mythe, dont la fonction est de reléguer au second plan – en parlant de romantisme ou de « pré-romantisme » – le fait que les préoccupations hégéliennes sont d'abord des préoccupations politiques[2], en va-t-il de même cependant pour les textes de Francfort ?

---

1 Lorsque l'on compare les textes de Tübingen aux textes de Berne, qu'il s'agisse des Fragments rédigés entre 1793 et 1796, de *La vie de Jésus*, ou du texte sur *La positivité de la religion chrétienne*, on note un changement évident : le thème de la religion populaire n'a pas disparu – certains des fragments bernois le reprennent au contraire dans des termes quasi identiques à ceux de Tübingen – mais l'accent porte désormais sur la question de la positivité religieuse ; ou, plus exactement, sur la question de savoir si un christianisme, libéré du poids de la positivité que lui impose sa forme ecclésiastique et redevenu la religion de la moralité et de la vertu qu'incarnait Jésus, pourrait être la base d'une religion susceptible de répondre aux besoins du monde moderne. (*Cf.* sur ce point l'article de M. Herceg, *Le jeune Hegel et le problème de la fausse réconciliation. Essai sur la période de Berne (1793-1796)* in *Archives de philosophie*, 68, 2005, p. 637-662). Ce déplacement semble toutefois sans effet notable sur la question du rapport à l'*Aufklärung*, dont il est d'ailleurs assez peu question dans ces textes. D'un côté, tout en louant la pensée des Lumières d'avoir contribué à l'amélioration de la morale et à un développement scientifique qui a lui-même entraîné « une *Aufklärung* des concepts théologiques » (*GW*.1, 122 / tr. *Fragments, op. cit.* p. 37), Hegel persiste à relativiser le rôle de l'entendement : il faut regretter, dit l'un des premiers fragments de Berne, qu'« avec les progrès de la raison » – c'est-à-dire, en fait, de l'entendement – « se perdent continuellement bien des sentiments ; des associations de l'imagination autrefois émouvantes sont à présent affaiblies, par exemple ce que nous nommons la simplicité des mœurs, dont les tableaux nous réjouissent et nous émeuvent » (*GW*.1, 124 / tr. *Fragments, op. cit.* p. 44). En même temps, ces textes réaffirment, en un langage souvent plus fidèle au kantisme que ne l'est celui de Tübingen, qu'une religion populaire a pour rôle, en libérant l'homme de l'hétéronomie religieuse et politique, de faire pénétrer l'esprit des Lumières dans la vie de tous et de chacun. C'est en ce sens qu'après avoir défini la positivité comme un esprit de servitude, dont la manifestation est le recours à l'autorité plus que l'irrationalité de tel ou tel contenu religieux, le texte sur *La positivité de la religion chrétienne* salue en Jésus le « maître de vertu » qui, bien qu'appartenant lui-même à la « nation juive » a su opposer à son légalisme « le sentiment vivant du devoir et du droit qui se trouvait dans son propre cœur » (*W*.1, 108 et 112 / tr. *Positivité, op. cit.*, p. 33 et 37). Reste que la nouvelle version du début de ce texte, que Hegel rédige à Francfort, met clairement en question la pertinence de cette opposition entre rationalité et positivité, que la version antérieure avait d'ailleurs déjà relativisée, en soulignant que la raison n'existe jamais hors de tout conditionnement historique : dans la mesure où elle est « vivante », écrit Hegel, la nature « est éternellement autre que son concept », en sorte que, « le concept universel de la nature humaine » cessant d'être le critère qui permet d'apprécier la positivité de la religion, « la liberté de la volonté » devient elle-même « un critère unilatéral » (*W*.1, 219 / tr. *Positivité, op. cit.* p. 111), sans que cette référence à la vie, entendue comme une vie historique, ne puisse toutefois se comprendre comme la marque d'un « vitalisme » romantique et étranger à l'esprit des Lumières.

2 C'est ce qu'illustre, nous semble-t-il, la démarche de R. Legros, dans son livre *Le jeune Hegel et la naissance de la pensée romantique, op. cit.* : Après avoir analysé la foi de Jacobi comme un rapport originaire au réel sensible, qui relève d'une « nouvelle onto-théologie », préromantique et « étrangère à l'onto-théologie classique » (p. 110), R. Legros suggère qu'au-delà de la tension entre une dimension morale (la raison pratique accomplie au niveau

Ne faut-il pas reconnaître, au contraire, que, même si elle est loin d'être abandonnée[1], la dimension « politique » cesse ici d'être déterminante ? Mettre l'accent, comme le fait *L'esprit du christianisme*, sur l'idée que le christianisme est une religion de l'amour, essentiellement « apolitique », n'est-ce pas renoncer en effet à l'idée que celui-ci puisse jamais devenir la « religion populaire » du monde moderne, capable de « se fondre en unité avec l'agir mondain[2] » ? De même, affirmer que la loi morale kantienne n'est que l'intériorisation du rapport de domination qui caractérise le légalisme juif[3], n'est-ce pas renoncer à l'espoir, exprimé encore en 1795 dans une lettre à Schelling, de voir « le système kantien et son plus haut achèvement », c'est-à-dire la doctrine des postulats de la raison pratique, contribuer à « une révolution en Allemagne[4] » ? Bref, Hegel ne s'est-il pas « replié » sur des préoccupations qui sont d'ordre ontologique, en adoptant les thèses de Hölderlin et de son « cercle d'amis », c'est-à-dire des thèses qui découlent, plus ou moins directement, du « panthéisme » que les *Lettres* de Jacobi attribuent à Spinoza, et de sa réinterprétation en fonction de la position de Jacobi lui-même[5] ? Ou, pour le dire autrement, Hegel n'en est-il pas venu, à Francfort, à accomplir le chemin que Schelling lui avait suggéré d'accomplir dans sa lettre du 4 février 1795, et qu'il avait dans un premier temps repoussé, en distinguant ses pré-

---

du sentiment) et une dimension politique (la religion populaire et la communauté unie par un même esprit) qui traverse ses premiers textes, Hegel pressent dans ses recherches de Tübingen que la raison ne peut animer les sentiments moraux ou les aspirations du peuple que « si elle s'incarne en une religion apte à offrir à l'imagination une présence sensible de l'intelligible », présence « qu'il désigne depuis Tübingen sous le nom de beauté » (p. 122), en sorte que ce thème d'une religion de la beauté, encore implicite à Tübingen et à Berne, puis explicite à Francfort, constituerait la préoccupation première du jeune Hegel.

1   On ne peut certes ignorer les nombreux textes « politiques » de la période de Francfort – rappelons entre autres, outre la publication de la traduction commentée des *Lettres confidentielles* de J. J. Cart, le fragment *Dass die Magistrate von den Bürgern gewählt werden müssen*, (W.1, 268 / tr. « *Que les magistrats doivent être élus par les citoyens* », *Premiers écrits, op. cit.* p. 166), le commentaire, perdu, de l'*Economie politique* de Steuart, ou encore quelques textes préparatoires à l'écrit de 1800 sur *La Constitution de l'Allemagne* (W.1, 451 / tr. p. 356 *sq.*) – Mais, dans l'optique que nous évoquons, il s'agirait de préoccupations « secondaires » par rapport à des préoccupations qui seraient essentiellement d'ordre « métaphysique » ou « ontologique ». L'article d'O. Pöggeler, *Hegels praktische Philosophie in Frankfurt*, in *Hegel-Studien*, 9, 1974, p. 3-107, expose et critique radicalement ce type d'interprétation p. 75 *sq.*

2   W.1, 418 / tr. *Premiers écrits, op. cit.* p. 336.

3   W.1, 323 / tr. *Premiers écrits, op. cit.*, p. 234.

4   *Briefe*, I, 11, *op. cit.* p. 23 / tr. p. 28.

5   Sur ce point, *cf.* D. Henrich, *Konstellationen, op. cit.*, M. Frank, „*Unendliche Annäherung*", *op. cit.*, C. Jamme, *Ein ungelehrtes Buch, op. cit.*

occupations « pratiques » d'une « philosophie ésotérique qui subsistera toujours[1] » ? N'est-il pas devenu, lui aussi, « spinoziste[2] », mais d'une autre façon que Schelling, et ne l'est-il pas devenu, en partie, grâce à l'influence, directe ou indirecte, de Jacobi ?

FRANCFORT. LA PROXIMITÉ AVEC JACOBI DANS « *FOI ET ÊTRE* » : MYTHE OU RÉALITÉ ?

Lorsqu'ils ne proposent pas une interprétation d'ensemble des écrits de Francfort, dont le fil conducteur résiderait dans « l'ontothéologie de la sensibilité spirituelle » élaborée par Jacobi et par Herder[3], les interprètes qui évoquent une influence de Jacobi sur le Hegel de Francfort, s'appuient généralement sur le fragment que Nohl a intitulé *Foi et être* pour y déceler un certain nombre d'analogies entre le concept de foi développé ici par Hegel et celui de Jacobi[4]. Parenté ou proximité qui ne concerne certes pas le contenu ou l'objet de cette foi, puisque Hegel – qui n'entend nullement défendre la croyance en un Dieu personnel et transcendant – précise d'emblée, lorsqu'il définit la foi comme « la manière dont l'unifié, grâce à quoi une antinomie est unifiée, est présent dans notre représentation[5] », que celle-ci se rapporte à l'Être, ou au Tout – que la suite du fragment nomme également « nature[6] » – c'est-à-dire à « l'unification » absolue en laquelle sont dépassées toute contradiction et toute antinomie. Si analogie il y a, elle ne peut donc concerner que ce rapport lui-même, ou plus exactement la structure argumentative qui permet de justifier qu'il soit qualifié de « foi » ; lorsqu'il distingue la foi de la « démonstration », lorsqu'il ajoute que « démontrer [signifie] indiquer la dépendance », avant d'en conclure que seule une foi permet à l'homme d'appréhender l'Être ou l'Absolu – nommé ici « l'indépendant », relativement aux opposés dont il est l'unification – sans en détruire l'absoluité

---

1   *Briefe*, I,11 *op. cit.*, p. 24, trad.fr. *op. cit.* p. 28.
2   *Cf.* la lettre de Schelling à Hegel du 4 février 1795 in *Briefe*, I, 10, *op. cit.* p. 22, trad.fr. *op. cit.* p. 26.
3   R. Legros, *op. cit.*, p. 120.
4   *Cf.* par exemple K. Düsing, *Das Problem der Subjektivität in Hegels Logik, op. cit.* p. 53, p. 64 ; M. Baum, *Die Entstehung der Hegelschen Dialektik, op. cit.* p. 55 *sq.*, M. Bondeli, *Der Kantianismus des jungen Hegel, op. cit.*, p. 41, p. 233 *sq.*
5   *W*.1, 250 / tr. *Premiers écrits, op. cit.* p. 137.
6   *W*.1, 252 / tr. *Premiers écrits, op. cit.* p. 139.

ni l'unité, Hegel ne reprend-il pas en effet l'un des thèmes majeurs des *Lettres* de Jacobi, en en faisant une sorte de « principe organisateur » de l'ensemble des propositions qu'énonce la « première moitié » du texte[1] ? Il semble en tout cas que ce soit bien cette opposition entre foi et démonstration qui lui permette de concevoir l'unification comme une présupposition originaire, antérieure à la conscience de la contradiction ; et de récuser le bien fondé d'une « déduction transcendantale » qui prétendrait démontrer l'existence de l'unification en alléguant qu'elle est la condition de possibilité de la « subsistance » des opposés : sans doute peut-on, de cette manière, dit Hegel, réussir à déduire l'exigence d'une unification ; mais en aucun cas son existence[2]. Ce qui revient à affirmer qu'il y a, entre le discours démonstratif et l'existence effective, un abîme ou un gouffre, que seule une foi peut combler ; et à suggérer que Kant est demeuré aveugle à l'existence de cet abîme, puisque tout en admettant que l'être est l'objet d'une foi, il contredit en même temps cette affirmation, en réduisant l'être à un simple « objet », « pensé » ou « représenté », dont le mode d'existence est celui d'un contenu intérieur au discours, ou à la conscience du je pensant[3]. Or, lorsqu'il évoque cet écart entre la pensée et l'être, en déclarant que « cette indépendance, l'absoluité de l'être est ce à quoi on se heurte ; cela doit bien être, mais ce n'est pas parce que cela est que c'est nécessairement pour nous » ; lorsqu'il ajoute que « l'indépendance de l'être doit consister en ceci : l'être est qu'il soit pour nous ou pas, l'être doit pouvoir être quelque chose de simplement séparé de nous, dont il n'est pas nécessaire que nous entrions en relation avec lui[4] », Hegel fait-il autre chose que développer

---

1   À cet égard, le caractère fragmentaire d'un texte comme *Foi et Être*, dont les interprètes ont souvent tendance à considérer la « première partie » comme un tout, peut inciter à en faire une lecture exclusivement « ontologisante ».

2   *W.*1, 251 / tr. *Premiers écrits, op. cit.* p. 137.

3   *W.*1, 254 / tr. *Premiers écrits, op. cit.* p. 141.

4   *W.*1, 251 *sq.* / tr. *Premiers écrits, op. cit.* p. 138. Dans le commentaire qu'il propose de *Foi et Être* (*Der Kantianismus, op. cit.* p. 230 *sq.*), M. Bondeli semble vouloir rapprocher Hegel et Jacobi en attribuant à Hegel la thèse selon laquelle l'Être n'existerait que dans et par la foi. N'est-ce pas oublier que, si la foi est bien la manière dont l'Être est présent dans la représentation, l'Être, bien qu'inaccessible à la conscience autrement que dans la foi, semble cependant exister hors de la foi ? (*cf.* par exemple sur ce point l'analyse de K. Düsing in *Das Problem der Subjektivität, op. cit.* p. 69). La difficulté qu'éprouve la suite de l'analyse de M. Bondeli (p. 235 *sq.*) à rendre compte du sens de la critique adressée à Kant, dont le fragment qualifie la foi de foi « en quelque chose de cru » (*W.*1, 254 / tr. *Premiers écrits, op. cit.* p. 141) semble d'ailleurs confirmer que cette interprétation, qui efface l'indépendance et l'absoluité de l'Être et réduit celui-ci à « quelque chose de cru » tend à attribuer à Hegel ce qu'il veut critiquer.

un type d'argumentation qui avait conduit Jacobi à soutenir que la philosophie mène au « nihilisme », parce qu'elle réduit l'être à un être représenté, et en méconnaît ainsi l'extériorité effective ? Dans les deux cas, il s'agit bien de remédier, par la foi, à l'indigence d'un discours, auquel sa rationalité interdit d'accomplir le « saut » qui, seul, permet à l'homme de se rapporter à l'existence. En outre, la stratégie quelque peu paradoxale que déploie la suite du fragment ne confirme-t-elle pas cette conclusion ? Après avoir insisté sur l'extériorité ou sur la « séparation » de l'être vis à vis de la conscience, Hegel semble s'opposer à lui-même un argument de type « kantien » : « dans quelle mesure quelque chose peut-il être, dont il serait cependant possible que nous ne le croyions pas ? » ; autrement dit, dans quelle mesure le fait de parler d'une extériorité de l'être ne fait-il pas de celui-ci un simple « possible », ou un « pensable » que nous ne croyons pas, c'est-à-dire l'inverse même de l'existant nécessaire dont l'extériorité est précisément censée garantir la nécessité ? Objection que la phrase suivante récuse, en retournant contre le kantisme sa propre critique de l'argument ontologique :

> De ce qu'elle est pensable, il ne s'ensuit pas qu'une chose est, certes [cette chose] est en tant que [quelque chose de] pensé, mais [quelque chose de] pensé est [quelque chose de] séparé, opposé à l'activité de penser ; ce n'est pas un étant. Un malentendu ne peut surgir que parce qu'il y a différents genres d'unification, [différents genres] d'être[1].

Cette « stratégie » n'évoque-t-elle pas, elle aussi, Jacobi – qui avouait d'ailleurs que la critique kantienne de la preuve ontologique avait joué un rôle décisif dans la formation de sa pensée[2] ? Distinguer l'être comme « prédicat réel » de l'être comme existant effectif, souligner l'irréductibilité de l'être au concept, n'est-ce pas en effet invoquer un concept de l'existence qui ne diffère pas foncièrement de celui auquel se réfère Jacobi, lorsqu'il déclare que l'existence – qu'il appartient au chercheur de « révéler » et de « dévoiler » – ne saurait être appréhendée par la voie de la médiation discursive, parce qu'elle est « le simple, l'immédiat, l'indissoluble[3] » ?

Avant d'accepter ces suggestions, il convient toutefois de s'assurer de leur pertinence historique, en les replaçant dans le contexte du

1　W.1, 251 / tr. *Premiers écrits*, *op. cit.* p. 138.
2　*Cf. Werke*, II, *op. cit.*, p. 189 *sq.* / tr. *Idéalisme et réalisme*, *op. cit.* p. 200.
3　*Werke*, IV, 1, *op. cit.*, 72 / tr. p. 119.

débat philosophique contemporain. Or de ce point de vue, les choses n'apparaissent-elles pas sous un autre jour ? Sans doute la distinction entre foi et démonstration, ainsi que l'opposition qui en découle entre un savoir fini et conditionné et une appréhension de l'être qui en saisit l'absoluité inconditionnée, sont-elles issues des *Lettres* de Jacobi. Mais n'est-il pas tout aussi certain que cette structure argumentative est devenue, dans le discours philosophique de l'époque, une sorte de « lieu commun », qui constitue certes un outil théorique, mais dont le sens est si peu univoque qu'il peut être mis au service de fins rigoureusement opposées ? À cet égard, il n'est peut-être pas sans intérêt de remarquer que l'on trouve trace de la présence d'une telle structure dans deux textes que Hegel connaissait, le *Vom Ich* de Schelling d'une part ; le fragment de Hölderlin, *Urteil und Sein* d'autre part[1]. Ainsi le § II de l'ouvrage de Schelling évoque-t-il l'hypothèse d'un savoir qui serait exclusivement conditionné ; ce qui conduirait à une régression à l'infini, interdisant d'assigner un fondement au discours philosophique. Et il en conclut à la nécessité, si l'on veut découvrir un « principe (*Grundsatz*) suprême » garantissant que la philosophie « commence à devenir une science », de supposer « un point ultime auquel soit suspendu l'ensemble », point qui, « eu égard au principe de son être (*Seyn*), doit être *opposé* à tout ce qui tombe dans la sphère du conditionné, autrement dit ne pas être seulement inconditionné, mais purement et simplement *inconditionnable*[2] ». Chez Hölderlin, la distinction entre un savoir conditionné et le fondement inconditionné qui en est la présupposition prend une autre forme, consistant à opposer à la sphère du « jugement » (*Urteil*) ou de la conscience en général, caractérisée par une « partition (*Urteilung*) originaire du sujet et de l'objet » l'« intuition intellectuelle » de l'« Être absolu », caractérisée au contraire par leur « unité intime » ; et à en conclure que la conscience de soi – fût-elle absolue – est affectée par une scission, ou une différence qui interdit d'en faire un principe premier, et interdit par là même toute confusion entre l'« unité indivisible » de l'être absolu et originaire, accessible à la seule intuition intellectuelle, et « l'identité » du « je suis je[3] ».

---

1   Schelling envoie son texte à Hegel le 21 juillet 1795. *Cf. Briefe*, I, 13, *op. cit.* p. 8 / tr. p. 32. Quant au fragment de Hölderlin, il est difficile de penser que Hegel en ignorait les thèmes, tant est grande la proximité entre ce texte et *Foi et Être*.

2   *Sämmtliche Werke*, I, 164, trad. J. F. Courtine, *Premiers écrits (1794-1795)*, Paris, PUF, 1987, p. 64.

3   *Urteil und Sein* in *Sämtliche Werke*, *op. cit.* p. 502 / tr. *Être et jugement*, *op. cit.* p. 282. Sur le texte de Hölderlin, *cf.* D. Henrich, *Konstellationen*, *op. cit.* p. 55 *sq.*, ainsi que l'article

Une comparaison, même superficielle, des deux propos suffit à montrer que la même structure argumentative est mise au service de deux fins totalement divergentes : chez Schelling, il s'agit de défendre la possibilité d'une *Grundsatzphilosophie*, ce qui l'amène à refonder la *Doctrine de la science* fichtéenne, en réinterprétant le moi absolu sur un mode « spinoziste » ; chez Hölderlin, au contraire, il s'agit de refuser le premier principe fichtéen, et par là toute *Grundsatzphilosophie*, accusée d'être liée à une « métaphysique de la subjectivité » aveugle à la signification originaire de l'être.

Dès lors, ce qui est significatif, ce n'est pas que Hegel use d'une argumentation de type « jacobien », mais la fonction qu'il assigne à celle-ci. Or, de ce point de vue, les choses semblent assez claires : Hegel ne songe pas, à l'évidence, à fonder ou à refonder une philosophie de type kantien ou fichtéen, à la manière de Schelling. Mais il cherche, comme Hölderlin, à en contester le bien-fondé, et il veut souligner, lui aussi, que ce type de pensée repose sur des présuppositions qui, ontologiquement parlant, sont insuffisamment originaires. À cet égard, ce n'est pas Jacobi qui est la source essentielle de *Foi et être* ; mais bien Hölderlin. Il suffit en effet de comparer le fragment de Hegel avec *Urteil und Sein* pour constater qu'il y a accord sur tous les points importants : c'est parce que l'être est unification, et c'est parce que son unité absolue est une présupposition originaire, antérieure à toute scission, qu'il ne saurait se réduire, comme le voudraient Kant et Fichte, à un simple être pour la conscience, ou à ce que Hegel nomme un « représenté » ou un « pensé[1] ». D'où une critique des postulats kantiens, qui montre qu'en procédant d'une « métaphysique de la subjectivité » ou de « la conscience », ils ne font que perpétuer le « malentendu » consistant à confondre « différents genres d'unification ». Confusion que Hegel critique en reformulant sous la forme d'une différence entre « différents genres d'être » la distinction de Hölderlin entre l'unité indivisible de l'être et l'identité, essentiellement scindée, de la conscience et de ses jugements synthétiques[2]. D'où, également, une reprise contre Kant et l'idéalisme subjectif en général, de la critique kantienne de l'argument ontologique ; reprise qui fait appel à un usage des catégories de la modalité analogue à celui d'*Urteil und Sein*, puisqu'il s'agit, dans les deux cas, de montrer que « le réel

---

de J.F. Courtine, *Les débuts philosophiques de Hölderlin à Iéna et sa critique de Fichte* in *Le bicentenaire de la Doctrine de la science de Fichte*, *Les Cahiers de philosophie*, Lille, 1995, p. 267.

1   *W.*1, 252, 254 / trad. *Premiers écrits, op. cit.* p. 138, p. 141.
2   *W.*1, 252 / trad. *Premiers écrits, op. cit.* p. 138.

et le possible sont distincts, comme le sont conscience immédiate et conscience médiate », et qu'il ne saurait exister pour nous « de possible pensable qui n'ait été réel[1] ».

Que peut-on en conclure ? Le but de Hegel n'est pas ici, comme pourrait le laisser croire un rapprochement avec Jacobi, d'opposer à la raison de l'idéalisme subjectif une foi « irrationnelle » ou « supra-rationnelle » ; mais de poursuivre la critique de l'entendement et du discours spéculatif en général, que développaient les textes de Tübingen et de Berne, en l'appliquant à ce qui en était précisément le fondement, c'est-à-dire la doctrine des postulats, et l'idéalisme subjectif en général. De ce point de vue, il est significatif que l'une des seules différences avec le propos d'*Urteil und Sein*, si l'on excepte celle qui consiste à parler de foi plutôt que d'intuition intellectuelle[2], concerne l'objet de la critique : alors que Hölderlin vise le « début » ou le premier principe de l'idéalisme subjectif, autrement dit le moi absolu de Fichte, Hegel s'attache plutôt à ce qu'il nommait encore en 1795 « son plus haut achèvement[3] », c'est-à-dire aux postulats, dont il veut mettre en évidence, par le biais d'une critique « ontologique », l'incapacité à aller au-delà de la simple pensée d'une exigence ou d'un idéal d'unité et de réconciliation[4].

Il s'agit donc pour Hegel de radicaliser sa critique, en lui donnant un autre fondement, ou plus exactement un fondement qui permet de révéler l'insuffisance de ce qui en était le fondement antérieur : à une critique de l'entendement et de la raison théorique, menée au nom de la raison pratique, se substitue un point de vue qui récuse l'idéalisme subjectif, et toute « métaphysique de la subjectivité » en général, en opposant à une conception de l'être ou de l'unité comme exigence ou comme idéal, dont la réalisation est essentiellement contingente[5], une conception de l'être comme « nature » ou comme tout un et absolu, qui garantit à l'homme la possibilité effective de s'unir à ce qui est, puisque, en son fond, cette unité, qui n'est rien d'autre que le présupposé originaire sans lequel le fait même de la scission et de la différence demeurerait incompréhensible, est toujours déjà là ; ce qui suffit à procurer à l'homme la certitude ou la conviction – la foi – que le monde au sein duquel se déploient son discours et son action est bien un monde, et non un chaos absurde et informe.

1　Hölderlin, *op. cit.* p. 502 / tr. p. 282 ; *W*.1, 252 / *Premiers écrits, op. cit.* p. 138.
2　*Cf.* M. Bondeli, *Der Kantianismus* …, *op. cit.* p. 300, note 59.
3　Lettre à Schelling du 16 avril 1795 in *Briefe*, I, 11, *op. cit.* p. 23 / tr. p. 28.
4　*W*.1, 254, trad. *Premiers écrits, op. cit.* p. 141.
5　*Cf. W*.1, 254, *Premiers écrits, op. cit.* p. 140 : « ce qui n'est pas ne peut que soit devenir, soit ne jamais devenir »

Ces analyses semblent toutefois avoir une portée purement historiographique ; en outre, si elles infirment bien l'hypothèse d'une influence directe de Jacobi, ne confirment-elles pas en même temps celle d'une filiation indirecte, dont la pensée de Hölderlin aurait été le moyen terme ? Il est établi en effet – les travaux de D. Henrich l'ont montré de façon convaincante – que l'« ontologie » de Hölderlin, telle qu'elle est reprise ici par Hegel, s'est constituée à partir d'un débat avec les *Lettres* de Jacobi. Discussion dont le résultat serait double, puisque Hölderlin aurait non seulement « repris » le « panthéisme » que Jacobi attribuait à Spinoza, mais l'aurait également « réinterprété » à partir de la foi de Jacobi[1]. Ce qui l'aurait finalement conduit à affirmer que l'être est unification absolue et originaire, mais aussi que l'homme n'y accède que par le biais d'une intuition intellectuelle, dont le rôle serait formellement analogue à celui de la foi de Jacobi. En ce sens, n'est-il pas d'autant plus intéressant d'évoquer l'existence d'une filiation indirecte entre la pensée de Hegel et celle de Jacobi, que l'exposé hégélien évite soigneusement l'expression « intuition intellectuelle » en lui préférant le terme « foi » ?

Il nous semble pourtant qu'il y a là un contresens radical ; et qui plus est, un contresens « dangereux », dont le seul intérêt est de montrer que, sous son aspect « érudit » et purement « historiographique », la question de l'influence possible de Jacobi sur le Hegel de Francfort recèle en réalité d'autres enjeux. Qu'implique en effet cette idée d'« influence indirecte » ? Pour qu'elle ait un sens, il faut présupposer que la visée de Hegel, dans *Foi et être* est essentiellement ou exclusivement d'ordre « ontologique ». On comprendrait, en effet, en ce cas, que pour accéder au résultat auquel a abouti Hölderlin, Hegel ait dû refaire pour son propre compte le chemin – impliquant un rapport complexe et paradoxal à Jacobi – qui a été celui de Hölderlin. Mais une telle présupposition est-elle autre chose qu'une pure et simple absurdité ? Il est évident, en effet, que ce qui, pour Hölderlin, est un résultat, n'est pour Hegel qu'un point de départ ; aussi, si l'on tient absolument à parler d'une « analogie » avec Jacobi, il faut préciser qu'il ne s'agit là que d'un effet « secondaire » ou « indirect » de la proximité avec Hölderlin, et que son incidence sur la compréhension du sens de la pensée hégélienne est à peu près nulle. Dès lors, transformer cet « effet » en « source » ou en « origine », ce n'est pas seulement inverser les choses ; c'est aussi et surtout attribuer à Hegel des préoccupations qui ne sont pas les siennes : à lire l'ensemble de *Foi*

---

1 D. Henrich, *Konstellationen, op. cit.* p. 240-253.

et être, il apparaît en effet que s'il reprend l'« ontologie » de Hölderlin, Hegel ne le fait que pour disposer d'un horizon qui, en se substituant à l'horizon « kantien » qui avait été le sien jusque là, et en en permettant la critique, l'amène à poser autrement une question qui, pour l'essentiel, reste celle qui le préoccupe depuis Tübingen : autrement dit la question de la réconciliation religieuse ou, plus exactement, la question de la possibilité de parvenir, dans les conditions du monde moderne, à une religion qui, une fois libérée de la positivité qui en fait un instrument de domination, susceptible de s'allier à tous les despotismes, pourrait être le lieu d'une réconciliation concrète entre l'homme et son monde effectif. De ce point de vue, il est d'ailleurs significatif que la fin de *Foi et être* s'intéresse à ce que signifie *concrètement* l'insuffisance ontologique de l'idéalisme subjectif : loin de constituer une alternative à la positivité religieuse, comme le prétendent Kant et Fichte, et comme Hegel lui-même l'a cru, l'idéalisme subjectif ne fait au contraire qu'en participer ; en substituant le devoir être à l'être, ou en érigeant devant l'être un idéal illusoire et inaccessible, il ne fait en réalité qu'inciter à la passivité et favoriser une soumission angoissée à l'autorité tyrannique d'une loi ou d'un Dieu, qui font écran à l'appréhension de l'unité de l'être :

> Toute religion positive procède de quelque chose d'opposé, de quelque chose que nous ne sommes pas et que nous devons être ; elle érige un idéal devant l'être [de cette chose] ; pour que nous puissions y croire, ce doit être une puissance. Dans la religion positive, l'étant, l'unification n'est qu'une représentation – un pensé – je crois que cela est signifie : je crois à la représentation, je crois que je me représente quelque chose, je crois à quelque chose de cru (Kant, divinité) ; philosophie kantienne – religion positive (la divinité, volonté sainte ; l'homme négation absolue ; cela est unifié dans la représentation, les représentations sont unifiées. La représentation est une pensée, mais le pensé n'est pas un étant)[1].

En ce sens, l'« ontologie hölderlinienne » que présente le début du fragment n'est pas une fin en soi, comme semblent le croire les interprètes qui évoquent une similitude avec Jacobi ; elle n'est qu'un moyen, qui fournit à Hegel les instruments théoriques – pour l'essentiel la distinction entre les différents genres d'unification, ou les différents genres d'être – qui lui permettent de développer, sous une autre forme, la critique de la positivité religieuse qui demeure sa visée première ; ou, pour le dire autrement, loin de se réfugier dans quelque « mysticisme » du sentiment ou

---

1   *W.*1, 254, trad. *Premiers écrits*, *op. cit.* p. 141.

de l'immédiateté, ou de se détourner de l'effectivité concrète, le Hegel de Francfort ne fait au contraire que poursuivre dans un autre langage, lié à la transformation de ce qui en constitue le fondement théorique, une critique de la religion en général, et du christianisme en particulier, dont la fin dernière est de contribuer à l'avènement, dans le monde moderne, d'une religion en laquelle l'homme pourrait réussir à se réconcilier concrètement avec ce qui est ; on peut d'ailleurs remarquer, à cet égard, que *Foi et être* ne se contente pas d'affirmer que la positivité naît du « malentendu » ou de la « duperie » qui consiste à confondre « unification imparfaite » et « unification parfaite », et à prendre pour l'« unification parfaite » ce qui n'est qu'une « unification imparfaite » : une fois montré qu'« une foi positive est [...] une foi qui, au lieu d'établir la seule unification possible, en établit une autre » ou qui « au lieu du seul être possible ... [établit] un autre être[1] » ; une fois montré qu'elle est « une foi qui unifie les opposés d'une manière telle que, certes, elle unifie, mais incomplètement, ce qui veut dire que les opposés ne sont pas unifiés du point de vue selon lequel ils doivent être unifiés[2] », il faut encore s'interroger sur les conséquences de cette analyse. D'où le retour sur une question que le début du texte avait déjà évoquée – ce qui semble d'ailleurs montrer que le fragment possède bien une unité réelle – qui est la question du « passage » de l'« unification incomplète » à l'« unification complète ». En parlant de perfection et d'imperfection, ou d'achèvement et d'inachèvement, Hegel ne suggère-t-il pas alors que ce passage est à envisager comme un mouvement ou un procès continu qui, en amenant la foi à se libérer peu à peu de sa positivité, doit conduire l'homme à une réconciliation concrète avec son monde effectif ?

> Cette contradiction [la contradiction qui caractérise la religion positive] surgit d'une duperie, dans la mesure où des modes inachevés d'unification, qui sont encore opposés d'un autre point de vue, sont un être imparfait et [sont pris] pour l'être parfait du point de vue duquel l'unification doit se faire, et on confond donc un genre de l'être avec un autre. Les différents genres de l'être sont les unifications plus complètes ou plus incomplètes[3].

En ce sens, un passage semble concevable, qui mène l'homme de la positivité et de la servitude qui lui est liée, à la religion – ou à la foi – véritable, et à la liberté qui en est le corrélat.

---

1 *W*.1, 252 / tr. *Premiers écrits*, *op. cit.* p. 139.
2 *Ibid.*
3 *W*.1, 253 / tr. *Premiers écrits*, *op. cit.* p. 139-140.

Reste que ces affirmations semblent contredire les affirmations initiales du fragment, puisque l'idée d'une rupture entre la conscience et l'être semble faire place à une perspective qui met au contraire l'accent sur la continuité du procès qui permet à la conscience de s'unir à l'être, en se libérant de la positivité qui interdit cette union. Contradiction dont le signe le plus évident est sans doute l'équivocité qui paraît s'attacher au concept de séparation, auquel Hegel donne d'abord une valeur « positive », en écrivant que « l'être doit pouvoir être quelque chose de simplement séparé de nous[1] », mais dont il souligne ensuite la valeur « négative », en déclarant, quelques lignes plus bas, que « [quelque chose] de pensé est [quelque chose] de séparé, opposé à l'activité du penser ; ce n'est pas un étant[2] ». Bref, comment Hegel peut-il concilier deux points de vue ? Celui qui affirme que l'être est extérieur à la conscience ; et celui qui affirme que la foi est la seule manière pour l'homme de se rapporter à l'être ? Comment ce qui est « transcendant » ou extérieur à la conscience peut-il être en même temps ce à quoi seul un mode de représentation – en l'occurrence une foi – nous donne accès ? K. Düsing, qui évoque l'existence de cette difficulté dans *Foi et être*[3], semble y voir l'effet d'un mode de compréhension du discours ou du concept – celui-là même qui conduit à distinguer la foi de la démonstration – qui assimile tout discours conceptuel à une forme de « réflexion » : si le discours est essentiellement abstrait et séparateur, s'il ne peut dire le tout sans le scinder, comment peut-il éviter de se contredire lorsqu'il tente de dire l'être ? Ne faut-il pas en conclure, dès lors, que la foi est une sorte de « pis-aller », ou qu'elle est simplement le substitut d'une intuition intellectuelle, dont Hegel se refuse manifestement à admettre l'existence ? Substitut qui permettrait à l'être fini de se représenter – mais sur un mode inadéquat – une unité absolue dont seul, en toute rigueur, un dire « poétique » pourrait être l'expression adéquate ?

> Pour que le divin soit exprimé adéquatement, il faudrait que l'antinomie soit résolue ; mais c'est précisément ce dont la réflexion est incapable. Le divin ne peut, dès lors, comme le croit Hegel, en analogie avec la métaphysique hölderlinienne de la poésie, qu'être exprimé « de manière mystique[4] ».

Autrement dit, la position de Hegel ne serait pas foncièrement différente de celle de Schelling qui, dans le *Vom Ich*, parle certes d'une

---

1   *W.*1, 250-251 / tr. *Premiers écrits, op. cit.* p. 138.
2   *W.*1, 251 / tr. *Ibid.*
3   K. Düsing, *Das Problem, op. cit.*, p. 69.
4   K. Düsing, *Das Problem, op. cit.*, p. 67.

intuition intellectuelle permettant à l'homme de surmonter la « détresse » de la langue qu'engendrent sa finitude et sa temporalité ; mais en précisant aussitôt que cette finitude « ruine » l'intuition intellectuelle, pour ne laisser place qu'à une foi ou à une croyance, que l'homme s'efforce en vain de dépasser, pour « présenter » en soi l'infini[1]. Position qui serait bien, dès lors, – et indépendamment de toute interrogation sur l'existence d'une filiation directe ou indirecte avec Hegel – proche de celle de Jacobi, que Schelling évoque d'ailleurs au début de ce passage, lorsqu'il déclare que sa langue, malgré une sublimité qui justifie que l'on voie en lui le « fils spirituel » de Platon, et malgré « la lutte » avec la langue ordinaire dont elle témoigne, est incapable de « fixer dans un mot cet absolu en nous[2] ».

Peut-on adopter ce type d'interprétation ? Ou faut-il essayer de montrer que les choses sont plus complexes ? Il est indéniable que le concept ne peut dire l'être sans le briser et, en ce sens, sans se contredire. Mais la contradiction est-elle simplement, comme semble le penser K. Düsing, l'expression d'une scission irréductible entre l'homme et l'être, impliquant que Hegel, tout en refusant à l'homme la possibilité d'une intuition intellectuelle, admette cependant que seule l'immédiateté du sentiment ou de l'intuition permettrait d'en saisir l'unité ? La contradiction ne peut-elle être aussi le moyen dont dispose la réflexion pour signifier, en s'opposant à elle-même, et en limitant par là les effets de son unilatéralité, ce qu'elle ne peut dire ? Autrement dit n'est-elle pas le moyen dont dispose le discours pour renvoyer, en lui-même, à une unité qui se situe hors de lui-même[3] ? Or, que peut signifier cette « extériorité » ou cet « au-delà » ? Il peut difficilement s'agir d'un sentiment ou d'une « vue » ; car, si tel était le cas, Hegel ne parlerait pas de foi ; et il ne soulignerait pas d'emblée que la foi est un mode de la représentation, ou qu'elle est l'acte d'un sujet se rapportant à un « objet », qui – fût-il comme le suggère le début de *Foi et être*, la réflexion objective de cette activité subjective[4] – n'en est pas moins un autre ; ou encore il n'affirmerait pas, comme l'implique l'analyse des types d'« unification » que propose la fin du fragment, qu'il n'y a pas d'obstacle « ontologique » à ce que l'homme se rapporte à ce qui est sur le mode d'une « unification complète ou « achevée ». Ne faut-il pas supposer, dès lors, que cet « autre », auquel le discours renvoie

1   Schelling, *Sämmtliche Werke*, *op. cit.*, I, 1, 216, *op. cit.*, trad. *Premiers écrits*, *op. cit.*, p. 121.
2   Schelling, *Sämmtliche Werke*, *Ibid.* trad. *Premiers écrits*, *op. cit.*, p. 120-121.
3   *Cf.* B. Bourgeois, *Hegel à Francfort*, *op. cit.*, p. 26-27.
4   *W.*1, 251 / tr. *Premiers écrits*, *op. cit.* p. 137.

comme à ce qui est le lieu d'une réconciliation qu'il ne peut lui-même ni dire ni accomplir, n'est autre que la vie elle-même ? En sorte que la « foi » ne désignerait rien de plus que la relation vécue de la vie finie à la vie infinie, autrement dit une médiation − d'où l'affirmation qu'elle est un rapport de la conscience à l'être, susceptible de prendre la forme d'une « unification parfaite » − mais une médiation dont le lieu n'est pas le discours − d'où l'affirmation d'une « séparation » entre l'être et la conscience − mais uniquement la vie, concrète et concrètement vécue. Ce qui revient à dire que la foi hégélienne, loin d'impliquer comme celle de Jacobi, une « fuite » vers quelque au-delà transcendant, trouve au contraire sa concrétisation effective dans la réalité vécue d'une vie finie accordée à la vie infinie, c'est à dire au tout, un et infini, dont elle est l'une des manifestations.

D'autres textes de la période de Francfort autorisent, nous semble-t-il, ce type de conclusion : ainsi le début du passage de *L'esprit du christianisme* auquel se réfère K. Düsing pour évoquer l'idée que l'on ne peut parler de la relation de l'homme à Dieu « qu'en termes mys-tiques » : Hegel évoque ici le prologue de l'évangile de Jean ; or, après avoir reconnu que les « propositions thétiques » qu'il contient réus-sissent, du fait de leur simplicité, et malgré leur « apparence trompeuse de jugements », à exprimer « de l'être », c'est à dire « du vivant », au sein d'une langue qui est pourtant une langue de la réflexion, il en vient à soulever le problème de l'inaptitude du discours conceptuel − réussirait-il comme le début de l'évangile de Jean à surmonter l'apparence d'énoncés purement « objectifs » ou « objectivants » − à saisir « la vie » ou « le spirituel » : « même cette simple réflexion n'est pas appropriée pour saisir le spirituel avec esprit ». Comment remédier, dès lors, à cette inadéquation ? « Nulle part, plus que dans la communication du divin », poursuit le texte, il n'est nécessaire que le destinataire ne soit pas passif, en se contentant d'« enregistrer » ce qui lui est transmis. Autrement dit, il importe d'être attentif au caractère « immédiatement paradoxal[1] » − c'est-à-dire contradictoire pour l'entendement − de toute expression qui cherche à exprimer le divin, et il convient d'en appréhender le sens en instaurant avec elle un rapport actif et vivant ; c'est à cette condition seulement que l'objectivité de la langue sera autre chose qu'une objectivité morte

---

1   *W.*1, 373 / tr. *Premiers écrits, op. cit.* p. 286.

et vide de sens ; et que l'on pourra, en saisissant que « ce qui est contradiction dans le royaume du mort ne l'est pas dans le royaume de la vie[1] », voir en ce qui cherche à exprimer la vie de l'esprit autre chose qu'un simple tissu d'incohérences ; ce à quoi s'ajoute une autre remarque du même passage, qui affirme qu'une langue a parfois, par un heureux hasard, conservé des expressions qui lui permettent d'exprimer adéquatement des relations vivantes. C'est le cas, par exemple, dit Hegel, de la langue juive, lorsqu'elle désigne le rapport de Jésus à Dieu au moyen de l'expression fils de Dieu, car ici, « le rapport d'un fils à son père n'est pas une unité, un concept, comme le sont par exemple « unité » ou « concordance de convictions », « égalité de principes, etc. », autrement dit, une unité qui ne serait que pensée et ferait abstraction du vivant ; mais il est « relation vivante de vivants », ou « vie égale[2] ». On le voit, qu'il s'agisse d'interpréter le sens des textes chrétiens, ou qu'il s'agisse de la langue en laquelle ce sens est exprimé, Hegel oppose au concept, objectivant et mortifère, ce qu'il nomme « une relation vivante de vivants ». N'est ce pas affirmer que la religion réussit à saisir ce que le concept échoue à dire, parce qu'elle est relation vivante de la vie à elle-même ?

LE *SYSTEMFRAGMENT* DE 1800.
LES DIFFICULTÉS THÉORIQUES DE LA CONCEPTION HÉGÉLIENNE
DU RAPPORT PHILOSOPHIE/RELIGION

A cet égard, une confirmation supplémentaire et décisive est fournie par ce qui est sans doute le passage le plus connu de la première partie du *Systemfragment* de 1800. Hegel y caractérise la religion comme « une élévation de la vie finie à la vie infinie », et il précise qu'elle ne peut simplement être entendue comme « une élévation du fini à l'infini », car « il ne s'agit là que de produits de la simple réflexion et, comme tels, leur séparation est absolue[3] ». Or comment exprimer l'infinité de la relation religieuse, dans un langage qui reste, inévitablement, un langage de la réflexion ? Il ne suffit pas de parler d'« adoration » ou

---

1   *W*.1, 376 / tr. *Premiers écrits, op. cit.* p. 290.
2   *W*.1, 375-376 / tr. *Premiers écrits, op. cit.* p. 289.
3   *W*.1, 421 / tr. *Premiers écrits, op. cit.* p. 371.

d'« unité intime[1] », autrement dit d'unité immédiate, car une telle unité, en excluant toute opposition, est elle-même prise dans l'opposition ; mais il ne suffit pas non plus d'affirmer que la vie « parce qu'elle ne peut justement pas être seulement considérée comme unification, comme relation [...] doit aussi être considérée comme opposition[2] » ; car cette façon d'échapper aux « pièges » de la réflexion n'est, elle aussi, qu'une façon d'y succomber :

> Si je dis [... que la vie] est la liaison de l'opposition et de la relation, alors cette liaison elle-même peut à son tour être isolée, et on peut objecter qu'elle s'opposerait à la non-liaison. Je devrais donc m'exprimer ainsi : la vie est la liaison de la liaison et de la non-liaison[3].

Autrement dit, toutes les « synthèses » par lesquelles le discours tente de remédier à l'abstraction qui lui interdit de pouvoir dire l'infinité, semblent n'engendrer qu'un mouvement sans fin :

> Chaque expression est un produit de la réflexion et, dès lors, on peut montrer à propos de chacune, en tant qu'elle est [quelque chose de] posé, que, du fait que quelque chose est posé, en même temps [quelque chose d'] autre n'est pas posé, est exclu[4].

Comment, dès lors, mettre fin à « cette dérive qui ne connaît aucun repos[5] » ? Il est possible, dit la suite du texte, d'y « parer une fois pour toutes », mais seulement à une condition, qui est de ne pas oublier « que par exemple, ce qui a été appelé liaison de la synthèse et de l'antithèse n'est pas quelque chose de posé, quelque chose qui relèverait de l'entendement, quelque chose de réfléchi » et qu'au contraire, son seul caractère aux yeux de la réflexion, c'est qu'il s'agit d'un être hors de la réflexion[6] ». Autrement dit, le discours ne doit pas se méprendre sur le sens de l'unité qu'il énonce, lorsqu'il lie, d'une façon qui semble contradictoire, lien et non lien, unité et opposition : cette unité n'est pas un « posé », c'est-à-dire un contenu déterminé qui s'opposerait à un autre contenu, en engendrant un progrès à l'infini ; mais un être hors du discours, ou « hors de la réflexion ». Or, que désigne cet autre, auquel le discours

---

1   W.1, 422 / tr. *Premiers écrits, op. cit.* p. 372.
2   *Ibid.*
3   *Ibid.*
4   *Ibid.*
5   *Ibid.*
6   W.1, 422 / tr. *Premiers écrits, op. cit.* p. 372-373.

renvoie, en se contredisant, lorsqu'il énonce « conceptuellement » ce qui est pourtant l'autre de toute énonciation conceptuelle ? La suite du texte le précise, lorsqu'elle affirme que le rapport d'opposition « se supprime dans la religion », où « la vie limitée s'élève à l'infini » et peut s'y élever parce que « le fini lui-même est vie » et « porte en soi la possibilité de s'élever à la vie infinie[1] » : l'autre du discours, ou de la réflexion vers lequel le discours fait signe lorsqu'il dit l'unité qu'en toute rigueur il ne peut dire, n'est autre que la religion, c'est-à-dire la médiation qui lie vie finie et vie infinie, et qui peut constituer ce lien parce qu'elle est médiation vivante et vécue, ou, ce qui revient au même, parce que son lieu n'est pas le discours, mais la vie concrète. C'est en ce sens que Hegel ajoute que « la philosophie doit nécessairement cesser avec la religion[2] » : parce qu'elle est médiation vécue de la vie avec elle-même, la religion est relation infinie de la vie finie à la vie infinie, qui peut surmonter tous les dualismes – celui qui oppose la pensée à la « non pensée », ou celui qui oppose le « pensant » et le « pensé[3] » – dont la philosophie, et le discours en général, restent prisonniers, même si la philosophie a aussi le rôle, exclusivement négatif, mais essentiel, d'être une propédeutique à la religion, qui permet au discours de se libérer de l'illusion consistant à oublier sa propre finitude pour s'ériger lui-même en « infini véritable[4] ».

Que montrent ces analyses ? Elles semblent indiquer que l'« ontologie vitaliste » ou « panthéiste » que le Hegel de Francfort emprunte à Hölderlin – et non à Jacobi – n'implique aucun renoncement à ce qui demeure, ici comme à Tübingen ou à Berne, le but premier et fondamental de sa pensée : travailler à la réconciliation concrète de l'homme et du monde, que seule la religion – qui n'est plus entendue comme « religion populaire », mais comme relation vécue de la vie finie à la vie infinie – est à même d'accomplir, dans la mesure où, seule, elle est à même de surmonter les scissions – qu'elles tiennent à la servitude de l'existence ou à l'abstraction du discours – qui empêchent la vie de se vivre sur le mode d'une réconciliation avec soi pleine et

---

1   *Ibid.* / tr. *Prèmiers écrits, op. cit.* p. 373.

2   *W.*1, 422-423 / tr. *Ibid.*

3   *Ibid.*

4   *Ibid.* — Sur le rapport philosophie/religion dans le *Systemfragment* de 1800, *cf.* H. Buchner, *Philosophie und Religion im einigen Ganzen des Lebens (zu Hegels „Systemfragment" von 1800)* in *All-Einheit. Wege eines Gedanken in Ost und West*, (D. Henrich hrsg.), Stuttgart, Klett-Cotta, 1985, p. 200.

entière[1]. Il est clair, cependant, qu'une telle religion – qui ne peut être le christianisme, et dont la fin du *Systemfragment* précise qu'elle n'est ni un théisme « objectivant », ni la religion de l'« intériorité subjective » que célèbre l'*Appel au public* de Fichte[2], sans avoir le statut d'un idéal, ne peut qu'être essentiellement « à venir », même si la religion grecque « de la beauté » en fournit le modèle, la réflexion « ontologique » garantissant, de son côté, que rien ne s'oppose à sa réalisation effective, y compris dans les conditions qui sont celles du monde moderne[3].

Peut-être, cependant, cette difficulté n'est-elle pas la difficulté majeure des textes du jeune Hegel. Ceux-ci ne laissent-ils pas apparaître, en effet, une difficulté d'un autre type, que les interprétations qui cherchent à y découvrir une apologie du sentiment et de l'immédiateté ont le mérite « involontaire » de rendre visible ? Hegel, on l'a dit, présente la religion comme un « au-delà » de la philosophie. Au-delà dont il précise que, loin de renvoyer à l'immédiateté ou au sentiment,

---

1   En d'autres termes, il nous semble que l'interprétation « romantique » n'est qu'une fiction, qui a pour rôle de « masquer » le fait que le propos hégélien est d'abord un propos « théologico-politique ». De ce point de vue, lorsqu'elle évoque la présence chez le Hegel de Francfort d'une anticipation de la *Dialectique des Lumières*, la thèse de C. Jamme semble nettement moins problématique. Pourtant, même si la critique de l'idéalisme subjectif montre bien qu'un discours dont la visée initiale est une visée de liberté et d'émancipation se renverse en son contraire pour engendrer une soumission angoissée à la tyrannie d'un maître tout puissant, n'est-il pas hasardeux de rapprocher de la raison instrumentale d'Adorno et d'Horkheimer l'idéal de maîtrise de la nature que Hegel prête au peuple juif, ou encore l'affirmation du fragment de 1797, *Religion, eine Religion stiften*, selon laquelle « concevoir, c'est dominer » (*W*.1, 242 / tr. *Premiers écrits, op. cit.* p. 115) ? Et surtout, n'est-ce pas oublier que la critique hégélienne de la domination et de la maîtrise est sous-tendue par un but – la réalisation concrète d'une vie libre et raisonnable – qui s'inscrit encore dans la continuité de l'héritage des Lumières ? On pourrait certes objecter que cette liberté concrète se situe précisément pour Hegel au-delà de la raison et du discours. Mais encore faut-il rappeler que la raison est ici une raison réflexive ou séparatrice, qui correspond à la conception qu'en propose l'*Aufklärung* ; en sorte que cet au-delà n'est que la désignation négative de ce que les textes d'Iéna vont penser positivement comme la rationalité proprement spéculative. À cet égard, il semble justifié de dire, comme le fait B. Bourgeois dans *Hegel à Francfort*, qu'en conservant l'horizon des Lumières pour appréhender ce qui en est déjà l'*Aufhebung* spéculative, le jeune Hegel fait preuve d'une certaine immaturité philosophique. Mais en découle-t-il que le projet politique des premiers textes ne soit, lui aussi, que l'expression de cette jeunesse immature ? Peut-être faut-il plutôt souligner que si elle se traduit bien par une relativisation du rôle de l'émancipation politique, la réconciliation philosophique n'en entraîne pas pour autant l'abandon pur et simple : sinon, Hegel pourrait-il déclarer dans une lettre à Niethammer d'octobre 1808 que la critique théorique du règne de la représentation est une façon de contribuer à la transformation pratique de la réalité effective ? (*cf. Briefe, op. cit.* I, 135, p. 253 / tr. p. 229)

2   *W*.1, 426-427 / tr. *Premiers écrits, op. cit.* p. 376.

3   *Cf.* B. Bourgeois, *Hegel à Francfort, op. cit.* p. 86-87.

il est à entendre au contraire comme le lieu d'une médiation vécue, où s'accomplit concrètement une réconciliation que son abstraction interdit au discours de pouvoir accomplir. Reste que l'on peut se demander si cette précision, et la critique qui en est le corrélat, sont réellement compatibles avec le statut qui est, ici, accordé à la philosophie et au discours en général : parler de contradiction, souligner l'incohérence d'une pensée de la vie qui, en séparant unité et opposition, participe elle-même de ce qu'elle prétend dépasser, n'est-ce pas supposer que la vie est porteuse d'une cohérence ou d'une rationalité immanente, qui est cependant distincte de celle de l'entendement et de la réflexion ? Or, comment rendre compte d'une telle rationalité, si la philosophie n'est que « subordonnée » à la religion ? Le fait même de son énonciation n'implique-t-il pas au contraire que ce rapport soit inversé, et que ce soit la philosophie qui devienne « la vérité » de la religion ? N'y a-t-il pas là un hiatus entre le sens effectif du propos hégélien et l'interprétation qu'il donne de lui-même qui est source d'ambiguïtés ? Et qui, sans les légitimer, ouvre la voie à toutes les lectures qui, en rapprochant Hegel de Jacobi, ou en lui imputant une « ontothéologie » romantique, croient pouvoir découvrir une forme d'apologie ou de « réhabilitation » de l'immédiateté en une pensée qui ne voit, au contraire, en ce type d'attitude qu'un chemin sans issue ?

Ces difficultés, on le sait, seront résolues par l'introduction, à Iéna, du concept de spéculation. Ce qui conduira Hegel à thématiser ce que le *Systemfragment* laisse déjà apparaître, mais seulement de façon implicite : c'est la philosophie, et non la religion, qui est le lieu de la réconciliation véritable, même s'il n'en découle pas qu'il faille renoncer à la recherche d'une réconciliation concrète entre l'homme et le monde[1]. Reste que l'un des effets de ce déplacement sera aussi de permettre, dans *Foi et savoir*, une thématisation cohérente de la critique des philosophies de la réflexion. De ce point de vue, peut être est-il significatif que ce soit Jacobi, c'est-à-dire le philosophe de l'immédiateté

---

1   *Cf.* le thème du « besoin de la philosophie » dans la *Differenzschrift*, *W.*2, 20 / tr. B. Gilson, *La différence entre les systèmes philosophiques de Fichte et de Schelling*, Paris, Vrin, 1986, p. 109 *sq. Cf.* aussi la lettre à Schelling du 02 novembre 1800 (*Briefe*, I, 29, *op. cit.* p. 59-60 / tr. p. 60), dans laquelle Hegel écrit : « Dans ma formation scientifique, qui a commencé par les besoins les plus élémentaires de l'homme, je devais nécessairement être poussé vers la science, et l'idéal de ma jeunesse devait nécessairement devenir une forme de réflexion, se transformer en un système ; je me demande maintenant, tandis que je suis encore occupé à cela, comment on peut trouver moyen de revenir à une action sur la vie de l'homme. »

par excellence, celui dont le discours ne semble dépasser la réflexion que parce qu'il lui oppose – réflexivement – les pseudo-certitudes du sentiment[1], qui devienne la cible centrale de la critique d'une forme de pensée que Hegel n'a cessé, depuis ses premiers textes, de vouloir dépasser, mais en laissant subsister une sorte d'ambiguïté[2] sur le sens ultime d'un tel dépassement.

---

1   *Cf.* le second chapitre de *Foi et savoir*, où Hegel écrit, à propos de la foi de Jacobi que « la subjectivité s'est sauvée dans son anéantissement même ». *W*.2, 382 / tr. p. 166.

2   En parlant d'ambiguïté, nous ne voulons pas dire que Hegel hésiterait entre une critique et une apologie de l'immédiateté. Il nous semble au contraire qu'il s'agit toujours pour lui d'opposer à l'exaltation « jacobienne » de l'immédiateté, la religion comme réconciliation concrètement vécue. Toutefois, le langage utilisé pour signifier que la réconciliation vécue se situe « au-delà » du discours de l'entendement réflexif et objectivant peut laisser croire à une apologie du sentiment. En ce sens, on peut parler d'une ambiguïté, non à propos de la position hégélienne en tant que telle, mais à propos du langage en lequel elle est exprimée. Ambiguïté qui renvoie au fait que, tout en désignant l'infinité de la raison comme le lieu – ici, concrètement vécu – de la réconciliation véritable, les textes de Hegel persistent à saisir celle-ci en fonction d'un horizon qui absolutise la réflexion et l'entendement. Autrement dit, dans la mesure où les textes de Francfort ne désignent que négativement ce que les textes d'Iéna vont penser positivement comme la rationalité proprement spéculative, on comprend que certains interprètes aient pu lire une apologie du sentiment immédiat en ce qui en constitue au contraire la critique. En dernière analyse, ce contresens est rendu possible par ce que l'on peut désigner, avec B. Bourgeois, comme une certaine immaturité de la conscience que le discours philosophique hégélien a de lui-même (*op. cit.* p. 29, *cf.* note 117).

LA LECTURE DE JACOBI
DANS *FOI ET SAVOIR*

Hegel ne s'est jamais réellement expliqué sur les raisons qui l'amènent à abandonner, à Iéna, le point de vue qui sous-tend ses écrits de Francfort. Pourtant, les difficultés en sont si manifestes que l'on comprendrait mal qu'il ne les ait pas perçues. Comment ne pas remarquer, en effet, que le simple fait de justifier l'idée que « la philosophie doit cesser avec la religion » oblige à tenir sur la religion un discours qui ne peut être qu'un discours philosophique, et par là, à instaurer entre philosophie et religion un rapport qui est l'inverse même de celui dont on entend établir le bien-fondé ? Ou encore, comment ne pas remarquer que la critique des conceptions de la vie que développe le *Systemfragment* s'appuie implicitement sur une compréhension du discours philosophique qui est, elle aussi, l'inverse de celle que le texte énonce ? Dire que la vie ne saurait, du fait de son infinité, être saisie adéquatement comme une unification qui exclut l'opposition, ni même comme une « liaison de la liaison et de la non-liaison[1] », n'est-ce pas supposer en effet que le discours peut en appréhender conceptuellement l'infinité ? Or, comment concilier ce présupposé avec le statut qui est ici reconnu au discours, celui d'une forme de réflexion, à laquelle sa finitude interdit de parler du tout sans en briser l'unité[2] ? Si l'on veut parvenir à une attitude réellement cohérente, ne subsistent dès lors que deux possibilités : soit maintenir la thèse d'une finitude irréductible du discours, et en conclure, comme l'a fait Jacobi, que l'absolu, essentiellement inaccessible à la raison, se dévoile à l'homme en une expérience immédiate, qui est de l'ordre d'une

---

1   W.1, 422 /tr. *Premiers écrits, op. cit.* p. 372. On présente parfois cette détermination comme la détermination de la vie qui sous-tend le *Systemfragment*. Mais, à s'en tenir à la lettre du texte de Hegel, il apparaît qu'elle participe encore, en tant que détermination réflexive de l'être de la vie opposée à la détermination contraire – la non-liaison de la liaison et de la non-liaison – du discours de l'entendement et de sa limitation essentielle.

2   Sur ce point, *cf.* la tentative de reconstruction de K. Düsing in *Das Problem, op. cit.* p. 72 *sq.* *Cf.* aussi K. Düsing, *Idealistiche Substanzmetaphysik* in *Hegel in Jena, Hegel-Studien*, Beiheft 20, Bonn, Bouvier, 1980, p. 25-44, en particulier l'analyse du « passage » de la position de la fin de la période de Francfort à celle du début de la période d'Iéna développée p. 31.

intuition, d'une foi ou d'un sentiment ; soit reconnaître que le discours philosophique est inévitablement conduit, dès qu'il tente de justifier les limites qu'il s'assigne, à les dépasser, et en conclure que, loin de n'être qu'une forme de réflexion finie, ou une pensée d'entendement, il n'est en réalité rien d'autre que la manière dont l'absolu se révèle à l'homme, en la rationalité du pur procès qui est constitutif de son absoluité. Comme en témoigne le début de la *Differenzschrift*, c'est bien là la conclusion à laquelle parvient Hegel : la philosophie est essentiellement système[1] ; elle est le savoir spéculatif en lequel la raison surmonte les apories et les contradictions auxquelles se heurte la réflexion de l'entendement fini ; ou encore, c'est en elle et non dans la vie concrète que peut véritablement se satisfaire le besoin d'unité et de réconciliation – que Hegel qualifie à présent de besoin de philosophie – auquel aspire, inconsciemment, la culture de l'époque : c'est en effet en en mettant en mouvement les oppositions figées, et en montrant qu'elles ne sont que les manifestations finies du tout un et infini, que la raison peut surmonter les scissions de la culture et rétablir entre elles et l'absolu un lien que l'entendement s'est évertué, en vain, à défaire[2].

En éliminant les ambiguïtés que laissait encore subsister le *Systemfragment*, Hegel peut donc expliciter la distance qui sépare le savoir spéculatif de tout savoir immédiat. Reste que cette explicitation prend une forme pour le moins paradoxale. À s'en tenir à la présentation de la pensée de Jacobi que propose *Foi et savoir*, on constate en effet un changement évident : Jacobi n'est plus ici le défenseur de l'immédiateté, mais il devient, aux côtés de Kant et de Fichte, le représentant d'un type de pensée que le texte nomme une « philosophie de la réflexion de la subjectivité[3] », et dont il entend montrer que, loin d'avoir libéré la philosophie de la culture empiriste et eudémoniste qu'est la culture de l'*Aufklärung*, elle n'a fait au contraire que lui fournir une légitimation proprement philosophique. Or, comment comprendre que Hegel puisse reprocher à Kant ou à Fichte un empirisme qu'ils sont les premiers à récuser ? Et surtout, comment comprendre qu'il puisse qualifier la pensée de Jacobi de « philosophie de la réflexion de la subjectivité » ? En opposant l'immédiateté du savoir à la médiation rationnelle, ce dernier ne rejette-t-il pas tout savoir réflexif ? Ou encore, en dénonçant dans les pensées de Kant et de Fichte un subjectivisme qui, comme toute

---

1   *W.*2, 29 / tr. p. 116.
2   *W.*2, 19 *sq.* / tr. p. 109 *sq.*
3   *W.*2, 286 / tr. p. 90.

pensée rationnelle, ne peut que mener au nihilisme, ne proclame-t-il pas son refus de toute philosophie de la subjectivité ? Dès lors, faut-il parler d'une « violence herméneutique », qui tiendrait au fait que Hegel intègre finalement à un essai qui traite de la philosophie transcendantale une étude initialement conçue comme un compte-rendu des œuvres de Jacobi[1] ? Ou faut-il plutôt considérer qu'en réinsérant la pensée de Jacobi dans un espace théorique – celui de la réflexion subjectiviste – qui n'est autre que celui avec lequel elle cherche à rompre, Hegel en fait la pièce maîtresse d'un dispositif qui vise pour l'essentiel un double but : d'une part, découvrir dans les polémiques antiphilosophiques de Jacobi la confirmation manifeste de l'incohérence de démarches qui, telles celle de Kant ou de Fichte, ont certes tenté de penser l'absolu, mais à partir d'un horizon qui leur en interdisait logiquement la possibilité. D'autre part, prendre appui sur la forme « sentimentale » que revêt chez Jacobi ce refus de la raison pour montrer, en allant au-delà d'une simple lecture spéculative de la philosophie transcendantale, que l'hostilité à la raison qui s'y manifeste a pour origine la dégradation que l'*Aufklärung* a fait subir au principe protestant de la subjectivité, et que sa victoire sur la foi a imposé comme cadre de référence à l'ensemble de la culture moderne ?

LE RAPPORT À JACOBI DANS LA *DIFFERENZSCHRIFT*

Le lecteur de *Foi et savoir* se heurte à une première difficulté, qui tient à ce que dans ce texte, Hegel ne thématise jamais de manière explicite sa propre position, puisqu'il se contente d'évoquer de manière allusive « l'Idée spéculative » ou la conception de l'absolu comme identité de l'identité et de la différence, et d'emprunter à Schelling des concepts – l'identité du sujet et de l'objet, le « milieu absolu », l'« indifférence » – ou des références – ainsi les développements sur Kant, sur Jacobi et sur Fichte comportent-ils tous des allusions à la philosophie de la nature de Schelling – sans jamais préciser ni à quelle élaboration du système schellingien il renvoie, ni quelle attitude – accord total ? Réserve sur tel ou tel point ? – il adopte à son endroit. Dès lors, peut-être faut-il,

---

1 *Cf.* sur ce point le livre de P.L. Valenza, *Logica e filosofia pratica nello Hegel di Jena*, Padova, CEDAM, 1999, p. 211, ainsi que l'article de A. Arndt, *Schleiermacher und Hegel. Versuch einer Zwischenbilanz* in *Hegel-Studien* 37, 2002, p. 61.

pour tenter de clarifier les choses, commencer par se tourner vers la conception du savoir spéculatif qu'expose le début de la *Differenzschrift*, en étant attentif à ce qui en fait la spécificité au regard des élaborations ultérieures. Dans ce texte, Hegel soutient, pour l'essentiel, deux choses : d'une part, la réflexion de l'entendement fini, ou la « réflexion isolée » a pour sens de s'anéantir, et de se mettre au service exclusif de la spéculation en se retournant contre elle-même pour devenir une « réflexion rationnelle[1] » ; d'où une identification de l'absolu au système qui en est la présentation :

> C'est seulement dans la mesure où la réflexion a rapport à l'absolu qu'elle est raison, et que son acte est un savoir ; or, par ce rapport son œuvre périt, et seul subsiste le rapport, qui est la seule réalité de la connaissance ; en sorte qu'il n'y a d'autre vérité de la réflexion isolée, du penser pur, que celle de son anéantissement. Mais l'absolu, parce que dans le philosopher, il est produit pour la conscience dans la réflexion, devient ainsi une totalité objective, un tout du savoir, une organisation de connaissances[2].

D'autre part, le savoir, abandonné à lui-même, serait voué à la dispersion et à l'errance, sans une intuition transcendantale qui seule permet à l'homme d'accéder à une conscience immédiate de l'identité absolue qui fonde la possibilité d'une synthèse entre les opposés :

> C'est une signification des plus profondes que l'on ait affirmé avec tant de sérieux, que sans intuition transcendantale on ne pourrait pas philosopher. Car, que signifie philosopher sans intuition ? Se disperser sans fin dans des finitudes absolues[3].

Comme le montre ce passage, Hegel se réfère ici à Schelling : c'est l'intuition intellectuelle qui permet à l'homme d'appréhender l'absolu. Pourtant il ne se borne pas à reprendre la thèse schellingienne. Outre le fait que la dispersion dont il est ici question concerne la réflexion isolée, et non la réflexion rationnelle, on peut remarquer que l'analyse précédente récuse tout dualisme de l'intuition et de la réflexion, ou de l'intuition et du savoir, puisqu'elle précise que « le savoir transcendantal unit les deux, la réflexion et l'intuition » avant d'ajouter que « savoir transcendantal et intuition transcendantale sont une et la même chose[4] » ; ce qui revient à s'écarter de la position de Schelling, qui admet certes qu'il n'y a en

---

1   *W.*2, 25 / tr. p. 113.
2   *W.*2, 29 / tr. p. 116.
3   *W.*2, 41 / tr. p. 127.
4   *Ibid.* / tr. p. 126.

soi aucune opposition entre le sujet et l'objet, mais distingue cependant l'absolu lui-même, dont l'identité ou l'indifférence est absolument dénuée d'opposition, du savoir de l'absolu, où l'identité prend la forme d'une synthèse entre des opposés[1] ; pour Hegel, c'est l'intuition qui interdit la réduction subjectiviste de la philosophie à la simple dimension d'un discours transcendantal ; mais, hors de la cohérence systématique qui en explicite l'identité absolue, celle-ci n'est rien. En ce sens, la philosophie a bien pour tâche de saisir l'absolu, mais encore lui faut-il ne jamais perdre de vue que « la scission nécessaire est un facteur de la vie qui se forme en s'opposant éternellement », en sorte que « la totalité, dans sa vitalité suprême, n'est possible que moyennant une restauration à partir de la séparation suprême[2] ». Autrement dit, l'absolu est identité, mais uniquement parce qu'il est en même temps non identité, ou pour reprendre la formule célèbre de la *Differenzschrift*, parce qu'il est « identité de l'identité et de la non-identité », c'est-à-dire pur procès ou procès infini, qui est à la fois « acte d'opposer » et « acte de faire un[3] ».

Dès lors, il est clair que, loin d'introduire quelque incohérence, l'affirmation de l'unité de la réflexion et de l'intuition correspond à une volonté parfaitement cohérente de récuser simultanément deux attitudes opposées : d'un côté, celles qui absolutisent la réflexion finie, telle la philosophie de Fichte, mésinterprétant la portée spéculative de son propre principe pour aboutir à un système où la raison doit s'effacer devant l'entendement ; et de l'autre, celles qui, à l'inverse, absolutisent l'intuition en croyant qu'il suffit de nier abstraitement le fini pour s'en libérer. La *Differenzschrift* s'attache surtout au premier aspect, en se contentant pour le second de quelques remarques rapides ; mais celles-ci suffisent à montrer qu'il est illusoire de vouloir philosopher sans construire de système : s'abandonner à l'immédiateté de l'intuition, dit Hegel, n'est qu'une « fuite constante devant les limitations[4] », fuite

---

1   *Cf. Darstellung meines System* §§ 21-22 (*Sämmtliche Werke, op. cit.*, IV, p. 123.) / tr. E. Cattin, *Exposition de mon système de la philosophie*, Paris, Vrin, 2000, p. 56 *sq.* Sur ce point, L. Siep, dans son livre *Der Weg der Phänomenologie des Geistes. Ein einführender Kommentar zu Hegels Differenzschrift und Phänomenologie des Geistes*, Frankfurt. A. M. Suhrkamp, 2000, p. 38 *sq.*, remarque que le § 21 de la *Darstellung* de 1801 garde la trace de la différence que formulent les écrits antérieurs entre « l'indifférence dénuée d'opposition de l'absolu en soi » et « l'identité des opposés » qui n'appartient qu'aux formes déterminées de l'être de l'absolu. — Sur la différence entre la position de Schelling et celle de Hegel, *cf.* aussi K. Düsing, *Idealistische Substanzmetaphysik, op. cit.* p. 33 *sq.*

2   *W.*2, 20-21 / tr. *op. cit.* p. 110.

3   *W.*2, 95 / tr. p. 168.

4   *W.*2, 45 / tr. p. 130.

qui lorsqu'elle oublie qu'elle est seulement la condition préalable du philosopher et s'érige en résultat définitif, « engloutit tout fini dans l'infini » en professant un irrationalisme qui n'est qu'une forme de *Schwärmerei*, incapable de percevoir que l'identité vide ou la « lumière sans couleur » qu'est l'intuition de l'absolu ne pourrait même pas être énoncée sans l'opposition à la séparation et à la finitude qui, seule, lui confère sa détermination[1].

Bien entendu, cette critique n'est pas sans rapport avec la volonté de marquer une distance avec la conception de Schelling – dont la *Differenzschrift* suggère d'ailleurs que c'est sa trop grande dépendance vis-à-vis de l'intuition qui lui fait considérer, à tort, l'art et non la spéculation comme le lieu de la réconciliation ultime du fini et de l'infini[2]; mais, lorsqu'il parle de *Schwärmerei*, Hegel vise manifestement un tout autre type de position : sans doute celle de Schleiermacher, dont l'Avant-propos du texte de 1801 évoque les *Discours sur la religion*, pour noter que leur succès, aussi significatif qu'il soit de l'aspiration à l'unité de la culture contemporaine, ne suffit pas à montrer qu'une foi immédiate est capable de satisfaire un besoin qui est en réalité un besoin d'ordre spéculatif[3]; mais aussi et surtout celle de Jacobi. C'est en tout cas ce que semblent indiquer les deux remarques qui, dans la *Differenzschrift* font explicitement référence à Jacobi. D'une part, après avoir rappelé que celui-ci qualifie les systèmes philosophiques de « non-savoir organisé », Hegel accompagne cette formule du commentaire ironique qu'« il suffit de lui ajouter que le non-savoir – la connaissance de [termes] singuliers – devient savoir lorsqu'on l'organise[4] ». Ce qui revient à suggérer que l'hostilité au savoir rationnel repose ici sur une contradiction dans les termes : autrement dit, en assimilant la médiation discursive ou l'organisation systématique à une absence de savoir, et en présentant à l'inverse le non-savoir – c'est-à-dire la foi immédiate – comme le savoir authentique, Jacobi défend un irrationalisme absolu, en lequel le savoir spéculatif ne discerne qu'une sorte de reflet inversé

1　*W*. 2, 94 / tr. p. 168.
2　Lorsque, dans sa « présentation du système de Schelling », la *Differenzschrift* caractérise l'art comme un « service divin » (*W*. 2, 113 / tr. p. 182), lorsqu'elle précise que dans la spéculation, l'absolu est conçu comme un devenir, alors que dans l'art, il apparaît plutôt sous « la forme de l'être absolu » (*Ibid.*), on peut dire, comme le fait L. Siep, que Hegel développe déjà « une conception de la philosophie indépendante de Schelling » *op. cit.* p. 48.
3　*W*. 2, 12 / tr. p. 104.
4　*W*. 2, 106 / tr. p. 177. Le thème évoqué par Hegel se trouve dans la *Lettre à Fichte*, *Werkeausgabe*, Bd. 2 *op. cit.* / tr. *op. cit.* p. 117.

de sa propre rationalité. D'autre part, la fin du texte évoque le rapport entre Reinhold et Jacobi en soulignant que la similitude du langage ne doit pas faire oublier l'opposition radicale des deux positions :

> Reinhold conserve ici la langue de Jacobi, mais pas la chose ; celle-ci, il a, comme il dit, dû l'abandonner. Lorsque Jacobi parle de la raison comme de la faculté de la *présupposition du vrai*, il oppose le vrai, comme *l'essence* vraie, à la vérité formelle, mais il nie, en tant que sceptique, qu'il puisse être *connu* par l'homme. Reinhold en revanche dit qu'il a appris à le penser moyennant une fondation formelle – en laquelle selon Jacobi le vrai ne se trouve pas[1].

Autrement dit, Jacobi est un sceptique ; non au sens où il soutiendrait que la vérité est inaccessible à l'homme – il soutient précisément l'inverse – mais au sens où il se refuse à admettre que ce qu'il nomme la vérité originaire, en en distinguant l'essence de la vérité formelle et démonstrative, puisse être l'objet d'un savoir rationnel. Ou, si l'on préfère, ce scepticisme est synonyme, là encore, d'irrationalisme radical, et d'irrationalisme qu'il est d'autant plus urgent de mettre à jour, qu'en adoptant le vocabulaire de la raison, et en le substituant à celui de la foi et du pressentiment dont usaient ses premiers textes pour désigner la faculté de présupposer le vrai, Jacobi s'est évertué à dissimuler la véritable nature de son discours, en favorisant des confusions du type de celle qu'évoque pour la dissiper cette note de la *Differenzschrift*[2].

Il est certain que, du fait de leur caractère fragmentaire et isolé, ces remarques peuvent difficilement être davantage qu'une « illustration »

---

1 *W*.2, 138, note 73 / tr. p. 191.
2 Peut-être faut-il voir également une allusion à Jacobi, dont le nom n'est cependant pas cité, dans le passage de la *Differenzschrift* consacré aux « rapports entre spéculation et sens commun », dans lequel Hegel écrit « la certitude immédiate de la foi, dont on a tant parlé comme de l'aspect ultime et suprême de la conscience n'est rien d'autre que l'identité même, la raison, mais qui ne se connait pas et qu'accompagne la conscience de l'opposition. Or, la spéculation élève la conscience l'identité qui reste inconsciente pour le sens commun, ou elle construit en identité consciente ce qui s'oppose nécessairement dans la conscience du sens commun, et cette union de ce qui est séparé dans la foi est pour lui une horreur. Parce que le sacré et le divin n'existent dans sa conscience que comme objet, il ne voit en l'opposition supprimée, en l'identité consciente, que la destruction du divin » *W*.2, 32-33 / tr. p. 118. Il semble toutefois que la critique hégélienne vise d'abord ici le point de vue des représentants de la « *common sense Philosophie* », et en particulier la position défendue par F. I. Niethammer dans un article paru en 1795 dans le *Philosophisches Journal einer Gesellschaft Teutscher Gelehrter*, Bd.1, Neu Strelitz, p. 1-45 et intitulé *Von den Ansprüchen des gemeinen Verstandes an die Philosophie*; *cf.* sur ce point l'article de K. Vieweg, *Skepsis und Common sense – Hegel und Friedrich Immanuel Niethammer* in *Wissen und Begründung. Die Skeptizismus-Debatte um 1800 im Kontext neuzeitlicher Wissenskonzeptionen* (K. Vieweg und B. Bowman hrsg.), Würzburg, K &N, 2003, p. 125-140.

de la critique des philosophies de l'immédiateté, esquissée dans les passages que nous avons cités. Elles montrent cependant que, pour le Hegel de la *Differenzschrift*, la pensée de Jacobi est d'abord le résultat dévoyé d'une intention qui, à l'origine, ne diffère pas essentiellement de celle du savoir spéculatif : Jacobi veut, lui aussi, dépasser les scissions de la réflexion et de l'entendement fini ; il veut saisir l'infini ; mais faute de s'affranchir de ce dont il cherche à se libérer, il confond entendement et raison, en croyant que le savoir rationnel est et ne peut être qu'un savoir d'entendement. Aussi en arrive-t-il à soutenir que la seule façon pour l'homme de satisfaire son besoin d'unité est de renoncer à la cohérence discursive en s'abandonnant à la foi et à l'intuition immédiates.

Toutefois, cette critique met clairement en évidence un autre point : si réflexion et intuition s'opposent, elles le font à partir d'un accord sur la nature de la cohérence discursive ; ou, si l'on préfère, c'est parce qu'il considère, avec Kant et Fichte, que le discours rationnel est et ne peut être qu'une forme de réflexion finie que Jacobi en envisage le dépassement comme une saisie intuitive de l'absolu. Or, cette complémentarité ne peut-elle aussi se lire dans le sens inverse ? Autrement dit, n'est-ce pas parce qu'ils présupposent que le savoir de l'absolu est et ne peut être qu'un savoir immédiat que Kant et Fichte en restent à la réflexion de l'entendement fini et qu'ils tiennent l'absolu pour inconnaissable ? C'est en tout cas ce que semble suggérer un passage de la *Differenzschrift* dans lequel Hegel, à la fin du chapitre consacré à la comparaison des systèmes de Fichte et de Schelling, s'attarde sur la position kantienne et fichtéenne pour souligner qu'en absolutisant le sujet, la philosophie transcendantale s'enferme dans des limites qu'il lui faudrait pouvoir franchir, et franchir rationnellement ou « scientifiquement », pour s'élever « à la science de l'absolu et au point d'indifférence absolu », avant d'ajouter que le statut irrationnel de ces limites – leur statut de limites de fait qui en fait des limites « inconcevables » ou des « bornes incompréhensibles » – est précisément ce qui en interdit le dépassement, en témoignant de la présence implicite au sein de l'idéalisme transcendantal d'un présupposé – le refus d'admettre la possibilité d'un savoir rationnel de l'absolu – qui, en son fond, n'est rien d'autre que celui qu'énonce Jacobi, lorsque, pour justifier la transgression des bornes du savoir fini, il invoque un « *salto mortale* » :

> On a sans doute beaucoup parlé autrefois des *bornes* de la raison humaine, et l'idéalisme transcendantal reconnaît lui aussi des limites inconcevables de la conscience de soi dans lesquelles nous sommes enfermés ; mais du fait que ces limites sont présentées, ici comme des bornes de la raison, et là comme

incompréhensibles, la science reconnaît son incapacité à se supprimer par elle-même, c'est-à-dire autrement que par un *salto mortale*, ou à faire à nouveau abstraction du subjectif dans lequel elle a posé la raison[1].

Autrement dit, que l'on cherche à maintenir, comme Kant et Fichte, le savoir dans des limites qui sont présentées, sans véritable justification, comme rationnelles mais infranchissables, ou que l'on cherche, comme Jacobi, à les franchir moyennant l'irrationalité d'un « saut périlleux », dans les deux cas, on présuppose – irrationnellement – qu'un savoir rationnel de l'absolu est une pure et simple impossibilité.

Là encore, il serait absurde d'exagérer la portée d'une remarque qui, replacée dans son contexte, cherche simplement à montrer que le refus kantien et fichtéen de passer du savoir transcendantal au savoir absolu relève d'une irrationalité comparable à celle qui caractérise le saut périlleux de Jacobi. Reste qu'apparaît ici une tout autre façon d'envisager la pensée de Jacobi qui voit en elle, non l'expression d'une volonté de raison inconsciente d'elle-même, mais celle d'un refus de la raison, et qui suggère que, malgré une intention diamétralement opposée, la philosophie transcendantale, dans sa version kantienne comme dans sa version fichtéenne, procède d'une même hostilité à la raison. Or, n'est-ce pas une visée analogue qui, dans *Foi et savoir*, préside à l'association de ces trois pensées ? Le texte de 1802 ne cherche-t-il pas, lui aussi, à montrer que, par delà leurs oppositions mutuelles, ces trois philosophies participent d'un subjectivisme, dont la pensée de Jacobi atteste que, développé pour lui-même, il mène à la destruction de tout discours cohérent ?

On pourrait certes objecter que les précisions fournies à cet égard par l'introduction de *Foi et savoir* ou par le début du troisième chapitre vont dans un autre sens puisque, tout en notant qu'il existe une analogie de structure entre des pensées qui absolutisent la subjectivité finie et transforment l'infini en un au-delà inconnaissable, Hegel met surtout l'accent sur le fait qu'au sein de cette structure commune, Kant représente le pôle objectif – celui de la raison et du concept – dont Jacobi constitue l'antithèse subjective – le moment de la vie et du sentiment –, la philosophie de Fichte apparaissant, quant à elle, comme une synthèse qui donne une expression objective à la subjectivité de l'aspiration jacobienne[2]. Mais encore faut-il se demander si ce parallélisme et cette organisation ternaire ne cachent pas les véritables intentions de Hegel. Celui-ci pour-

---

1   *W.*2, 113 / tr. p. 182.
2   *W.*2, 296 et 393 *sq.* / tr. p. 98 et 175 *sq.*

rait-il, en effet, affirmer, comme il le fait dans l'Introduction, que « ce qui valait autrefois pour la mort de la philosophie » en est désormais « le sommet[1] », pourrait-il lier cette inversion à l'incapacité de la philosophie de la subjectivité à se détacher de la culture de l'*Aufklärung*[2], s'il ne voyait en la pensée de Jacobi l'incarnation d'une antiphilosophie, ou d'une philosophie destructrice de toute philosophie, où apparaît directement et en toute clarté ce que le discours kantien ou fichtéen ne fait que laisser entrevoir moyennant le détour d'une interprétation spéculative ? Ou encore, pour poser autrement la même question, que veut dire Hegel lorsqu'il affirme qu'au sein du « cycle » de la philosophie de la subjectivité, la pensée de Jacobi est l'antithèse de celle de Kant ? S'agit-il simplement de reprendre l'opposition traditionnelle entre une pensée qui prolonge l'*Aufklärung* et une pensée qui entend au contraire en contester le bien-fondé ? Ou s'agit-il plutôt de montrer qu'au-delà du conflit qui les a opposées, la foi jacobienne et la foi kantienne sont plus proches l'une de l'autre qu'elles ne veulent bien l'admettre ? En sorte qu'en s'opposant à Kant, Jacobi ne ferait en réalité que radicaliser le point de vue kantien et montrer par là même qu'il y a entre le subjectivisme et la possibilité d'un savoir rationnel une incompatibilité foncière dont Kant se serait attaché à dissimuler l'existence ?

FOI ET SAVOIR : LA PHILOSOPHIE KANTIENNE COMME DÉBAT ENTRE SPÉCULATION ET RÉFLEXION

Force est de constater, en tout cas, que, s'il a bien pour objet de présenter la philosophie de Kant, le premier chapitre de *Foi et savoir* n'a rien d'une présentation « doxographique ». Á l'évidence, la seule question qui préoccupe Hegel est la question du rapport de Kant à l'Idée spéculative, ou plus exactement, la question de savoir pourquoi l'Idée se présente chez lui sous forme de traces, qui ne surgissent que de façon épisodique, et pour être aussitôt effacées. Pour le comprendre, le texte envisage la philosophie critique comme le lieu d'un débat ou d'une confrontation entre deux dimensions antagonistes : d'un côté, une dimension proprement spéculative, qui se traduit notamment par une

---

1   *W.*2, 289 / tr. p. 92.
2   *W.*2, 294 / tr. p. 97.

conception de l'imagination comme une identité absolue ou une identité originaire, « à partir de laquelle seulement le moi subjectif aussi bien que le monde objectif se séparent[1] » ; ou encore par une interprétation de la distinction phénomène-chose en soi qui met l'accent sur les limites de l'entendement et du savoir fini pour en relativiser, à juste titre, la portée. Et, de l'autre, une dimension réflexive, que Kant ne cesse de privilégier, en annulant les avancées authentiquement spéculatives que comporte son discours, ou en leur assignant des limites destinées à les rendre compatibles avec un point de vue qui érige l'entendement et la subjectivité finie en horizons ultimes. Ainsi, l'imagination devient-elle une faculté intermédiaire entre l'entendement et la sensibilité, dont l'identité cesse d'exprimer une Idée spéculative et fait place à l'identité formelle du « Je pense », en dégradant l'idéalisme transcendantal en un simple idéalisme « formel » ou « psychologique[2] » ; ou encore, le dépassement du fini que semblait impliquer la distinction phénomène-chose en soi finit par s'effacer devant l'idée que, l'en-soi étant inconnaissable, le savoir fini constitue pour l'homme un absolu :

> Les choses, telles qu'elles sont connues par l'entendement sont seulement phénomènes, rien en soi – ce qui est un résultat entièrement véritable ; mais la conclusion immédiate est aussi qu'un entendement qui connaît seulement des phénomènes et rien en soi, est aussi lui-même phénomène et rien soi ; mais l'entendement discursif qui connaît ainsi est, au contraire, considéré comme en soi et absolu et, dogmatiquement, la connaissance des phénomènes comme le seul mode de connaître, et la connaissance de la raison est niée. Si les formes par lesquelles l'objet est ne sont rien soi, alors elles doivent aussi n'être rien en soi pour une raison connaissante ; or, sur le fait que l'entendement soit l'absolu de l'esprit humain, jamais, semble-t-il, ne s'est levé chez Kant le moindre doute, mais l'entendement est la finitude indépassable fixée absolument de la raison humaine[3].

À quoi tient, cependant, le fait que Kant ne dépasse la perspective de la subjectivité finie que pour mieux en affirmer le caractère indépassable ? Plus que d'une méconnaissance de l'Idée spéculative, il s'agit, dit Hegel, d'un véritable refus de la raison. C'est en tout cas ce que semble

---

1   *W.*2, 308 / tr. p. 108.

2   *W.*2, 310-311 / tr. p. 110. *Cf.* l'article d'A. Nuzzo, *Sinnliche und übersinnliche Erkenntnis. Das Problem des Empirismus in Hegels Glauben und Wissen* in *Wissen und Begründung. Die Skeptizismus-Debatte, op. cit. Cf.* en particulier p. 81 : pour Hegel, « il s'agit de se servir de l'aspect pré-spéculatif de la conception kantienne pour s'opposer à Kant en tant que psychologue empirique ».

3   *W.*2, 313 / tr. p. 112.

indiquer l'autre « lieu stratégique » du kantisme qu'est, avec la déduction transcendantale de la première critique, la conception de « l'entendement intuitif » de la troisième critique : comme on le sait, Kant y conçoit un entendement intuitif comme le lieu de l'unité du possible et de l'effectif, ou de l'universel et du particulier, ce qui en fait l'autre de l'entendement discursif et de sa finitude ; mais comme le montrent ses analyses, là où il se heurte à la nécessité de choisir entre les deux orientations qui s'offrent à lui, Kant en vient à professer un refus conscient et délibéré de la raison, qui lui fait prendre parti sans ambiguïté en faveur de l'expérience et du fini contre l'infini :

> Ici, Kant est confronté aux deux, à l'Idée d'une raison en laquelle possibilité et effectivité sont absolument identiques, et au phénomène de celle-ci en tant que pouvoir de connaître, où elles sont séparées ; dans l'expérience de son penser, il trouve les deux pensées : mais, dans le choix entre les deux, sa nature a méprisé la nécessité de penser le rationnel, une spontanéité intuitive, et elle s'est purement et simplement décidée pour le phénomène [...] Il ne faut pas, une fois pour toutes, que soit pensée l'unité organique d'un entendement intuitif ; ici, ce n'est pas la raison qui doit connaître, mais on doit réfléchir au moyen du jugement, et le principe de celui-ci doit être de penser *comme si* un entendement qui possède la conscience déterminait la nature. Kant sait très bien que ce n'est pas là une affirmation objective, mais seulement quelque chose de subjectif, cependant, cette subjectivité, cette finitude de la maxime, doivent demeurer la connaissance absolue[1].

En d'autres termes, là où elle s'élève à l'authentique rationalité spéculative, la philosophie critique s'en détourne aussitôt, en ôtant au rationnel sa dimension spéculative et en « corrompant en pleine conscience l'Idée suprême » pour que « soient élevés au-dessus d'elle la réflexion et le connaître fini[2] ».

Hegel peut ainsi, à la fin du chapitre, ajouter un dernier point : Kant a beau essayer de masquer son hostilité à la raison, il a beau affirmer que le contenu de sa philosophie est un contenu rationnel, ou plus exactement un contenu qui se confond avec la raison elle-même, conçue comme « identité absolue de la pensée et de l'être », jamais son discours ne se révèle aussi irrationnel que là où il tente de dissimuler cette irrationalité. Il est indéniable, en effet, que tout en affirmant le caractère indépassable de la connaissance finie, Kant reconnaît à l'homme la possibilité d'accéder à l'infini par le biais d'une « foi de la raison ». Mais sur quoi

---

1   *W.*2, 326-327 / tr. p. 122-123.
2   *W.*2, 328 / tr. p. 124.

repose cette foi, sinon sur un véritable coup de force dont la fonction est de suppléer à l'absence de médiation qui caractérise la subjectivité finie, tant sur le plan théorique que sur le plan pratique, par la position – irrationnelle, puisqu'elle repose sur une foi et une postulation subjectives – d'une raison qui n'est qu'un au-delà ou une identité vide, c'est-à-dire une simple aspiration, dont Kant dissimule l'irrationalité en en transformant, tout aussi irrationnellement, la mauvaise infinité en une infinité effective ?

> En tant que ce savoir formel laisse subsister l'opposition en son absoluité totale dans les pauvres identités auxquelles il aboutit, et que le membre central, la raison, lui fait défaut, parce que chacun des membres étant dans l'opposition, il doit être un absolu, de même ce milieu, et la négation des deux et de la finitude est un au-delà absolu. On reconnaît que cette opposition présuppose nécessairement un milieu, et tout autant qu'en lui et dans son contenu, elle doit être niée, mais ce n'est pas le nier véritable et effectif, seulement l'aveu que le fini *devrait* être supprimé, ce n'est pas le milieu véritable, mais là aussi seulement l'aveu qu'une raison *devrait être*, qui sont posés dans une foi, dont le contenu est lui-même vide, parce que l'opposition, qui pourrait constituer son contenu comme identité absolue, doit rester hors d'elle, [une foi] dont le contenu, si l'on devait exprimer positivement son caractère, est l'absence de raison, parce qu'elle est un au-delà absolument impensé, inconnu et inconcevable[1].

Dès lors, la philosophie critique peut affirmer que son contenu est un contenu rationnel ; mais seulement au prix d'un dogmatisme qui, dans l'acte par lequel il se soustrait à la médiation discursive, laisse apparaître au regard spéculatif l'irrationalité qu'il s'évertue à effacer :

> Dans le milieu entre les deux côtés, l'un affecté de finité et l'autre de pure infinité, l'identité du fini et de l'infini n'est elle-même de nouveau posée comme concept que dans la forme de l'infini, et l'Idée véritable demeure une maxime absolument subjective, pour la réflexion d'une part, pour la foi d'autre part, seulement pour le milieu du connaître et de la raison, elle n'est pas[2].

On comprend ainsi qu'après avoir rappelé l'absence de toute médiation rationnelle caractéristique de la pensée kantienne, l'introduction du dernier chapitre de *Foi et savoir* puisse présenter la philosophie de Jacobi, traditionnellement caractérisée par son refus du savoir médiatisant, comme une pensée où se rencontre la médiation qui fait défaut

---

1   *W.*2, 330 / tr. p. 125.
2   *W.*2, 333 / tr. p. 127.

chez Kant : dans ce passage que son aspect allusif rend quelque peu obscur, Hegel s'interroge sur le rapport des trois pensées analysées dans *Foi
et savoir*, en mesurant chacune d'entre elles à l'aune de leur relation à ce
qu'il nomme dans son langage schellingien le « point d'indifférence »,
ou le « milieu absolu », c'est-à-dire l'absolu lui-même conçu comme identité de l'identité et de la non-identité ; de ce point de vue, chez Kant, le
souci premier est bien de penser l'identité et de la penser comme identité
absolue : « dans la philosophie kantienne, ce qui prévaut, c'est le penser, l'infini, la forme de l'objectif. ». Reste que cet infini est inconnaissable. Ce qui fait de la connaissance, ou du sujet connaissant, le lieu de
la non-identité ou de l'opposition, et sur un mode tel que cette opposition est inconsciente, c'est-à-dire qu'elle n'apparaît jamais au sujet fini
comme un négatif qu'il lui faut supprimer : « l'opposition absolue de
celui-ci [du penser] à l'égard du particulier, du fini, de l'être, est dans
le sujet connaissant, mais sans conscience, ou sans être en même temps
objective pour celui-ci ». D'où un dualisme, ou une totale absence de
médiation entre les deux pôles, celui de l'identité ou de l'infini et celui
de la non identité ou du sujet connaissant :

> On peut aussi dire que l'identité absolue, en laquelle l'opposition est supprimée,
> est purement objective, une simple pensée – les deux reviennent au même – car
> les deux – cette forme de l'objectivité absolue, l'au-delà de l'identité pour le
> connaître, et le subjectif, le connaître, où est transférée l'opposition absolue,
> ne se rassemblent pas[1].

En d'autres termes, dans le kantisme, identité et non identité, infinité et subjectivité se font face, sans qu'il soit jamais question d'une
médiation ou d'une négation qui permettrait au sujet fini de s'élever
effectivement à l'infini. Ce qui revient à dire que la forme du discours
kantien est une forme irrationnelle, dont l'irrationalité entre en conflit
avec sa prétention à appréhender un contenu qui se veut la rationalité
même. Or, en va-t-il de même chez Jacobi ?

> Dans la philosophie de Jacobi, c'est la conscience de celle-ci [de l'opposition
> absolue] qui prévaut, et l'opposition qui est dans le connaître s'enfuit tout
> autant, pour qu'on se la représente comme résolue, en son contraire, en un
> au-delà du connaître. Toutefois, est présent un milieu entre ce passage aux
> [termes] absolument opposés ; mais ce milieu est lui-même un subjectif, une
> aspiration et une douleur[2].

---

1   *W.* 2, 393 / tr. p. 175.
2   *Ibid.*

Autrement dit, chez Jacobi se révèle clairement ce que Kant a dissimulé : en faisant du sujet fini un moyen terme, en concevant « l'être identique de l'universel et du particulier dans [...] l'individualité subjective », Jacobi explicite ce qui, chez Kant, demeure implicite : en réalité, la subjectivité finie ne peut qu'*aspirer* à une réconciliation ultime qu'elle sait impossible à atteindre, et éprouver devant cette impossibilité un sentiment de douleur qui, exprimé sur le plan discursif, prend la forme d'un renoncement à la raison et à l'universalité, pour lequel c'est la particularité et elle seule qui constitue « quelque chose de permanent, de sacré, et d'absolu[1] ».

LE CHAPITRE DEUX : LA PENSÉE DE JACOBI COMME ABSOLUTISATION DU FINI

A l'évidence, le chapitre que *Foi et savoir* consacre à Jacobi vise d'abord à instaurer une comparaison avec Kant. On en trouve un premier indice dans la façon dont Hegel surmonte la difficulté consistant à exposer de façon suivie le contenu d'une pensée qui, en règle générale, ne se présente pas sous la forme d'un développement « scientifique ». Dans un premier temps, il rassemble les indications sur la nature du savoir que fournissent les *Lettres sur Spinoza*, et surtout le dialogue *David Hume-idéalisme et réalisme*, de façon à imputer à Jacobi une « théorie de la connaissance », présentée comme « le seul point sur lequel la philosophie de Jacobi est objective et appartient à la science[2] », qui correspond en gros à ce que sont dans la première critique kantienne l'esthétique et l'analytique transcendantales. Puis une fois exposés les fondements de la critique du savoir rationnel, ou de « la science de la raison[3] » comme la nomme le texte, Hegel passe à l'examen de cette critique elle-même, envisagée comme une sorte de version jacobienne de la « dialectique transcendantale », en s'attachant à deux des « polémiques dont Jacobi a été l'instigateur – la querelle du pan-théisme, puis la critique de Kant que propose l'essai, récemment publié, « *Sur l'entreprise du criticisme de ramener la raison à l'entendement, et de donner à la philosophie en général une nouvelle orientation*[4] ».

---

1   *W.*2, 394, trad. fr, *op. cit.* p. 175-176.
2   *W.*2, 334, tr. *op. cit.* p. 129.
3   *Ibid.*
4   Le texte de Jacobi se trouve in *Werkeausgabe* Bd. 2, *op. cit.* / tr. *Sur l'entreprise…, op. cit.*

Or, qu'en est-il des thèses de Jacobi, lorsqu'on les compare, en les forçant à entrer dans ce cadre « kantien », avec celles de Kant lui-même ? Il semble de prime abord que Jacobi défende, lui aussi, une conception « empirio-formaliste » de la connaissance, puisqu'il soutient, comme Kant, que le savoir est un « savoir formel, une identité d'entendement, dont le contenu est rempli par l'empirie[1] ». Pourtant, ne s'agit-il pas d'autre chose ? Lorsqu'il oppose le savoir empirique au savoir démonstratif, accusé de ne pouvoir énoncer que des propositions identiques, lorsqu'il affirme que la relation causale est irréductible au principe de raison, en en proposant l'équivalent d'une « déduction transcendantale » qui en justifie la « nécessité absolue » à partir de la relation entre la « chose sentante » et la « chose sentie[2] », Jacobi cherche manifestement à récuser tant la distinction phénomène-chose en soi que la thèse qui fait découler la connaissance d'une synthèse a priori opérée par un sujet transcendantal. Mais, comment entendre cette opposition à Kant ? Il serait vain, dit Hegel, d'attendre du « réalisme » jacobien qu'en refusant l'identification kantienne de l'entendement à un « entendement conscient », et en admettant l'existence d'un « entendement inconscient », il jette les bases d'une philosophie de la nature de type schellingien[3]. Mais, il est tout aussi vain de croire que l'intention de cette critique est celle qu'elle met elle-même en avant : Jacobi prétend certes que sa polémique contre l'idéalisme transcendantal a pour but de soustraire la philosophie au nihilisme auquel conduit une conception qui réduit le monde, et le moi lui-même, à « une pure fantasmagorie[4] » ? Mais le refus de la distinction entre le phénomène et la chose en soi n'a-t-il pas un autre but ? Ne vise-t-il pas à absolutiser un horizon – celui de la subjectivité finie – que Kant avait déjà présenté comme un horizon ultime, mais en y maintenant encore, au prix d'une « réelle inconséquence[5] », l'exigence proprement philosophique d'un dépassement du fini ? Pour Hegel, la réponse ne fait aucun doute : Jacobi a beau affirmer que son but est de libérer la philosophie du subjectivisme, il en propose en réalité une radicalisation telle qu'elle va jusqu'à y faire disparaître la moindre trace d'intention philosophique. Ainsi, que montre la déduction jacobienne de la causalité ? Fournit-elle comme elle l'affirme « quelque chose de plus concluant que la déduction kantienne » ? En fait, dit Hegel, « cette déduction de Jacobi mérite si peu le nom de déduction,

---

1   W.2, 334 / tr. p. 129.
2   W.2, 337, 338 / tr. p. 131, 132.
3   W.2, 340-341 / tr. p. 134-135.
4   W.2, 339-340 / tr. p. 133-134. Hegel cite ici un passage du dialogue *David Hume et la croyance. Idéalisme et réalisme*, Werke, II *op. cit.* p. 216-217 / tr. p. 210.
5   W.2, 318 / tr. p. 116.

qu'on ne peut même pas la nommer une analyse commune du présupposé, à savoir du concept de la communauté des choses singulières. Il y a déjà quelque chose, dont s'effraie toute spéculation, à savoir le présupposé de l'être absolu d'une conscience humaine, d'une chose sentante et d'une chose sentie et de leur communauté, directement tiré de l'empirisme le plus commun ; au moyen de concepts intermédiaires, superflus, l'analyse les réunit finalement comme action et réaction, et *voilà* – tel est ce à quoi aboutit l'analyse – *la source du successif*. On ne voit pas très bien à qui doit servir un si beau tour d'adresse ; car, dès que l'on admet absolument, sans analyse, une chose sentante et une chose sentie, on met en déroute toute philosophie. Il y a une différence remarquable entre cette présupposition avec son résultat et le résultat de la déduction kantienne des catégories : selon Kant, tous ces concepts de cause et d'effet, de succession, etc. sont simplement limités au phénomène ; les choses dans lesquelles ces formes sont objectives, ainsi qu'une connaissance de ces objets, ne sont simplement rien *en soi*, l'en-soi et la raison sont simplement élevés au-dessus de ces formes de la finitude et ils sont maintenus purs, sans contact avec elles, – un résultat qui laisse à Kant le mérite immortel d'avoir produit le commencement d'une philosophie en général. Mais, c'est justement dans ce néant de la finitude que Jacobi voit un en-soi absolu[1] ». Autrement dit, en combattant Kant, Jacobi ne combat pas une philosophie particulière, il combat la philosophie tout court, dont il récuse la volonté même de raison et d'infinité, au nom d'un point de vue « dogmatique » qui absolutise arbitrairement la subjectivité finie :

> Que *mon* tout fini disparaisse (*zugrunde geht*) devant la raison aussi bien que le tout du fini objectif, voilà ce qui est affreux et horrible pour Jacobi ; l'abomination de l'anéantissement du fini est fixée, au même titre que son corrélat, la certitude absolue du fini, et elle se montre en toute clarté comme le caractère fondamental de la philosophie de Jacobi[2].

En va-t-il autrement dans la principale polémique dont Jacobi a été le protagoniste, autrement dit dans la querelle du panthéisme et dans la critique de Spinoza qui en est l'origine ? Comme on le sait, Jacobi prétend,

---

1   *W.*2, 338-339 / tr. p. 132-133.
2   *W.*2, 340 / tr. p. 134. Dans sa lettre à A.W. Schlegel du 16 Juillet 1802, Schelling voit bien que le sens de la critique de Hegel est de dénoncer la présence chez Jacobi d'une non-philosophie, mais, curieusement, il affirme en même temps que celui-ci s'attache ainsi à « l'aspect spéculatif de Jacobi ». *Cf.* F.W.J. Schelling, *Briefe und Dokumente*, I, 1775-1809, hrsg. von H. Fuhrmans, Bouvier, Bonn, 1962. p. 374-375. *Cf.* sur ce point X. Tilliette, *L'absolu et la philosophie*, Paris, PUF, 1987, p. 104-105.

ici aussi, mettre à jour les conséquences ruineuses d'un rationalisme absolu dont la philosophie spinoziste lui semble constituer le paradigme. D'où une critique qui commence par établir que, lorsqu'il ne nie pas purement et simplement l'existence du temps et du fini, Spinoza est incapable d'en produire la moindre déduction, et qui en conclut que seul un savoir immédiat ou une foi en l'existence d'un Dieu personnel et transcendant peut préserver la pensée des conséquences athées et nihilistes auxquelles la voue son parti pris rationaliste. Mais, là encore, est-ce le véritable but de la critique de Jacobi ? Ce qu'il présente comme une analyse destinée à révéler la présence chez Spinoza de contradictions cachées ou de difficultés non résolues n'est-il pas en réalité un semblant d'analyse, dont les principaux arguments ne feraient qu'exprimer le refus du philosopher qui constitue le fond de la conception jacobienne du savoir ?

Hegel, qui examine successivement les deux formes distinctes de la critique jacobienne, commence par montrer que le reproche selon lequel dans le système spinoziste « le concept de succession fait défaut[1] » est pour le moins étrange : accuser Spinoza de ne pas « s'établir dans le temps de manière immuable », n'est-ce pas en effet simplement lui reprocher de philosopher, c'est-à-dire de considérer, comme tout philosophe digne de ce nom, que l'idée de l'éternel est un négatif du temps et du fini ? En sorte que cette critique se réduit finalement, dit ironiquement le texte, à l'avertissement de « la loyale sentinelle impériale » qui crierait à l'ennemi « de ne pas tirer parce qu'il pourrait arriver malheur[2] » ! Jacobi pourrait certes répondre qu'il entend simplement, comme le précise *Idéalisme et réalisme*, mettre à jour « l'une des conséquences cachées[3] » du système. Mais cela rend-il les choses moins étranges ? Car Jacobi peut-il vraiment ignorer que pour Spinoza, le temps n'a pas de réalité en soi, lui qui est le premier à déclarer dans l'appendice VII de ses *Lettres* que, dans le système spinoziste, il s'agit d'une représentation de l'imagination, et non de l'entendement ? Dès lors, n'est-ce pas Jacobi lui-même qui confond volontairement imagination et entendement et qui, en absolutisant le fini, reproche simplement à Spinoza d'admettre ce sans quoi la philosophie serait une simple illusion ?

> De cette forme la plus finie de la finitude, [Jacobi] fait simplement quelque chose d'absolu, et c'est là-dessus qu'il fonde toute la réfutation de Spinoza, sur le fait que celui-ci n'a pas saisi le principe de raison de façon à ce que le temps y soit, et c'est à partir de là qu'il explique l'illusion de Spinoza sur

---

1   *W.*2, 341 / tr. p. 135.
2   *W.*2, 343 / tr. p. 136.
3   *Werke*, II, *op. cit.* p. 197 / tr. p. 203.

la philosophie, tout comme lui-même, à cause de cette finitude, connaît l'entreprise de la raison comme impossible et contingente[1].

Qu'en est-il cependant de l'autre version de la critique jacobienne – celle qui reproche à Spinoza de n'avoir reconnu la réalité du temps que sous la forme absurde d'un « *temps éternel* » ou d'une « finitude infinie » ? Elle ne vaut guère mieux que la précédente, puisque, pour pouvoir adresser ce reproche à Spinoza, il faut méconnaître la distinction, pourtant parfaitement claire, entre « l'infini de l'imagination », qui correspond à une saisie des modes finis qui les envisage en faisant abstraction de la substance infinie et l'*infinitum actu*, défini, lui, comme « l'affirmation absolue de l'existence d'une nature quelconque », qui se confond, en son sens le plus haut, avec « l'infinité de la substance », et dont la connaissance n'est autre que « l'intuition intellectuelle », en laquelle le particulier et le fini cessent d'être exclus ou opposés comme ils le sont dans « l'infinité de l'abstraction ». Autrement dit, là encore, Jacobi ne se contente pas d'imputer à Spinoza une thèse qui n'est pas la sienne, il lui attribue également une thèse qu'il a expressément combattue, et « qu'aucun philosophe plus que lui n'était éloigné d'admettre[2] ». Ou plus exactement, c'est lui qui introduit au sein du spinozisme la fiction d'un temps éternel – en identifiant de façon absurde ce que Spinoza distingue – pour exiger la présence au sein de l'infini d'une finitude et d'une temporalité absolues, alors même que ce caractère absolu suppose qu'on les envisage en faisant abstraction de la substance :

> Jacobi pose l'*abstractum* du temps et l'*abstractum* d'une chose singulière [...] comme étant en soi, et il trouve que, si l'absolue simultanéité de la substance éternelle est posée, la chose singulière et le temps, qui ne sont que pour autant qu'ils ont été ôtés d'elle, doivent du même coup être posés avec elle – mais il ne réfléchit pas au fait que, si on les rend à la substance éternelle où on les a pris, ils cessent d'être ce qu'il ne sont qu'en étant détachés d'elle ; aussi conserve-t-il, au sein même de l'infinité et de l'éternité, temps, singularité et effectivité[3].

Il en résulte deux choses : d'une part, il est parfaitement possible de satisfaire, dans le cadre du spinozisme, l'exigence de déduction que Jacobi déclare impossible à satisfaire ; il suffit en effet, une fois saisie l'idée que « le temps est une abstraction qui a été faite dans une idée

---

1 *W.*2, 345 / tr. p. 137.
2 *W.*2, 346 / tr. p. 139.
3 *W.*2, 348 / tr. p. 139-140.

éternelle », d'isoler de la substance l'attribut pensée et de le fixer à titre d'infinité subjective – ce qui correspond *grosso modo* à la position de Fichte – et de mettre la pensée en rapport avec la singularité de l'être, pour obtenir le temps ; mais en même temps, il est tout aussi clair que ce type de « déduction » n'intéresse en rien Jacobi, qui exige une déduction empirique ou « naturelle » du temps, du type de celle qui fait surgir la causalité d'une « communauté de choses singulières » ; bref, Jacobi adopte un point de vue à partir duquel « à vrai dire, aucun concevoir philosophique n'est possible », puisqu'il revient à exiger d'un discours dont la condition première est la négation de l'absoluité du fini, qu'il persiste à affirmer ce dont il suppose précisément la négation[1] !

Hegel peut dès lors trouver une ultime confirmation du caractère antiphilosophique de la polémique de Jacobi dans le contresens que commet ce dernier sur les « comparaisons mathématiques » au moyen desquelles, dans une lettre à Louis Meyer, Spinoza illustre la distinction entre l'infini *actu* et l'infini de l'imagination : là où Spinoza veut pro-duire une représentation empirique de l'infini en acte, Jacobi s'imagine qu'il veut « présenter une infinité empirique comme existant *actu* », ce qui le conduit à conférer à un exemple dont la portée est strictement philosophique une « signification psychologique et empirique », et à y lire une déduction de la succession subjective du temps, moyennant un propos qui trouve que cette représentation n'est pas encore « *assez empirique* » et qui lui reproche son incapacité à déduire « une succession objectivement effective[2] » !

On le voit, ce que Jacobi présente comme un débat avec Spinoza n'est en réalité qu'un pur et simple refus qui, au moyen d'arguments qui n'en sont pas, et qui ne traduisent que l'absolutisation du temps et du fini, conteste, non le spinozisme en tant que philosophie spécifique, mais toute philosophie digne de ce nom. À cet égard, l'examen de la critique de Kant que propose l'essai *Sur l'entreprise du criticisme de ramener la raison à l'entendement et de donner à la philosophie en général une nouvelle orientation* a manifestement pour fonction de venir confirmer la présence

---

1 Sur la critique hégélienne des arguments de Jacobi, accusant le système spinoziste de ne pouvoir rendre compte de la réalité du temps, *cf.* C. Bouton, *Temps et esprit dans la philo-sophie de Hegel, de Francfort à Iéna*, Paris, Vrin, 2000, p. 75-80. Malgré sa fidélité au texte de *Foi et savoir*, ce commentaire semble cependant négliger le fait qu'aux yeux de Hegel la question de Jacobi est moins l'expression d'une véritable difficulté théorique que celle d'un refus radical de la raison et de la philosophie.

2 *W*.2, 353 / tr. p. 143. La lettre de Spinoza concernée est la lettre XII, à Louis Meyer ; *cf.* Spinoza, *Œuvres complètes*, Paris, Gallimard, 1954, p. 1096 *sq.*

dans la pensée de Jacobi d'une hostilité radicale au philosopher, qui, dans cet écrit, est d'ailleurs si explicite que Hegel peut parler, à propos de la méthode de Jacobi, de « criaillerie vide », de « caractère haineux », et de « malignité[1] » : ce dernier commence en effet par déformer les thèses kantiennes, sans hésiter à recourir à des procédés tels que la citation tronquée, puis il s'emploie, pour mieux en dénoncer l'absurdité, à transformer des propositions qui possèdent une authentique portée spéculative en propositions d'entendement ; ainsi la conception de l'imagination, dont le premier chapitre de *Foi et savoir* montre qu'elle exprime de la part de Kant une reconnaissance inconsciente de l'absoluité de la raison, entendue comme identité de l'identité et de la non identité, devient-elle la représentation d'une faculté rapportée aux autres sur le mode d'une « superposition ». De même, là où Kant affirme le caractère limité de la connaissance du phénomène, Jacobi préfère parler d'une « abolition radicale de toutes les prétentions à la connaissance de la *vérité* ». Enfin l'identité originaire qui fonde la possibilité de la synthèse *a priori* se transforme en une unité abstraite, dont Jacobi n'a aucun mal à montrer que, faute de « l'antithèse pure » requise par l'existence du multiple, elle est incapable d'expliquer comment le fini s'engendre de l'absolu, les temps du temps pur, les espaces de l'espace pur[2].

Le résultat de la critique de Kant est donc en tout point semblable à celui de la critique de Spinoza : l'échec de la déduction kantienne, tel que Jacobi le met en évidence, fournit simplement à sa pensée la justification de sa propre conception de la connaissance, et celle de l'absolutisation du fini qui en est le fond. Ou, si l'on préfère, Jacobi ne fait qu'opposer « au connaître rationnel » un « instinct » qui s'attache « au point précis où la philosophie kantienne est spéculative[3] ». Reste que l'on peut hésiter sur la signification d'une telle opposition : se contente-t-elle de tirer parti d'un certain « archaïsme » kantien, comme l'affirme la suite de ce passage, qui évoque le peu de clarté d'une « présentation » dont la « terminologie » relève d'une « culture passée[4] » ? Ou implique-t-elle un rapport plus complexe à la pensée de Kant, comme semble le suggérer Hegel lui-même dans le dernier chapitre de l'ouvrage, où, après avoir souligné que « la philosophie de Jacobi et celle de Fichte sont toutes deux dans le néant opposé à

---

1 *W.*2, 360, tr. *op. cit.* p. 148.
2 *W.*2, 363-367 / tr. p. 151-154.
3 *W.*2, 359 / tr. p. 148.
4 *Ibid.*

la philosophie », il écrit que « des deux ingrédients – l'idéalisme et l'empirisme – dont « le mélange forme », selon Jacobi, « la philosophie kantienne », « ce n'est pas l'empirisme que son reproche atteint, mais l'ingrédient idéaliste ou le côté de l'infinité[1] » ? Si l'on met en rapport la polémique de Jacobi avec la lecture de Kant que développe le premier chapitre de *Foi et savoir*, il semble indéniable en tout cas que l'horizon qui la sous-tend n'est pas totalement étranger à celui qu'adopte Kant lui-même, lorsque, tout en reconnaissant la nécessité de dépasser le fini, il persiste à faire de la finitude de l'entendement ou de la « raison connaissante » « un en-soi et un absolu[2] ». Autrement dit – et sans doute faut-il y voir le motif essentiel des analyses que *Foi et savoir* consacre à sa critique de la philosophie kantienne – Jacobi semble opposer à ce qui, chez Kant, est proprement spéculatif ce qui, chez lui, est étranger à toute spéculation ; ou, si l'on préfère, il semble récuser la dimension philosophique du kantisme au nom de ce qui en est la dimension non-philosophique, en radicalisant celle-ci, et en laissant se déployer ouvertement une contradiction qui, chez Kant lui-même, demeurait latente, pour actualiser une sorte de kantisme non-philosophique, ou antiphilosophique, qui correspond à l'une des potentialités que recèle, du fait de son ambiguïté, le kantisme effectif.

Faut-il en conclure pour autant que le discours de Jacobi serait simplement étranger à la philosophie ? En s'attachant au style des écrits de Jacobi, et en montrant que ceux-ci tirent leur originalité de la structure pour le moins paradoxale sur laquelle ils reposent, Hegel en conclut plutôt que, chez Jacobi le refus de la philosophie s'exprime sur un mode qui témoigne d'une sorte de reconnaissance involontaire de la vérité de la spéculation. Ainsi, le dernier chapitre de *Foi et savoir*, après avoir souligné que la conception jacobienne de la raison comme raison divine contredit l'alternative – ou Dieu, ou le moi – sur laquelle se fonde le reproche de « nihilisme » qu'elle adresse à Fichte, remarque-t-il que ce type de contradiction, loin d'être un accident, est au contraire une constante dans l'œuvre de Jacobi :

---

1   *W*.2, 410 / tr. p. 188.
2   *W*.2, 314 / tr. p. 114. C'est un point que semble percevoir S. Mercier dans son article *Grandeurs et limites de la pensée de Jacobi …, op. cit.*, p. 269, lorsqu'il écrit que « Hegel semble dire qu'un détour par Jacobi s'impose pour qui veut bien comprendre Kant, et inversement ». Mais, dans la mesure où il projette sur *Foi et savoir* le thème de la critique de la « métaphysique d'autrefois » tel qu'il apparaît dans la *Recension* de 1817(*cf*. p. 268), il ne semble pas en tirer toutes les conséquences.

> Là où il trouve ses lubies (*Einfälle*) admises par d'autres de façon philosophique et présentées avec sérieux comme une vérité pour le savoir, [Jacobi] ne flaire pas seulement l'athéisme et le reste, mais il l'affirme dogmatiquement, alors que, là où lui-même s'élève au dessus du fait d'avoir des lubies et parvient au penser, il est dans un dualisme absolu[1].

Jacobi ne cesse en effet de tenir des propos qui, pris à la lettre, contrediraient ses intentions, puisque, logiquement développés, ils mèneraient aux thèses mêmes – l'identité du temps et de l'éternité, du fini et de l'infini, ou de l'entendement et de la raison – dont il dénonce l'absurdité chez Spinoza ou chez Kant ; aussi fait-il en sorte que des affirmations de ce type demeurent des « proclamations isolées », et veille-t-il toujours, « à la manière de Kant, qui en termine avec l'Idée dans la foi pratique », à ce qu'elles ne « débutent le philosopher que pour y mettre aussitôt un terme[2] », en rétablissant, dans la phrase suivante, voire parfois dans la même phrase ce qu'elles ont paru nier, afin d'en désamorcer la portée spéculative. Ainsi, immédiatement après n'avoir reconnu à la raison « que le pouvoir d'analyser et de lier un fait suivant l'identité pure », Jacobi parle-t-il dans ses *Lettres* de l'homme comme d'une unité indivisée ; ce qui ne l'empêche nullement d'écrire dans la phrase qui suit que sa conscience est divisée, parce qu'elle est « *composée* de deux représentations originaires, la représentation du conditionné et celle de l'inconditionné », dont la fin de son texte réaffirme pourtant qu'elles sont « inséparablement liées[3] ». De même, il arrive fréquemment dans les textes de Jacobi que la forme du discours entre en contradiction totale avec son contenu, en particulier là où, pour célébrer la valeur absolue d'un principe – l'expérience, la sensibilité ou le sentiment – qui est la négation même de la spéculation, ils usent d'expressions qui, prises pour elles-mêmes, possèdent une véritable portée spéculative, Jacobi évitant alors l'incohérence par le biais d'une attitude qui allègue l'instinct et le sentiment pour se soustraire à l'autorité de la raison et du concept[4]. Autrement dit, s'il est hors de doute que Jacobi s'oppose résolument à la spéculation et à la philosophie, encore faut-il remarquer que cette opposition s'exprime dans un langage où retentit, telle une sorte de musique

---

1   *W.*2, 411 / tr. p. 188.

2   *W.*2, 357 / tr. p. 146.

3   *W.*2, 354 / tr. p. 144. Le texte de Jacobi se trouve in *Werke* IV, 2, *op. cit.*, p. 152 / tr. p. 291.

4   « La raison se garde d'accueillir en soi l'infini du concept, et de devenir bien commun et scientificité, mais, affectée de subjectivité, elle demeure un propre et un particulier » *W.*2, 356 / tr. p. 146.

de fond, un écho lointain du spéculatif, qui, vu le mélange paradoxal de spéculation et d'anti-spéculation qui en constitue la structure, n'est certes qu'un son ou un « tintement », incapable d'accéder à une forme proprement conceptuelle, mais qui suffit cependant à conférer à ses écrits un style, que Hegel qualifie de *geistreich* – de riche en esprit – pour signifier qu'en son paradoxe même, cette non pensée pensante fait signe sans le savoir vers la nécessité de dépasser le subjectivisme :

> Riches en esprit sont les expressions de l'empirie et sur l'empirie, parce qu'elles font allusion à des Idées spéculatives, et l'intérêt des écrits de Jacobi repose sur cette musique de l'assonance et de la dissonance des Idées spéculatives qui, cependant, dans la mesure où les Idées se brisent dans le medium de l'être-absolu de la réflexion, demeure simplement un tintement, et ne doit pas en arriver, là où la chose concerne la science, à ce à quoi l'on s'attend, à la parole scientifique articulée (*Logos*). Si ce tintement d'idées pouvait être accueilli dans le concept comme quelque chose d'objectif, s'il pouvait être saisi et maintenu comme bien commun du penser, ce qu'il ne doit pas être, on ne pourrait y méconnaître, quand on considère le sens seul de telles expressions, une présentation de la raison[1].

Reste, on l'a vu, qu'un tel diagnostic a pour condition une mise entre parenthèse de la signification que Jacobi lui-même accorde à sa philosophie. Dès lors, ce dernier ne pourrait-il protester, et faire valoir que, loin d'exalter la subjectivité ou d'absolutiser le fini, il entend au contraire mener l'homme à une foi qui, dans la mesure où elle transcende la finitude et la temporalité, lui donne immédiatement accès à l'infini et à l'éternel ? La suite du second chapitre peut se lire, nous semble-t-il, comme une réponse à cette objection, puisque Hegel s'attache à montrer que la conception de la foi est le lieu, dans la pensée de Jacobi, où apparaît le plus nettement un subjectivisme radical, dont l'analyse de la philosophie pratique permettra ensuite de mettre à jour la signification pour l'existence concrète de l'individu.

Qu'entend, en effet, Jacobi par foi ? D'une part, rien n'est plus révélateur de la présence dans sa pensée d'un empirisme absolu inspiré de Locke et de Hume, qu'un usage du terme qui lui ôte son sens traditionnel de certitude relative à l'éternel ou au supra-temporel, pour en faire un synonyme de « représentation empirique immédiate de l'objectivité commune ». Ainsi Jacobi rappelle-t-il à Mendelssohn dans ses *Lettres* que « nous sommes tous nés dans la foi », puisque c'est par elle que « nous savons que nous avons un *corps* et qu'en dehors de nous, il y a d'autres

---

1   *W.*2, 354 / tr. p. 144.

corps et d'autres êtres pensants¹ ». En ce sens, commente Hegel, il est
« parfaitement conséquent » que Jacobi ait en horreur les philosophies
de Kant et de Fichte, et qu'il parle à ce propos de nihilisme, puisque,
tout en absolutisant, elles aussi, la subjectivité finie, elles nient cependant
le néant qu'est à leurs yeux l'immédiateté empirique, alors que Jacobi
exige au contraire « ce néant dans toute sa longueur et dans toute sa
largeur », au point de « regimber » et de « jeter les hauts cris à propos
de l'anéantissement de ce néant² ».

Qu'en est-il cependant de « l'autre foi » dont parle Jacobi, c'est-à-dire
de la foi en l'éternel ? S'agit-il, comme il le prétend, d'une foi immédiate
et non altérée par la réflexion ? Lorsque l'on compare ses traits avec ceux
de toute foi religieuse simple et « naïve », la différence saute aux yeux
d'emblée : alors que ce type de foi est une certitude immédiate, qui ne
s'oppose ni à la connaissance rationnelle, « ni à une autre foi en quelque
chose d'autre, ni à une autre forme pour le contenu de cette foi », la foi de
Jacobi se veut, elle, une négation consciente de « la sphère de la finitude »,
et par là de la subjectivité elle-même. En ce sens, il peut donc sembler que
« tous les moucherons de la subjectivité se consument en ce feu dévorant »,
à tel point que « la *conscience même* de cet abandon et de cet anéantissement
soit anéantie » ; mais, en réalité, du fait même de cette négation, une telle
foi « se trouve elle-même affectée de […] l'opposition à la réflexion et à
la subjectivité » ; ce qui en fait une « réflexion sur l'anéantissement de la
réflexion », ou encore une conscience subjective « de l'anéantissement de
la subjectivité », en laquelle « en son anéantissement même, la subjectivité
s'est sauvée » ; autrement dit, il est vrai que dans la foi la subjectivité se
nie ; mais c'est seulement pour mieux pouvoir s'affirmer comme le moyen
privilégié dont dispose le sujet fini pour combattre tout savoir rationnel :

> La foi est elle-même affectée de l'opposition, de même que ce qui constitue
> son contenu en tant que suprasensible a face à soi une immuable sensibilité, et
> que l'infini a face à soi une immuable finitude ; et puisqu'en elle la subjectivité
> est à la fois anéantie et sauvée, cette subjectivité est légitimée³.

Il apparaît ainsi que le principe fondamental de la pensée de Jacobi n'est
pas un savoir immédiat, mais bien une « sanctification de la subjectivité⁴ »,

1   *W.*2, 378 / tr. p. 162. Le texte de Jacobi se trouve in *Werke*, IV, 1, *op. cit.* p. 210 *sq.* / tr. p. 186
    sq.
2   *W.*2, 379 / tr. p. 163.
3   *W.*2, 381-383 / tr. p. 165-166.
4   *W.*2, 383 / tr. *op. cit.* p. 166. P. Jonkers, dans son article sur la critique de Jacobi dans *Foi
    et savoir* (*Galimathias, op. cit.* p. 209 *sq.*) montre que Hegel s'oppose ici à la présentation

dont la prétendue immédiateté du savoir n'est qu'une conséquence, que Jacobi isole et présente comme un fait dernier, en le séparant de son origine réelle, pour mieux dissimuler la véritable signification de sa pensée. Toutefois, ce qu'il s'évertue à masquer se révèle en toute clarté dans sa philosophie pratique : Jacobi y critique certes la philosophie morale de Kant, accusée de produire, en faisant prévaloir le concept, un « système de la tyrannie et du déchirement de l'éthicité et de la beauté[1] » ; mais cette critique ne trahit-elle pas en même temps une véritable « haine » de la loi et de la raison objective en général ? Comment comprendre, sinon, qu'un passage célèbre de la *Lettre à Fichte* exalte la révolte du sentiment en opposant à la volonté nihiliste, ou « à la *volonté qui ne veut rien* », l'athéisme et l'impiété de ceux qui, tels Desdémone, Epaminondas, ou Jean de Witt, ont enfreint délibérément la loi parce que celle-ci « *est faite pour l'homme et non l'homme pour la loi*[2] » ? Il est indéniable que Jacobi perçoit ici ce qu'a d'insuffisant l'universalité abstraite de l'impératif catégorique, mais pourquoi se borne-t-il à lui opposer, tout aussi abstraitement, l'affirmation de la sensibilité et de l'individualité vivante, au lieu de s'élever à un point de vue qui, unissant les deux aspects, serait celui de la véritable éthicité ou de la « beauté éthique » ? À cet égard le portrait du « héros éthique » tel que le présentent les *Lettres*, à travers l'exemple des spartiates Spertias et Bulis, confirme pleinement que seule vaut pour Jacobi la « subjectivité de l'expérience », puisque le plus « sacré » et « le plus vivant », autrement dit « la patrie, le peuple, les lois », se réduit pour ses héros « à des *choses* auxquelles ils sont habitués » moyennant une transformation de « ce qui est le plus rationnel » en « quelque chose de communément empirique[3] ».

En ajoutant au refus de la raison théorique un refus de la raison pratique, qui prend l'aspect d'une révolte immédiate contre l'universalité de la loi, Jacobi défend donc un subjectivisme absolu qui, en excluant

---

que Jacobi lui-même donne de sa propre position, en faisant valoir que ce qu'il présente comme une foi immédiate et naïve découle en réalité d'une réflexion de la subjectivité sur son propre anéantissement. On peut cependant douter que la lecture hégélienne tombe elle-même sous le coup du reproche qu'elle ne cesse d'adresser à Jacobi, celui de transformer en « galimatias » (*Ibid.*) un propos qui possède une authentique teneur spéculative. P. Jonkers ne projette-t-il pas sur *Foi et savoir* les analyses de la *Recension* de 1817, en oubliant que, si celles-ci reconnaissent bien à la foi jacobienne le mérite de saisir l'absolu comme esprit, elles maintiennent cependant que cette saisie, immédiate et trop « substantialiste », participe d'une finitisation de l'infini ?

1   *W.*2, 383 / tr. p. 166.
2   *W.*2, 384 / tr., p. 167. Le passage de la *Lettre à Fichte* cité par Hegel se trouve in *Werkeausgabe, op. cit.* p. 211 / tr. p. 121.
3   *W.*2, 385 *sq.* / tr. p. 167 *sq.*

l'idée même d'une réconciliation avec ce qui est, ne peut que déboucher, comme en témoignent les personnages de ses romans, *Alwill* et *Woldemar*, sur une apologie du repli sur soi narcissique : à s'en tenir uniquement aux « figures sous lesquelles il voulut clarifier son idée de la beauté éthique », il apparaît en effet que

> Le ton fondamental en est le manque conscient d'objectivité, cette subjectivité fermement attachée à elle-même, non la circonspection, mais la constance qu'on met à réfléchir sur sa personnalité, cette contemplation qui éternellement fait retour au sujet, et, qui à la place de la liberté éthique pose le comble du scrupule, de l'égoïsme nostalgique et de la langueur éthique, une contemplation de soi-même qui entreprend de faire subir à la belle individualité précisément le changement qu'a subi la foi, à savoir le fait de se donner, grâce à cette conscience de la beauté individuelle, la conscience de la suppression de la subjectivité et de l'anéantissement de l'égoïsme, tout en ayant posé, justement par cette conscience, le comble de la subjectivité et l'idolâtrie (*Götzendienst*) intérieure, et en les ayant légitimés en même temps[1].

Bref, en opposant à toute forme de raison et d'universalité l'absolutisation du sujet fini, Jacobi finit par exalter l'enfermement sur soi et la solitude absolue, en valorisant une attitude que Hegel n'hésite pas à comparer à un enfer[2], et dont il souligne que, loin de correspondre, comme on pourrait le croire, à quelque retour à la beauté intérieure du subjectivisme protestant, elle en exprime au contraire la dégradation complète, puisque ce n'est plus le divin qui est désormais objet de jouissance, mais la finitude de la subjectivité individuelle, envisagée en ce qu'elle a de plus empirique :

> Avec le principe jacobien, la beauté de l'individualité et sa forme de sentiment, d'amour et de foi sont troublées, du fait que la foi, en ce qu'elle tend vers l'éternel, possède un point de vue polémique, et partant l'invincible réflexe de la subjectivité, et qu'elle est même étendue, à titre de certitude absolue au temporel et au réel. En sorte que le témoignage des sens vaut pour une révélation de la vérité, que le sentiment et l'instinct contiennent la règle de l'éthicité, et que la réflexion sur la personnalité, sur le fait que l'homme en général et la personne particulière sont le sujet de ce beau sentiment et de cet amour, transforme son aspiration en une ferveur pour sa subjectivité, ses belles pensées, et ses beaux sentiments. Mais ni la vérité, telle qu'elle est dans la nature sous la forme de l'effectivité et de la temporalité, ni, en l'homme, la conscience de sa personnalité absolue ne peuvent apaiser la douleur de l'aspiration religieuse, ni la rappeler de son au-delà. Car [...] l'absoluité du sujet en sa singularité personnelle et en son

---

1   *W.*2, 386-387 / tr. p. 169.
2   *W.*2, 387 / tr. p. 169.

opposition permanente à l'éternel n'est pas une raison qui serait voyante, un amour qui serait pur, une foi qui serait vivante ; mais lorsque le temporel, le subjectif et l'empirique obtiennent pour l'aspiration vérité et certitude, la beauté de sa nature subjective, sa foi, son amour et son sentiment ne peuvent qu'être souillés par une telle réconciliation[1].

Aussi, conclut Hegel, peut-être peut-on encore dire que d'une certaine façon chez Jacobi « la douleur et l'aspiration du protestantisme progressent vers une réconciliation », mais à la condition de préciser que c'est uniquement « à la manière de l'eudémonisme en général, à travers le fini, et d'abord à travers la réflexion et la conscience du sentiment et de l'aspiration, réflexion et conscience qui confèrent au sujet de celles-ci en tant que tel la valeur d'un quelque chose[2] ».

FICHTE ET JACOBI

Si, dans *Foi et savoir*, la fonction première de la pensée de Jacobi est de venir corroborer les résultats de l'interprétation de la philosophie transcendantale, en montrant que la seule relation possible entre l'horizon à partir duquel celle-ci déploie son discours et le savoir spéculatif est une relation d'incompatibilité foncière, on ne peut s'étonner que la lecture de Fichte présentée dans le troisième chapitre ne cesse de faire référence à la pensée de Jacobi afin d'y trouver la confirmation de ce qu'elle avance. À cet égard, l'Introduction de ce passage semble justifier cette façon de procéder, lorsqu'elle affirme d'emblée que, malgré une différence d'intention évidente, la pensée de Jacobi et celle de Fichte ont le même contenu : après avoir évoqué « l'aspiration et la douleur » auxquelles aboutit Jacobi, Hegel affirme en effet que « cette aspiration est synthétisée dans la philosophie de Fichte avec l'objectivité kantienne, non d'une façon qui amènerait les formes opposées à se résoudre en une identité et une indifférence véritables et ferait surgir le milieu absolu, mais au contraire de telle façon que cette unification subjective de Jacobi dans la vitalité de l'individu est elle-même simplement reçue sous une forme objective [...] Chez Fichte cette subjectivité de l'aspiration est elle-même érigée

---

1   *W.*2, 389-390 / tr. p. 171.
2   *W.*2, 390 / tr. p. 171.

en un infini, un pensé, une exigence absolue, et l'exigence est le point culminant du système. Le moi *doit* être égal au non-moi ; mais on ne peut y connaître le moindre point d'indifférence[1] ». En d'autres termes, Fichte a inversé la démarche de Jacobi, et il a cru, en érigeant en absolu la subjectivité infinie, pouvoir résoudre les apories du subjectivisme sans avoir à remettre celui-ci en question ; mais il a échoué, et le signe le plus net de cet échec est que son discours se borne à conférer une forme rationnelle à un contenu qui, en son fond, reste identique à celui du discours de Jacobi, le seul changement notable étant que l'on parle désormais de « devoir-être » et « d'effort », là où il n'était question que de « pulsion » et d'« instinct[2] ».

Le dernier chapitre de *Foi et savoir* explicite dans le détail cette critique : Fichte, dit Hegel, a conçu le moi comme infini. Mais en en faisant un simple négatif du fini. Ce qui le condamne à demeurer un moi fini. D'où, sur le plan théorique, une pensée qui « renverse » certes la démarche empirio-formaliste, mais sans en modifier le contenu, en sorte qu'elle retrouve, à titre de résultat, l'empirisme qu'elle prétend dépasser : « la philosophie produit simplement avec méthode cette contingence de la conscience commune, mais sans lui ôter quoi que ce soit de sa contingence et de son caractère commun[3] », et c'est pourquoi, par rapport à l'empirisme commun, seul change le fait « que celui-ci ait été déduit[4] » ; de même, sur le plan pratique, Fichte est tout aussi peu capable de surmonter l'empirisme : il entend, certes, montrer, en partant de la volonté, que la réalité effective a un sens positif ; mais il ne va jamais au-delà d'un point de vue pour lequel la nature, présentée comme le lieu du mal, de la violence et de l'absurdité, constitue le négatif de la raison. Aussi maintient-il, en deux sens inverses, une opposition entre l'universel et le particulier, qui atteste de son incapacité à concevoir l'éthicité véritable : d'un côté, l'Etat devient un Etat policier, où la loi impose sa « tyrannie absolue[5] » à l'individu ; de l'autre, le formalisme du devoir, joint à la nécessité de devoir choisir entre des exigences qui, perçues comme morales sous un certain angle, deviennent immorales lorsqu'n les envisage sous un autre angle, conduit à un subjectivisme absolu, où l'arbitraire

1   *W.*2, 393-394 / tr. p. 175-176.
2   *W.*2, 396 / tr. p. 98.
3   *W.*2, 399 / tr. p. 179.
4   *W.*2, 403 / tr. p. 182.
5   *W.*2, 425 / tr. p. 199.

de la conviction personnelle finit par être le seul véritable critère de la décision[1]. En ce sens, Fichte reste prisonnier, comme Kant, d'un dualisme qu'il ne fait d'ailleurs que reproduire lorsqu'il entreprend de le dépasser par l'introduction d'un monde supra-sensible ou d'un « règne des esprits », représenté, d'une façon qui atteste d'une rupture définitive avec la pensée spéculative, sur le modèle du sensible dont il est censé être la négation[2].

Comme on peut aisément le constater, Hegel accompagne cette interprétation du système fichtéen de nombreuses références à la pensée de Jacobi, sans que cela puisse s'expliquer par le fait que sa critique n'ait plus pour cible, comme dans la *Differenzschrift*, la *Wissenschaftlehre* de 1794, mais *La destination de l'homme*, c'est-à-dire l'ouvrage dans lequel Fichte se propose de répondre au reproche de nihilisme que lui a adressé Jacobi. *Foi et savoir* évoque certes cette polémique, mais uniquement pour en récuser le bien fondé, et opposer à ce que dit Jacobi ce qu'il aurait dû dire, si, en accédant au véritable principe de sa pensée, il avait saisi ce qui unit ce dernier à celui de la pensée de Fichte : lorsque Jacobi présente la philosophie fichtéenne comme un « véritable système rationnel », qui a réussi à atteindre la pensée du néant complet, ne confond-il pas en effet une négation abstraite du fini avec le « néant *absolu* » dont la philosophie doit se préoccuper au premier chef, mais auquel l'infini fichtéen, du fait de son abstraction, a été incapable de s'élever[3] ? Ou si l'on préfère, Jacobi, qui méconnait, à l'évidence, que le fond véritable de sa philosophie consiste en une absolutisation de la subjectivité finie, ne méconnait-il pas aussi que, sous son apparence systématique, la philosophie fichtéenne n'est rien d'autre que cette même absolutisation, incapable de rompre avec l'empirisme qu'elle prétend surmonter ?

> Ce qui importe avant tout en philosophie, c'est le fait de connaître le néant *absolu*, ce à quoi la philosophie fichtéenne parvient aussi peu qu'est grande l'horreur qu'éprouve à cet égard la philosophie de Jacobi. En revanche, tous les deux sont dans le néant opposé à la philosophie ; pour tous les deux, c'est le fini, le phénomène qui a une absolue réalité ; pour tous les deux, c'est l'absolu et l'éternel qui est le néant pour le connaître [...] Il suffisait à Jacobi, qui, ayant réfléchi sur un côté de l'opposition, sur l'infinité, sur l'identité formelle, prétendait que ce nihilisme de la philosophie transcendantale lui

---

1   *W.*2, 426-428 / tr. p. 200-201.
2   *W.*2, 428-429 / tr. p. 202.
3   *W.*2, 408-410 / tr. p. 186-187.

arracherait le cœur de la poitrine, de réfléchir sur l'autre côté de l'opposition, qui est absolument présent lui aussi, pour y trouver toutes les affections et tous les états d'âme habituels, tout l'empirique sous forme de révélation et de foi[1].

Cette démarche, qui oppose à la position historique de Jacobi l'interprétation de sa pensée développée dans le second chapitre de Foi et savoir, suffit à montrer, nous semble-t-il, que la philosophie de Jacobi a, là encore, pour fonction de constituer une sorte de point de repère auquel la critique spéculative de Fichte se réfère pour y trouver la confirmation de ce qu'elle avance ; ainsi, la pensée de Jacobi est-elle explicitement invoquée, sur le mode de la comparaison, pour attester que, même si sa façon de procéder est l'inverse de celle de Fichte, l'empirisme qui en est le point de départ est foncièrement identique à ce qui, chez Fichte, constitue le résultat de la déduction du non-moi :

> Que, selon le dogmatisme de Jacobi, l'objectif, le donné, soit qualifié de point de départ, auquel s'ajoute ensuite le concept ou que, comme Fichte, on parte du savoir vide, du moi, dont l'essence est la même chose que l'entendement vide du savoir analysant, c'est-à-dire une identité pour laquelle chez Fichte la déterminité qui lui est étrangère et qui ne doit pas être conçue à partir de lui se montre comme ce qui vient ensuite, voilà qui, au regard de la Chose elle-même, ne fait pas la moindre différence[2].

Remarque que Hegel reprend, un peu plus loin, lorsque, après avoir montré que la déduction fichtéenne du non-moi présuppose une référence implicite à l'idée de totalité, et en avoir conclu que Fichte refuse délibérément, lui aussi, « la vérité absolue de la totalité » au nom de « la vérité empirique », il ajoute que cette hostilité à la raison indique que la forme pseudo-déductive[3] du système fichtéen n'est au fond rien d'autre que le moyen de justifier un empirisme qui implique la même absolutisation du fini que celle sur laquelle repose le discours de Jacobi :

> Une connaissance au moyen d'une telle déduction n'est pas en et pour soi une véritable connaissance ; car celle-ci commence à partir de l'absolu qui n'est ni une partie, ni quelque chose d'incomplet, ni une certitude et une vérité pour la seule expérience, et qui n'existe pas, non plus, par le biais de l'abstraction,

---

1   W.2, 410-412 / tr. p. 187-189.
2   W.2, 397 / tr. p. 178.
3   W.2, 400 / tr. p. 180.

mais par celui d'une véritable intuition intellectuelle. Cette connaissance qui
procède du manque repose sur le fondement de l'être-donné des objets pour
le penser analysant, à la manière dont Jacobi, Köppen et d'autres trouvent à
l'avance le divers et sa liaison dans le fait de la conscience, comme un objet
de révélation et de croyance – si ce n'est que ce trouvé à l'avance possède
chez Jacobi et Köppen un signe positif, alors que chez Fichte il possède au
contraire un signe négatif ; ceux-ci *trouvent* présente la même chose que Fichte
trouve manquante[1].

Quant à la critique de la partie pratique du système fichtéen, sans faire
appel à des références de ce type, elle revient cependant sur l'alternative
à partir de laquelle Jacobi accuse Fichte de nihilisme – ou Dieu, ou le
moi – pour en tirer une conclusion qui est l'inverse même de celle que
Jacobi en a tirée : en réalité, dit Hegel, ce principe, et la méconnaissance du spéculatif qu'y révèle l'exclusion de tout « milieu absolu », ne
diffère en rien de celui qui sous-tend la philosophie pratique et religieuse de Fichte :

> Ce principe de Jacobi est tout autant le principe de Fichte. L'ordre moral du
> monde, qui est dans la foi, est simplement, lui aussi, *hors* du moi ; le moi y
> parvient, ou c'est lui qui parvient uniquement au moi, qui reçoit uniquement
> une réalité pour le moi en un progrès à l'infini. Pour le moi, les choses ne
> peuvent pas simplement devenir ce qu'elles doivent être, parce que de cette
> façon le non-moi cesserait précisément d'être, et il deviendrait le moi, il serait
> le moi = moi comme véritable identité absolue sans second principe, le moi
> supprimerait ce qu'il a lui-même posé et cesserait lui-même d'être un moi.
> Dans le système de ce savoir, on peut donc tout aussi peu penser une sortie
> du dualisme que Jacobi peut l'exiger[2].

Aussi, la critique de la philosophie morale de Fichte comporte-t-elle,
elle aussi, un certain nombre de renvois, implicites, à Jacobi ; ainsi, Hegel
souligne que l'opposition non surmontée de l'universel et du particulier engendre chez Fichte une méconnaissance « de la vraie éthicité »
et un « pharisaïsme » dont le statut est comparable à celui de la foi ou
de l'apologie du sentiment de Jacobi, puisqu'ils reposent, eux aussi, sur
le fait que « la subjectivité est maintenue et sauvée en son anéantissement même[3] ». De même, la critique de la foi en un monde supra-sensible qui achève le chapitre reprend, à propos de l'introduction au sein
de l'infini de rapports finis et temporels, le reproche qui avait été aupa-

---

1   *W.*2, 400-401 / tr. p. 180.
2   *W.*2, 411-412 / tr. p. 188-189.
3   *W.*2, 426 / tr. p. 200.

ravant adressé à la critique jacobienne de Spinoza ou à celle de Kant, en
en tirant les mêmes conclusions : dans le système fichtéen, l'Idée spéculative n'est présente que sous une forme dégradée puisqu'on lui attribue des déterminations qui valent uniquement pour le fini ; d'où un
processus au terme duquel le « point de vue philosophique » n'est plus
qu'un formalisme vide, dont le fond n'est autre que l'absolutisation du
sujet et de l'agir finis :

> Dans le véritable spirituel et dans l'Idée, il n'y a ni série, ni conséquence ;
> c'est seulement lorsque l'on a commencé à finitiser l'Idée, en la posant face à
> une sphère sensible et comme quelque chose de spirituel et qu'ensuite on a
> éparpillé qualitativement cette sphère spirituelle en en faisant une foule infinie
> d'atomes spirituels, de subjectivités qui sont les citoyens d'une chose appelée
> le règne de l'esprit, qu'il peut être question de conséquences spirituelles. Le
> spéculatif, qui repose sur le fait que l'Idée – qui d'ailleurs survient elle-même
> seulement de manière empirique comme but d'un agir et comme quelque
> chose qui est affecté de subjectivité –, est l'éternel de ce qui apparaît dans
> le monde sensible comme une série de changements, se noie ainsi définitive-
> ment, à travers la forme d'une sphère absolument spirituelle, dans laquelle il
> est question de conséquences, et à travers l'opposition qu'elle comporte à un
> monde sensible qui est encore là hors d'elle, comme si ce suprasensible n'était
> pas déjà lui-même assez sensible. La construction de l'Idée éthique, ici du but
> rationnel qui doit être réalisé dans l'ordre moral du monde, au lieu de s'en
> tenir fermement au point de vue philosophique, se mue en considérations
> historico-empiriques et l'éternité de l'Idée éthique en un progrès empirique
> infini. Du spéculatif ne subsiste plus que l'Idée de la foi, par laquelle est
> posée l'identité du subjectif et de l'objectif, de l'idéal et du réel – une Idée qui
> demeure, cependant, quelque chose d'absolument formel ; elle sert seulement
> à sauter au-dessus du gouffre qui sépare de l'empirique la pure volonté vide.
> Ce qui demeure à la base, c'est l'absolue finitude d'un sujet et d'un agir, et
> face à eux, un monde sensible dénué de raison qu'il faut nier, et encore un
> monde suprasensible, projeté dans une infinité de singularités intellectuelles
> et absolument opposé au monde sensible[1].

---

1   *W.*2, 428-429, trad. fr, *op. cit.* p. 202.

LA FONCTION DE JACOBI DANS « *FOI ET SAVOIR* »

On le voit, le propos de *Foi et savoir* n'est ni de réhabiliter Jacobi, comme le prétendent certains interprètes[1] ni, comme le soutiennent d'autres commentateurs, de faire de sa pensée le fil conducteur d'une lecture de Kant et de Fichte[2] – le premier paragraphe du premier chapitre précise

---

1   Ainsi, dans son livre *Logica e filosofia pratica*, *op. cit.* p. 218, P. L. Valenza défend l'idée qu'à côté d'une critique de Jacobi qui souligne la non-scientificité de son discours au regard de la scientificité de ceux de Kant et de Fichte, *Foi et savoir* « met en lumière le sens positif de l'émergence, dans la philosophie pratique de Jacobi, de l'opposition du sentiment à la loi » qui, chez Kant, était radicalement combattue.

2   C'est ce que suggère, d'une certaine façon le livre de R.P. Horstmann, *Les frontières de la raison* lorsqu'il affirme que « Hegel [...] s'est saisi [...] du problème d'arrière-fond lancé par Jacobi (le thème de la rationalité) pour formuler « sa propre contribution au dépassement des limites de la raison kantienne » (*op. cit.* p. 76) ; toutefois, R.P. Horstmann insiste davantage sur l'impulsion décisive que fournit la critique jacobienne du rationalisme à l'élaboration dans les textes d'Iéna d'une nouvelle compréhension de la raison (p. 132 *sq.*) que sur son rôle dans la lecture de Kant présentée par *Foi et savoir*. En revanche, dans un article brillant et suggestif, intitulé *Hegel et Jacobi critiques de Kant*, *op. cit.*, G. Kirscher soutient que « la lecture de Kant par Hegel reprend la lecture que Jacobi en avait déjà faite », et s'interroge sur le paradoxe qui en découle, puisque « Hegel oppose Kant à Jacobi » et « défend Kant contre Jacobi » (p. 801). Peut-être faut-il distinguer plusieurs aspects d'un problème que la façon « réductrice » dont Hegel interprète les philosophies de Kant et de Jacobi ne contribue sans doute pas à clarifier. On peut certainement dire, comme le fait E. Weil dans *Problèmes kantiens*, (Paris, Vrin, 1970), que lorsqu'il accuse Kant de « pencher [...] du côté du scepticisme, ou à tout le moins du subjectivisme » (p. 14), Hegel se méprend sur le sens de la foi de la raison, et expliquer historiquement cette méprise par le fait que « sa connaissance des écrits kantiens a été limitée » et qu'il « a lu Kant, à travers Fichte, et, tout particulièrement Jacobi » (p. 141). De ce point de vue, il est incontestable que *Foi et savoir* appréhende la philosophie kantienne en lui imputant une absolutisation de l'entendement fini qui était déjà le fond de la lecture de Jacobi dans son *Appendice sur l'idéalisme transcendantal*. Mais, en découle-t-il que la lecture de Kant proposée par le premier chapitre de *Foi et savoir* serait une simple répétition de celle de Jacobi ? Sans doute, Hegel et Jacobi insistent-ils tous deux sur la présence chez Kant d'une ambiguïté, liée à la coexistence de deux orientations contradictoires. Mais, s'agit-il de la *même* ambiguïté ? Ce qui, chez Jacobi, renvoie à la contradiction entre une tendance « réaliste » (la présupposition de la chose en soi) et une tendance « idéaliste » (la réduction de l'objet au phénomène) ne devient-il pas chez Hegel contradiction entre une dimension « spéculative » et sa méconnaissance par un auteur qui saisit toujours ce qui dans sa pensée excède le fini à partir d'un horizon qui implique au contraire une absolutisation du fini ? C'est, nous semble-t-il, cette différence qui permet au texte de 1802 de reconnaître à Kant le mérite d'aller au-delà de la « non-philosophie » de Jacobi, même s'il comprend ce que sa propre philosophie comporte d'authentiquement spéculatif sur un mode « subjectiviste », Hegel semblant par ailleurs considérer que la critique jacobienne de la chose en soi ne traduit qu'un refus du philosopher, sans jamais percevoir que Jacobi cherche plutôt à découvrir chez Kant un signe de la nécessité de faire appel à une foi originaire et antérieure à toute raison pour fonder le discours rationnel. En

d'ailleurs à ce propos qu'une telle lecture ne peut reposer que sur l'Idée spéculative[1] ; pas plus qu'il n'est de reprendre la lecture de Kant ou de Fichte proposée historiquement par Jacobi, lecture dont la pertinence fait au contraire l'objet d'une contestation explicite. Le rôle de Jacobi est simplement de venir confirmer ce que met à jour, sous des formes différentes, la critique spéculative de la philosophie transcendantale : que cela se traduise par une incohérence latente, comme chez Kant, ou par l'impossibilité de surmonter l'empirisme, comme chez Fichte, dans les deux cas une intention qui, à l'origine, est bien une intention spéculative, puisqu'elle se propose de penser la raison comme raison absolue, ne parvient pas à s'actualiser dans la mesure où elle garde la marque d'une absolutisation de la subjectivité finie, dont la pensée de Jacobi atteste que, développée pour elle-même, elle ne mène qu'au refus radical du philosopher.

La fonction ainsi assignée à la pensée de Jacobi est étroitement liée, nous semble-t-il, à ce qui est l'intention première de *Foi et savoir*, c'est-à-dire à la volonté de montrer que la philosophie de l'époque, telle que l'illustrent Kant, Jacobi et Fichte, loin de rompre avec une culture que le texte qualifie d'« eudémoniste » ou d'« empiriste[2] », ou d'en dépasser l'horizon, ne fait au contraire que réfléchir, ou refléter celle-ci, en la systématisant et en lui permettant ainsi de trouver une forme d'achèvement :

---

ce sens, il n'y a ni reprise de la lecture de Jacobi dans le premier chapitre de *Foi et savoir*, ni, dans le second chapitre, mise en œuvre d'une critique de Jacobi qui contredirait cette reprise. Hegel entend plutôt montrer que les faiblesses spéculatives de la philosophie de Kant ont rendu possible une « non-philosophie » du type de celle de Jacobi, au sein de laquelle il est dès lors possible de trouver une confirmation éclatante des insuffisances du subjectivisme. À cet égard, lorsque les *Leçons sur l'histoire de la philosophie* de 1825 présentent, comme le remarque G. Kirscher (p. 801), le savoir immédiat comme l'aboutissement du kantisme (*W*.20, 315 / tr. p. 1831), elles en proposent manifestement une lecture réductrice au regard des critères hégéliens eux-mêmes – et en tout cas une lecture qui n'est ni celle de *Foi et savoir*, ni celle de l'*Encyclopédie* –, lecture qui provient sans doute d'une identification abusive et purement polémique du kantisme à l'interprétation « jacobienne » qu'en propose Fries (*cf. W*.20, 314 / tr. p. 1827-28). Par ailleurs, dans quelle mesure peut-on affirmer que Hegel se comprend comme « le vrai Jacobi qui sait que l'absolu *est* et [...] s'oppose à Kant pour qui l'absolu *n'est qu'*idée, c'est-à-dire représentation subjective » (G. Kirscher, art. cité. p. 825)? Cette lecture vaut manifestement pour la *Recension* de 1817, ou pour l'*Encyclopédie*; mais vaut-elle pour *Foi et savoir*, où Hegel n'est pas encore pleinement « hégélien », et où la pensée de Jacobi semble dénuée de toute signification spéculative, si l'on excepte le « tintement d'idées » dont parle le second chapitre? De même, l'analyse éclairante que propose G. Kirscher de la critique de Kant dans l'essai *Sur l'entreprise du criticisme* (art. cité. p. 811 sq. et p. 825) semble correspondre à l'attitude du Hegel de la *Recension* ou de la *Science de la logique*; mais correspond-elle à celle de *Foi et savoir*, qui parle à ce propos de « galimatias » (*W*.2, 364 / tr. p. 151), de « vacarme » et d'« invectives » (*W*.2, 372 / tr. p. 158)?

1 *W*.2, 302 / tr. p. 103-104.
2 *W*.2, 296 / tr. p. 98-99.

> Ces philosophies [les philosophies kantienne, jacobienne et fichtéenne] sortent si peu [du caractère fondamental de l'eudémonisme et de l'*Aufklärung*] qu'elles n'ont bien plutôt fait que le mener à sa perfection suprême. Leur orientation consciente va immédiatement contre le principe de l'eudémonisme ; mais en ce qu'elles ne sont rien d'autre que cette orientation, c'est ce principe même qui est leur caractère positif ; aussi la modification que ces philosophies apportent à l'eudémonisme ne fait-elle que donner à sa culture (*Bildung*) une perfection, qui en soi, pour la raison et la philosophie, pour le principe, est indifférente[1].

Remarque à laquelle Hegel ajoute qu'« en ces philosophies, il n'est question de rien d'autre que de l'élévation de la culture de la réflexion à un système – une culture du sens commun (*gemeinen Menschenverstandes*)[2] ».

Comme l'explique l'Introduction, depuis la victoire de l'*Aufklärung* sur la foi, le principe de la subjectivité, c'est-à-dire « le principe du Nord », ou le principe du « protestantisme[3] », a en effet acquis une signification opposée à celle qui était initialement la sienne ; en un premier temps, ce qui était une culture de l'intériorité, cherchant à protéger la subjectivité de la menace que représente à ses yeux le pouvoir « objectivant » de l'entendement, a fourni à celui-ci les armes de sa victoire :

> C'est précisément par sa fuite devant le fini et par l'être fixé de la subjectivité que pour elle le beau se transforme en choses en général, le bocage sacré en bois, les statues en choses qui ont des yeux et ne voient pas, qui ont des oreilles et n'entendent pas[4].

D'où une nouvelle attitude, qui substitue à la « poésie » de la « douleur » de la foi protestante la « prose » de la satisfaction eudémoniste, ou de la réconciliation immédiate avec le monde empirique. Reste qu'une telle réconciliation ne fait qu'inverser le sens de l'opposition entre intériorité et extériorité, ou entre subjectivité et objectivité, qui caractérisait le subjectivisme protestant ; aussi cette opposition « n'a-t-elle pas perdu le caractère de l'opposition absolue qui se trouve dans la belle aspiration, mais elle s'est à présent jetée sur l'autre partie de la contradiction, sur le monde empirique[5] ». Ce qui va se traduire par sa résurgence au sein de l'eudémonisme, d'abord sous la forme de la distinction entre le concept du bonheur et son contenu empirique,

---

1   *W.*2, 294 / tr. p. 97.
2   *W.*2, 298 / tr. p. 100.
3   *W.*2, 289 / tr. p. 93.
4   *W.*2, 290 / tr. p. 94.
5   *W.*2, 291 / tr. p. 94-95.

puis, au fur et à mesure que l'*Aufklärung* s'approfondit, sous la forme d'une opposition entre le fini et l'infini, dont le dépassement va être cherché en un au-delà, c'est-à-dire dans la sphère de « ce qui n'entre pas dans nos calculs (*das Nichtzuberechnende*), de l'inconcevable, du vide, d'un Dieu inconnaissable qui se tient au-delà des bornes de la raison[1] ». En sorte que la foi resurgit, mais sous une figure qui en est la perversion totale, puisque ce qui était initialement destiné à contrecarrer le pouvoir de l'entendement en devient au contraire l'expression, le mot foi désignant à présent la représentation irrationnelle de l'absolu, telle que l'envisage un discours pour lequel l'entendement et sa rationalité finie constituent un horizon dernier. En d'autres termes, le triomphe de l'*Aufklärung* se traduit par une altération complète du sens du subjectivisme, qui, cessant d'exprimer le refus que le « beau sentiment[2] » oppose au prosaïsme de l'entendement, n'exprime plus que le sentiment d'impuissance du sujet fini face à la tâche insurmontable que lui semble être le dépassement de sa finitude.

Hegel affirme que cette « culture du sens commun », dominée par l'absolutisation du fini, gouverne la structure des trois philosophies analysées dans *Foi et savoir* ; mais, l'expression la plus claire d'une telle dépendance est manifestement la pensée de Jacobi ; ainsi, l'empirisme ou « l'eudémonisme », dont la mise en évidence dans la pensée de Kant ou dans celle de Fichte suppose le détour d'une lecture spéculative, est-il chez Jacobi un fait immédiat, qui ne découle pas de l'impuissance du formalisme à procurer au concept ou à la loi morale un contenu autre que celui qui lui vient de l'expérience :

> Les philosophies kantienne et fichtéenne se sont bien élevées au concept, mais non à l'Idée, et le pur concept est idéalité et vacuité absolue, qui n'a son contenu et ses dimensions qu'en sa pure et simple relation à l'empirique, autrement dit grâce à lui, et qui fonde donc l'empirisme éthique et scientifique absolu qu'elles reprochent à l'eudémonisme. La philosophie de Jacobi n'a pas ce détour de séparer le concept de la réalité empirique, et d'abandonner ensuite à nouveau le contenu du concept à cette même réalité empirique, hors de laquelle il n'y a rien d'autre pour le concept que sa négation ; mais, puisque son principe est immédiatement subjectivité, elle est un eudémonisme immédiat, avec simplement le complément de la négativité, dans la mesure où elle réfléchit sur le fait que le penser, que l'eudémonisme ne connaît pas encore comme l'idéel, le négatif au regard de la réalité, n'est rien en soi[3].

---

1   *W*.2, 293-294 / tr. p. 96.
2   *W*.2, 290 / tr. p. 93.
3   *W*.2, 297 / tr. p. 99.

De même, la proximité du subjectivisme « sentimental » de Jacobi et de la belle subjectivité protestante est une simple apparence, qui ne doit pas faire oublier le fait que la conception jacobienne reflète en réalité la dégradation d'une culture où le recours à la foi est devenu synonyme d'hostilité radicale à l'égard de la raison. Chez Jacobi, dit la fin du second chapitre, la foi a perdu sa naïveté, parce qu'on y a introduit « l'ingrédient essentiel de la réflexion et de la conscience » ; aussi la beauté intérieure du subjectivisme protestant disparaît-elle pour faire place à une ferveur qui n'est plus qu'une ferveur de l'individu pour « sa subjectivité, ses belles pensées et ses beaux sentiments » ; ferveur typique d'une attitude que l'on peut peut-être encore qualifier de protestante, mais à la condition de préciser qu'il s'agit d'un « protestantisme qui cherche la réconciliation dans l'en-deçà » et « sans sortir de son caractère de subjectivité[1] ». Bref, ne serait-ce qu'à cause de la confusion d'un langage où la dénomination traditionnelle du rapport à l'éternel en est venue à désigner la certitude sensible immédiate, alors qu'à l'inverse des éléments issus d'un empirisme radical sont introduits au cœur d'une relation qui se veut relation authentique au divin et à l'éternel, Jacobi apparaît comme celui des philosophes de la subjectivité de la réflexion dont la philosophie antiphilosophique réfléchit le plus explicitement l'irrationalité d'une culture pour laquelle le fini en est venu à constituer un horizon indépassable.

Reste qu'à travers cette lecture qui découvre chez Jacobi la confirmation des raisons de l'échec spéculatif de la philosophie transcendantale, le but de Hegel n'est pas tant de soulever la question de la possibilité de la philosophie, en un monde dont la culture serait devenue résolument hostile au philosopher[2], que de montrer que l'accès à la philosophie véritable,

---

1   *W.*2, 387-392 / tr. p. 169-172.

2   Comme pourrait inciter à le croire le diagnostic sur la « non-scientificité » des « faits et gestes *(Tun und Treiben)* » propres à « la culture moderne » qu'énonce l'Introduction de *Foi et savoir.* (*W.*2, 297 / tr. p. 99). Cet aspect de la question semble cependant évoqué par le second chapitre, où, après avoir souligné que l'interprétation de Spinoza par Herder repose sur une volonté d'« éliminer la forme scientifique » (*W.*2, 358 / tr. p. 147), Hegel note que « c'est l'affaire de Jacobi que de substituer aux Idées philosophiques des expressions et des mots dont on ne doit avoir ni la conscience, ni l'intelligence » (*W.*2, 358-359 / tr. p. 148), en sorte qu'ils « pourraient tout aussi bien avoir un sens philosophique », si Jacobi ne polémiquait « contre les philosophies où on les prend au sérieux » (*Ibid.*). Toutefois, cette tendance à vouloir éliminer tout langage conceptuel n'est que l'une des conséquences du succès des philosophies de la subjectivité, et non leur principe fondamental, ainsi qu'en témoigne la compréhension de l'« infini abstrait » qu'expose la conclusion de *Foi et savoir.*

c'est-à-dire à la philosophie spéculative[1], a pour condition une mise en question radicale du subjectivisme. Aussi la conclusion de *Foi et savoir* souligne-t-elle que même si Kant et Fichte n'ont pas réussi à se détacher d'un horizon qui interdit à leur pensée d'actualiser sa visée spéculative, il n'en reste pas moins que chez eux une telle visée est présente ; ce qui interdit de confondre l'infini kantien ou fichtéen, si abstraite que soit son opposition au fini, avec la finitude absolue de Jacobi[2], et permet au contraire d'y découvrir, lorsqu'on l'envisage du point de vue de la spéculation authentique, plus et autre chose que l'abstraction sur laquelle Kant et Fichte avaient eux-mêmes mis l'accent : l'infinité du penser est certes le « côté négatif de l'absolu, qui est pure négation de l'opposition et de la finitude » ; mais il est en même temps « la source du mouvement éternel, de la finitude qui est infinie, c'est-à-dire qui se nie éternellement[3] ». Autrement dit, la négativité abstraite de l'infini a pour fond la négativité « pure » ou « la perfection du vrai néant », en un mot le « néant *absolu*[4] », dont le chapitre sur Fichte affirme qu'il est ce que la philosophie doit connaître au premier chef pour être spéculation véritable. De ce point de vue, loin de signifier l'échec de la spéculation, l'infini kantien et fichtéen apparaît au contraire, en tant que « pure nuit de l'infinité » comme « l'abîme secret » d'où peut « s'élever », comme de son « lieu de naissance », « la vérité[5] ».

En pensant l'infini négatif comme la manifestation du pur procès qu'est l'infini véritable, Hegel peut ainsi porter un nouveau regard sur le développement d'ensemble de *Foi et savoir*, et affirmer qu'il s'agissait uniquement en celui-ci de faire en sorte que l'infini conserve son sens spéculatif, sans se réduire à l'abstraction du moi figé et opposé à l'objet auquel cherchent à le réduire les philosophies de la réflexion :

> Puisque pour la connaissance, cette signification négative de l'absolu, ou l'infinité, est conditionnée par l'Idée positive, à savoir que l'être n'est pas

---

1   Dans *Foi et savoir*, le modèle de ce discours spéculatif semble demeurer la philosophie de Schelling, même si Hegel insiste davantage sur la capacité de la pensée à concevoir l'absolu comme identité de l'identité et de la non-identité que sur telle ou telle exposition du système schellingien.

2   *W*.2, 431, trad. fr, *op. cit.* p. 206. Sur la façon dont *Foi et savoir* conçoit les différentes formes d'infinité, *cf. W*.2, 352 / tr. p. 143. — Sur l'irréductibilité de la foi de la raison kantienne à l'absolutisation jacobienne du fini, *cf. W*.2, 379-380 / tr. p. 163-164. Sur l'aspect « idéaliste » du système fichtéen, qui supprime « l'être en soi et pour soi de l'objectif », même si l'introduction du non-moi participe d'un résidu « empiriste » *cf. W*.2, 394-396 / tr. p. 176-177.

3   *W*.2, 431 / tr. p. 206.

4   *W*.2, 410 / tr. p. 187.

5   *W*.2, 431 / tr. p. 206.

du tout hors de l'infini, du Moi, de la pensée, mais que tous les deux font un, pour une part il n'y avait rien d'autre à écarter de ces philosophies de la réflexion, que le fait d'empêcher que l'infinité, le Moi, au lieu de se renverser immédiatement dans le positif de l'Idée absolue ne se fixe à nouveau en ce point et ne devienne subjectivité, ce par quoi elle retombait à nouveau dans l'ancienne opposition et dans la finitude totale de la réflexion qu'elle avait elle-même auparavant niée ; mais, pour une autre part, l'infinité et la pensée qui se fixe comme moi et sujet et conserve ainsi face à soi l'objet ou le fini, qui donc par ce côté se trouve au même degré que lui, est par l'autre côté, parce que son caractère intérieur est la négation, l'indifférence, plus proche de l'absolu que le fini, de même que la philosophie de l'infinité est également plus proche de la philosophie de l'absolu que celle du fini[1].

Plus que le lieu où surgit de façon répétée l'impuissance spéculative de la philosophie, le « cycle » de la « métaphysique de la subjectivité » est donc celui où se déploie le procès « complet » et « achevé » d'une « culture » ou d'une « formation » (*Bildung*) qui constitue, sur le plan historique, ou sur le plan phénoménal, la condition de l'avènement de la « vraie philosophie » : « Par là [par l'achèvement du cycle de la culture] est immédiatement posée la possibilité extérieure que la vraie philosophie, naissant de cette culture, et niant l'absoluité de ses finitudes se présente en même temps avec toute sa richesse soumise à la totalité, comme phénomène achevé[2]. » Reste que cette condition est une condition négative puisque le passage à la vraie philosophie exige la négation de l'« absoluité des finitudes » que recèle la culture subjectiviste. Autrement dit, c'est seulement à la condition de libérer les pensées qui, chez Kant ou chez Fichte, participent de la spéculation d'un horizon qui interdit d'en reconnaître la signification spéculative, que celles-ci cessent d'être liées à un échec pour devenir un héritage que la véritable philosophie a pour tâche d'assumer, en conférant à chacune d'entre elles « une place positive, véritable, mais subordonnée », au sein de son système spéculatif[3]. De ce point de vue, Jacobi est bien celui chez qui se confirme la présence d'un aspect non philosophique, ou plutôt antiphilosophique, au sein des philosophies de la subjectivité ; mais ce rôle acquiert à présent une signification différente de celle que lui donnaient les analyses antérieures, puisqu'il correspond à ce que la philosophie doit

---

1   *W.*2, 431-432 / tr. p. 206.
2   *W.*2, 431 / tr. p. 205. En ce sens, les philosophies de la subjectivité constituent un moment « négatif », en lequel la philosophie ne meurt que pour ressusciter, en un « Vendredi Saint spéculatif » que la conclusion du texte présente comme l'expression philosophique de la vérité que recèle le thème chrétien de l'incarnation et de la resurrection (*W.*2, 432-433 / tr. p. 206-207).
3   *W.*2, 431 / tr. p. 206.

nier ou éliminer – « l'absoluité des finitudes » – pour parvenir à s'actualiser comme « vraie philosophie » : en trouvant chez Jacobi la confirmation de la présence, chez Kant et chez Fichte, d'une hostilité cachée à la raison, Hegel fait bien de la pensée jacobienne un usage polémique, chargé de manifester l'incapacité évidente de l'idéalisme transcendantal à s'élever au savoir absolu ; mais la distance ainsi instaurée ne vise, en dernière analyse, qu'à permettre à la philosophie spéculative de revendiquer l'héritage kantien et fichtéen, en séparant ce qui y relève de la spéculation authentique de ce qui y a partie liée avec l'antiphilosophie d'un Jacobi.

Comme le reconnaît la conclusion de *Foi et savoir* lorsqu'elle évoque « la connexion immédiate de ces cultures philosophiques avec la philosophie », en avouant que « c'est la philosophie de Jacobi qui en est la plus dépourvue[1] », il y a là un geste qui n'est pas sans poser problème ; car, si la philosophie spéculative peut se réconcilier avec le subjectivisme, y compris là où il prend la forme d'une hostilité radicale à la philosophie, en y découvrant encore un écho lointain de la manifestation de l'Idée absolue, il lui faut cependant renoncer, là où le fini est érigé en principe absolu, à ce que cette manifestation puisse jamais s'élever d'elle-même à l'infinité et au spéculatif. À cet égard, l'aspect antiphilosophique de la philosophie de Jacobi confirme la présence, au sein de l'attitude critique qui est ici celle de Hegel, d'une difficulté dont la fin de l'article, contemporain de *Foi et savoir*, sur *L'essence de la critique philosophique* envisage clairement l'existence, lorsqu'elle remarque que, vis-à-vis de la non-philosophie, la philosophie doit se contenter d'une « critique négative », qu'elle accompagne simplement de la « construction du phénomène, nécessairement singulier, de la non-philosophie[2] ».

Dans *Foi et savoir*, Hegel semble vouloir éliminer cette difficulté de deux façons : d'une part, en affirmant que le langage de Jacobi, lorsqu'on le sépare de son contexte, conserve encore une trace affaiblie – une simple « résonance » – de l'Idée spéculative ; d'autre part, en suggérant que le refus de la raison qui est le fond de la pensée jacobienne n'exclut nullement une forme de réconciliation avec la réalité, qui, sans être la réconciliation véritable, permet cependant au sujet fini de sortir de « l'enfer » narcissique dans lequel il tend à s'enfermer ; c'est pourquoi, nous semble-t-il, Hegel évoque Schleiermacher à la fin du second chapitre de *Foi et savoir*, en montrant que les *Discours sur la religion* permettent au « principe jacobien » d'atteindre « la puissance maximale (*die höchste*

---

1 *Ibid.*
2 *W.*2, 186 / tr. p. 99. *Cf.* sur ce point G. Gérard, *Critique et dialectique. L'itinéraire de Hegel à Iéna, op. cit.*, p. 97 *sq.* et p. 190 *sq.*

Potenzierung) dont il est capable », en ce qu'ils affirment que le sujet fini est capable d'accéder à une « intuition de l'univers » sans abandonner pour autant son subjectivisme radical[1].

Reste que le fond de la difficulté est d'un autre ordre, et semble renvoyer pour l'essentiel à la conception même de l'absolu qui est celle du Hegel des premières années d'Iéna ; ou, plus exactement, à la séparation que celle-ci semble vouloir maintenir entre l'absolu lui-même et sa manifestation historique : en pensant l'absolu comme un procès ou comme un devenir infini, Hegel reconnaît certes l'effectivité mondaine de la philosophie, et ce, d'une façon qui, dans *Foi et savoir* est beaucoup plus satisfaisante que dans la *Differenzschrift*, puisque cette effectivité cesse d'être la manifestation empirique d'une raison qui, dans son essence, est éternellement une et la même[2] pour devenir, en tant que parcours du cycle intégral de la philosophie de la subjectivité, la condition de l'avènement de la vraie philosophie[3]. Mais elle demeure néanmoins un « phénomène », qui correspond seulement à la « possibilité *extérieure*[4] » que la vraie philosophie naisse de la culture. En ce sens, semble subsister, au sein même du discours qui en affirme le lien essentiel, une scission entre l'absolu et son phénomène qui indique que le discours spéculatif conserve une substantialité et une immédiateté analogues à celles qui caractérisent la philosophie « antiphilosophique » de Jacobi. Autrement dit, comme le reconnaîtra l'introduction à la *Phénoménologie de l'Esprit*, faute de s'être libéré de l'immédiateté qu'il reproche à son autre, le savoir ne fait ici qu'« entrer en scène », sans pouvoir ni se contenter de « rejeter » « un savoir qui n'est pas véritable, [...] comme une vue commune des choses », ni assurer qu'il « est une tout autre connaissance et [que] ce savoir [...] n'est rien du tout[5] ». Aussi, est-ce en revenant une fois encore sur le savoir immédiat, et en en proposant une critique qui lui permettra de se détacher définitivement de tout dogmatisme de l'immédiateté, rationnel ou non, que le discours philosophique pourra donner une forme réellement conceptuelle à la représentation préalable du vrai qu'il introduit lorsqu'il déclare que « tout dépend du fait de saisir et d'exprimer le vrai, non comme *substance*, mais tout autant comme *sujet*[6]

---

1   *W.*2, 391 / tr. p. 172.
2   *W.*2, 17 / tr. p. 106.
3   *W.*2, 430-431 / tr. p. 205. Sur ce point, *cf.* B. Bourgeois, *Le droit naturel de Hegel (1802-1803)*, Paris, Vrin, 1986, p. 91 *sq.*, p. 95, ainsi que V. Verra, *Filosofia moderna…, op. cit.* p. 20-21.
4   *W.*2, 431 / tr. p. 205.(souligné par nous).
5   *W.*3, 71 / tr. p. 134.
6   *W.*3, 22-23 / tr. p. 80.

LE DOUBLE VISAGE DE JACOBI
DANS LA *PHÉNOMÉNOLOGIE DE L'ESPRIT*

LA FIGURE DE LA CERTITUDE MORALE ET *WOLDEMAR*

Comme l'ont remarqué de nombreux commentateurs, la *Phénoménologie de l'Esprit* n'est pas sans faire référence à la pensée de Jacobi. Non, comme on l'a parfois prétendu, dans son premier chapitre[1] où, même s'il qualifie la certitude sensible de « savoir immédiat », Hegel ne semble pas songer spécifiquement à l'empirisme que défendent les *Lettres sur Spinoza* ou *Idéalisme et réalisme*; mais dans les analyses que le chapitre sur « l'esprit certain de soi-même » consacre à la « certitude morale », à la « belle âme » et au « mal et son pardon » : après avoir introduit la figure du *Gewissen*, c'est-à-dire la figure de la certitude morale pour laquelle le recours à la conviction immédiate doit permettre de dissoudre les apories de la « vision morale du monde », Hegel en définit en effet le principe en affirmant que « c'est la loi qui est en vue du Soi, et non le Soi en vue de celle-ci[2] » ; propos qui reprend à l'évidence la formule de Jacobi, déclarant dans sa *Lettre à Fichte* que « la loi est faite pour l'homme, et non l'homme pour la loi[3] ». De même, lorsque la suite de ce passage présente la certitude morale comme une subjectivité « libre de tout contenu en général », qui « s'absout de tout devoir déterminé qui doit valoir comme loi », en tant qu'elle « a la majesté de l'autarcie absolue, de lier et de délier[4] », elle semble faire référence à une autre formule de la *Lettre à Fichte*, qui justifie un certain nombre de « crimes contre la lettre pure de la loi absolument universelle de la raison » en invoquant le « *privilegium aggratiandi* » qu'est

---

1   *Cf.* par exemple G. Falke, *Begriffne Geschichte ; das historische Substrat und die systematische Anordnung der Bewußtseinsgestalten in Hegels Phänomenologie des Geistes. Interpretation und Kommentar*, Berlin, Lukas Verlag, 1996, p. 71 *sq.*

2   *W.*3, 469 / tr. p. 554.

3   *Werkeausgabe, op. cit.* p. 211 / tr. p. 121.

4   *W.*3, 476 / tr. p. 561.

« le droit propre de majesté de l'homme, le sceau de sa dignité, de sa nature divine[1] ». Enfin, si l'on compare la présentation phénoménologique de la vérité de la certitude morale qu'est la « belle âme » au portrait, renvoyant explicitement à Jacobi, qu'en dressent tant *Foi et savoir* que les *Leçons sur l'Esthétique*[2], il est indéniable que l'une des illustrations de ce repli sur soi de la subjectivité qui fuit « le contact de l'effectivité[3] », pour se vouer à la contemplation de sa propre splendeur intérieure, est bien le Woldemar du roman de Jacobi.

Pourtant, aussi justifiées qu'elles soient sur un plan historique, ces remarques ne permettent, à elles seules, ni de comprendre pourquoi Hegel en vient ici à engager un débat avec la « philosophie pratique » de Jacobi, ni quel est l'enjeu d'un tel débat : en présentant la belle âme comme le « destin » inéluctable de la certitude morale immédiate, la *Phénoménologie* reprend certes les critiques que *Foi et savoir* adresse à une « considération qui en revient sempiternellement au sujet et pose, à la place de la liberté éthique, un comble de minutie, un égoïsme nostalgique et une langueur éthique[4] » ; mais à partir de quel horizon ? Et dans quel but ? Hegel cherche-t-il ici, comme le soutiennent certains interprètes – par exemple G. H. Falke et D. Köhler – à justifier conceptuellement les critiques que Jacobi lui-même, dans *Woldemar*, adresse aux tenants du *Sturm und Drang* ? En sorte que la reconnaissance mutuelle instaurée dans la figure du mal et de son pardon serait l'expression philosophique de la réconciliation qui, à la fin du roman de Jacobi, intervient entre Henriette, incarnation de la conscience agissante et Woldemar, incarnation de la conscience jugeante[5] ? Ou faut-il plutôt considérer ce

---

1   *Werkeausgabe, op. cit.* p. 211 / tr. p. 121. Le texte de Hegel renvoie certes à l'Evangile de Mathieu affirmant que Jésus a conféré à Pierre le « pouvoir de lier et de délier » (*cf.* sur ce point *W*.1, 357, 383, 386-387 / tr. *Premiers écrits, op. cit.* p. 266, 298, 302,) ; mais dans la mesure où Jacobi semble lui-même reprendre la référence évangélique, il n'est pas contradictoire de voir dans ce passage une allusion à la *Lettre à Fichte*.

2   *W*.2, 387 / tr. p. 169. *Vorlesungen über die Asthetik*, *W*.13, 313 *sq.*, trad. J. P. Lefebvre et V. Von Schenck, *Cours d'esthétique*, Paris, Aubier, 1995, p. 320 *sq. Cf.* aussi, dans la *Recension des Aphorismes de Göschel*, l'allusion aux « belles âmes de l'époque de Jacobi », *W*.11, 365 / tr. p. 96.

3   *W*.3, 483 / tr. p. 569.

4   *W*.2, 387 / tr. p. 169.

5   Outre le livre de G. Falke, *op. cit.* p. 318 *sq.*, et l'article du même auteur *Hegel und Jacobi, Ein methodisches Beispiel zur Interpretation der Phänomenologie des Geistes, Hegel-Studien*, 22, 1987, c'est aussi la lecture que défend, en renvoyant d'ailleurs à l'article de Falke, D. Köhler dans son étude *Hegels Gewissensdialektik, in Phänomenologie des Geistes*, hrsg. von D. Köhler und O. Pöggeler, Berlin, Akademie Verlag, 1998, p. 209 *sq.* On trouve également ce type de lecture chez A. Speight, *Hegel, Literature and the Problem of Agency*, Cambridge, Cambridge University Press, 2001, p. 106 *sq.* ; le livre d'A. Speight met cependant l'accent de façon

type de lecture, dont l'étroitesse paraît évidente au regard du propos d'ensemble de la *Phénoménologie*, comme un contresens, tant sur la lecture de Jacobi elle-même, que sur le cadre dans lequel s'inscrit celle-ci ? Lorsqu'il souligne que la belle âme est incapable d'entrer dans le procès de médiation qu'est la reconnaissance réciproque des deux consciences, Hegel ne cherche-t-il pas au contraire à mettre en évidence l'incapacité du savoir immédiat à appréhender l'infinité spirituelle dont ce procès constitue l'« être-là[1] » ? Mais, en ce cas, comment entendre un tel reproche ? Se borne-t-il à répéter la polémique de *Foi et savoir*, accusant la philosophie de Jacobi d'en rester à « la certitude absolue du fini[2] », comme semble le suggérer le fait que les développements de l'esprit effectif trouvent leur vérité dans le savoir de l'infinité spirituelle qu'est la religion[3] ? Ou s'agit-il d'une attitude plus complexe, qui, en commençant par qualifier la « belle âme » de « suprême révolte de l'esprit certain de soi-même[4] » pour finalement y discerner l'expression de l'« unité simple du concept », dans les limites d'« une *figure particulière* de la *conscience*[5] », laisserait entendre qu'une pensée comme celle de Jacobi repose sur la conjonction de deux orientations totalement antagonistes : d'un côté une visée d'absolutité qui, en son fond, est déjà de nature spéculative, et de l'autre, un dogmatisme de l'immédiateté qui est au contraire la négation même du discours spéculatif ?

Lorsqu'elle présente la certitude morale comme « l'esprit moral concret » qui, au lieu de se donner « en la conscience du pur devoir une

---

très suggestive sur le fait qu'à travers une interprétation du moment du pardon, dont le rôle est décisif, tant dans *Woldemar* que dans la littérature romantique en général, Hegel cherche surtout à formuler une « théorie de l'agentivité *(agency)* » et, en dernière analyse, à s'interroger sur la possibilité de la vie éthique dans le monde moderne.

1 *W.*3, 494 / tr. p. 580.
2 *W.*2, 340 / tr. p. 134.
3 Du moins, si l'on interprète le « passage » de l'esprit à la religion comme le fait B. Bourgeois dans son article : *Statut et destin de la religion dans la « Phénoménologie de l'esprit »* in *Revue de métaphysique et de morale*, Juillet-Sept 2007 – n°3, p. 313 *sq.*, c'est-à-dire comme un procès en lequel l'esprit effectif est « la médiation phénoménale, s'annulant comme telle, de l'être vrai de l'auto-position réelle de l'Un spirituel infini et absolu, divin » (p. 320), de sorte que « l'auto-négation montrée de la belle âme en tant que nihilisme consommé de tout ce qui [...] a être et sens humain, trop humain, laisse place à l'auto-position, alors entièrement justifiée, à travers elle, de la figure concrète et positive ultime de l'esprit – la religion » (p. 318). *Cf.* également, dans le même sens, l'article d'E. Cattin, « le sommet de la subjectivité se saisissant comme ce qui est ultime » in *La Phénoménologie de l'esprit à plusieurs voix*, Paris, Ellipses, 2008, p. 203-223, en particulier p. 218 *sq.*
4 *W.*3, 490 / tr. p. 576.
5 *W.*3, 580 / tr. p. 680.

unité de mesure vide », « opposée à la conscience effective » se veut « une unité immédiate » en laquelle « le pur devoir, tout comme la nature qui lui est opposée » « sont des moments sursumés », lorsqu'elle ajoute que cet esprit « est l'essence *morale s'effectuant* », où « l'opération » est « immédiatement figure morale *concrète*[1] », la *Phénoménologie* ne dit rien d'autre, pour l'essentiel, que ce qu'affirmait déjà *Foi et savoir*, à propos de « la philosophie pratique de Jacobi » : à « la raison pratique de Kant » et à « son système du déchirement de l'éthicité et de la beauté » s'oppose la « vitalité » de la « beauté éthique », en tant qu'« individualité » qui « n'obéit pas à la forme du concept mort[2] ». En ce sens, il est parfaitement légitime, comme le font G. Falke, D. Kohler ou A. Speight d'affirmer que le début du chapitre sur la certitude morale fait allusion à la position de Jacobi ; mais, peut-on soutenir pour autant que le développement qui suit n'est qu'une interprétation ou un commentaire de *Woldemar* ?

Comme on le sait, ce parcours comporte pour l'essentiel trois moments : dans un premier temps, l'homme de la certitude morale entend remédier à ce qui a conduit à l'émergence d'une « vision morale du monde » inopérante et ineffective ; dès lors que le devoir cesse d'être une règle étrangère au soi et opposée à l'effectivité, dès lors qu'il se confond avec la conviction immédiate du sujet, celui-ci peut agir concrètement et concilier ainsi les deux aspects que la perspective kantienne ne parvenait pas à concilier : d'un côté, il est un soi singulier qui récuse la pseudo-universalité d'un bien et d'une loi qui le séparent de lui-même pour se laisser guider par ses pulsions naturelles ; mais d'un autre côté, dans cette singularité, il est aussi un soi universel, non plus au sens où sa volonté se soumettrait à l'impératif catégorique, mais au sens où la validité de son action ne peut qu'être reconnue par les autres, dans la mesure où elle émane d'une conviction sincère dont la sincérité suffit à témoigner du fait qu'elle est la conviction commune de toute conscience :

> Ce qui est agi avec la conviction à propos du devoir est donc immédiatement quelque chose de tel qu'il a consistance et être-là. Il n'est donc plus question là de ce que l'intention bonne ne vienne pas à effet, ou qu'il en aille mal pour le bien ; mais ce qui est su comme devoir s'accomplit et vient à effectivité, puisque justement ce qui est conforme au devoir est l'universel de toutes les consciences de soi, ce qui est reconnu et donc l'étant[3].

---

1   *W.*3, 466 / tr. p. 551.
2   *W.*2, 383-385 / tr. p. 166-167.
3   *W.*3, 470 / tr. p. 556.

Pourtant, les choses sont-elles si simples ? Dans la mesure où ils sont des individus singuliers, les autres possèdent, eux aussi, leur conviction ; en sorte qu'à leurs yeux, tout acte est un acte particulier, dont le contenu ne correspond pas nécessairement à ce qu'ils tiennent pour valide. Aussi, la seule façon pour l'individu d'obtenir la reconnaissance à laquelle il aspire est-elle de proclamer sa sincérité à la face d'autrui : peu importe au fond qu'il accomplisse ceci ou cela, l'essentiel est de convaincre les autres qu'il agit sincèrement, en accord immédiat avec soi-même et de se montrer tel qu'il est vraiment, en toute son authenticité.

Ce déplacement, qui montre clairement que dans la certitude morale la dimension du langage l'emporte sur celle de l'action, joue un rôle décisif : il révèle en effet l'incohérence d'une attitude qui finit par nier ce qui était pourtant la raison première de son opposition à la morale du pur devoir ; non seulement l'homme de la certitude morale est tout aussi peu capable que celui de la morale pure de déterminer ce qui vaut sur le plan de l'action réelle, mais en mettant en avant sa sincérité et son authenticité, il se replie sur lui-même pour se retirer d'un monde synonyme à ses yeux d'impureté et de non-sens. En d'autres termes, loin, comme il le prétend, de faire pénétrer la moralité dans le monde, le soi certain de soi-même n'est qu'une « belle âme », dont l'effectivité se réduit en dernière analyse à la contemplation de sa propre pureté intérieure, qu'il peut certes partager avec d'autres, au sein de telle ou telle communauté particulière, d'ordre religieux ou esthétique, mais au prix du renoncement à toute action concrète.

Il en découle, en un second temps, que l'impasse de la belle âme ne peut être surmontée qu'à la condition de se replacer sur le terrain de l'action, et d'assumer les déchirements et les conflits qu'impose toute confrontation avec le monde effectif. Reste que, si, en ce sens, la belle âme s'efface pour faire place à un sujet qui agit en pleine conscience de la particularité des fins qu'il poursuit, elle ne disparaît que pour resurgir, sous une autre forme, celle de la conscience jugeante, que son moralisme incite à condamner toute action effective, du fait de sa particularité, au nom de l'universalité abstraite de la loi et du devoir[1] :

---

1   On peut certes considérer, comme le font T. Pinkard, *Hegel's Phenomenology. The Sociality of Reason*, Cambridge (Mass.), Cambridge University Press, 1994, p. 214 *sq.* ou A. Speight, *op. cit.* p. 104 *sq.* que la conscience agissante et la conscience jugeante sont deux formes de la « belle âme », (l'agent ironiste, toujours à distance de ses actes, et le moraliste fanatique, qui condamne, mais ne fait rien, par peur de se salir les mains, dit Pinkard), mais, en toute rigueur, Hegel semble réserver le terme à la désignation d'une attitude qui se refuse à l'action et à la confrontation avec le monde effectif.

> [La] particularité [de la certitude morale] consiste en ce que les deux moments qui constituent sa conscience, le soi et l'en-soi, valent dans elle selon une *valeur inégale* et, plus précisément, avec la détermination que la certitude de soi-même est l'essence, *en regard de l'en-soi* ou de l'*universel* qui ne vaut que comme moment. À cette détermination intérieure fait donc face l'élément de l'être-là ou la conscience universelle, à laquelle c'est plutôt l'universalité, le devoir, qui [est] l'essence, en revanche la singularité, qui est pour soi en regard de l'universel, ne vaut que comme moment sursumé. Pour cet acte de tenir fermement au devoir, la première conscience vaut comme *le mal*, parce qu'elle est l'inégalité de son *être-dans-soi* avec l'universel, et, en tant que cette [conscience] énonce en même temps son agir comme égalité avec soi-même, comme devoir et caractère de certitude-morale, [elle vaut] comme *hypocrisie*[1].

D'où un dernier moment de l'analyse, au cours duquel la conscience agissante qui s'universalise en confessant sa particularité tente d'instaurer une communauté avec la conscience jugeante, dont elle attend qu'elle renonce à son universalisme abstrait, en avouant, à son tour, son immoralité et son hypocrisie. Attente qui va d'abord être déçue, puisque la conscience jugeante réagit en adoptant la posture de la belle âme qui oppose son « cœur dur » à la conscience agissante et se referme sur soi, avant que ne réussisse à s'établir entre les deux consciences un procès de reconnaissance réciproque, dont l'identité, issue du mouvement même de leur opposition absolue, et concrétisée par le « oui » qui scelle leur réconciliation, apparaît comme la manifestation adéquate, sur le plan du fini, du dynamisme spirituel infini qui en est le fondement[2].

On peut assurément considérer, comme le fait O. Pöggeler dans son étude sur la critique hégélienne du romantisme, que dans les romans de Jacobi, et en particulier dans *Woldemar*, « sont parcourues toutes les figures que Hegel esquisse à la fin du chapitre sur la moralité de la *Phénoménologie*, et qui renvoient au romantisme : la certitude morale (*das Gewissen*), la belle âme, le cœur dur, l'hypocrisie, le mal et le pardon[3] » ; on peut également soutenir, comme le dit encore Pöggeler dans le passage qui précède[4], que nombre d'analyses du dernier chapitre de la section esprit contiennent des allusions quasi explicites aux thèses défendues par Woldemar dans le roman dont il est le héros principal. Ainsi, celui-ci déclare-t-il que « le sentiment dont [il] parle est connu de tous les hommes sous le nom de *conscience morale* (*Gewissen*), et que

---

1   *W.*3, 485 / tr. *op. cit.* p. 571.
2   *W.*3, 494 / tr. p. 580-581.
3   O. Pöggeler, *Hegels Kritik der Romantik*, München, W. Fink, 1999, p. 38.
4   *Op. cit.* p. 37.

« celle-ci est la seule source de la morale, l'origine de tout droit, de toutes les formes et de toutes les institutions juridiques et éthiques[1] », ou encore que « seul son *cœur* dit immédiatement à l'homme ce qui est bon[2] ». De même, il justifie la nécessité d'exceptions aux règles morales généralement admises en arguant que « pour ces exceptions, pour ces *licences d'une poésie supérieure*, la grammaire de la vertu ne dispose d'aucune règle déterminée, et n'en fait donc pas mention. Aucune grammaire, et moins encore une grammaire philosophique générale ne pourrait comprendre en soi tout ce qui appartient à une langue vivante, et enseigner comment, à toute époque, il faut s'y prendre pour constituer un langage[3] ».

Toutefois, quelles conclusions tirer d'un tel constat ? Si l'existence de ces références – qui concernent d'ailleurs plus l'analyse de la conscience morale que le reste du chapitre – suffit à légitimer une lecture du roman de Jacobi qui prend pour fil conducteur la *Phénoménologie*, en va-t-il de même pour la démarche inverse ? Autrement dit, peut-on interpréter la *Phénoménologie* en fonction de *Woldemar* ? Force est, en tout cas, de constater que les arguments qu'avance en ce sens G. Falke, dans son article *Hegel und Jacobi. Ein methodisches Beispiel zur Interpretation der Phänomenologie des Geistes*, puis dans son livre *Begriffne Geschichte*[4], sont pour le moins fragiles. Ainsi, peut-on réellement supposer qu'aux yeux de Hegel, le roman de Jacobi possède la signification critique à l'égard du *Sturm und Drang* qu'on lui reconnaît aujourd'hui ? Hegel n'est-il pas influencé, au contraire, sur ce point, par la recension de *Woldemar* publiée en 1796 par F. Schlegel, qui reproche au texte sa démarche profondément « non-philosophique », en fondant ce reproche sur le fait que l'auteur se borne à relater son expérience personnelle, et fait prévaloir la dimension de la « *Friedrich-Henrich Jacobiheit* » sur celle de l'« humanité[5] » ? À lire les quelques remarques que *Foi et savoir* consacre à *Alwill* et à *Woldemar*, il semble que Hegel n'ait guère le souci de distinguer le point de vue de l'auteur de celui de ses personnages, et que les accusations de « manque conscient d'objectivité » et d'enfermement dans « l'enfer » de

---

1   *Woldemar* in *Werke*, V, *op. cit.* p. 88.
2   *Werke*, V, *op. cit.* p. 115.
3   *Werke*, V, *op. cit.* p. 111.
4   G. Falke, article cité. p. 134 *sq.* ainsi que *Begriffne Geschichte*, *op. cit.* p. 318 *sq.*
5   *Cf.* par exemple les remarques de Serenella Iovino, dans la présentation de sa traduction italienne de *Woldemar* : *Woldemar, due letture possibili*, Padova, CEDAM, 2000, p. 8 *sq.* ; sur les rapports Jacobi-F. Schlegel, *cf.* aussi V. Verra, *Dall' Illuminismo*, *op. cit.* p. 277 *sq.*, ainsi que M. Frank *op. cit.* p. 925 *sq.*

la contemplation narcissique[1] visent bien Jacobi lui-même, sans que l'on puisse discerner la moindre référence à un regard critique que celui-ci porterait sur ses héros ; dès lors, on voit mal pourquoi il en irait autrement dans un texte dont la publication n'est postérieure que de quatre ans à celle de *Foi et savoir*. En outre, quand bien même on admettrait qu'il s'agit là d'une « vieille querelle[2] », dépourvue de toute raison d'être, pourrait-on accepter sans réticences une manière de procéder qui repose, pour l'essentiel, sur des associations arbitraires entre des bribes de texte isolées de leur contexte ? Ainsi, suffit-il qu'il soit plusieurs fois question de « belle âme » et de « folie », à propos de *Woldemar*, dans la seconde partie du roman, pour en conclure à la proximité du propos de Jacobi et de celui de Hegel ? Ou, pour prendre un autre exemple, suffit-il que Woldemar s'écrie, à propos d'Henriette : « *elle a* [...] *un secret* [...] *qu'elle ne peut révéler à Woldemar ! Oh, je ne suis pas à ses yeux ce que je croyais*[3] », pour que celui-ci devienne l'incarnation de la conscience jugeante du texte hégélien et Henriette celle de la conscience agissante ? De même, que penser de l'assimilation pour le moins rapide qu'opère Falke entre le « oui » de la réconciliation qu'échangent les deux consciences et le « oui » du début du passage de la *Lettre à Fichte* constamment cité par Hegel qui revendique le droit de transgresser la lettre de la loi morale en assumant le reproche d'athéisme et d'impiété[4] ? Par ailleurs, est-il légitime de présupposer comme une évidence incontestable que la lecture hégélienne de Jacobi serait demeurée identique de 1802 aux textes de Berlin, en passant par la *Recension* de 1817 ? N'est-ce pas simplement être aveugle aux changements qui, sur le plan de la forme comme sur celui du contenu, distinguent les écrits de la maturité du second chapitre de *Foi et savoir* ? Et, n'est-ce pas en même temps s'interdire d'apercevoir ce qu'a de spécifique le traitement de la pensée de Jacobi dans la *Phénoménologie* ? Enfin, au-delà de tel ou tel point précis, n'est-ce pas le fond même de la thèse de G. Falke – reprise sans la moindre réserve par D. Köhler – qui est purement et simplement indéfendable ? Lorsque, dans son livre sur la *Phénoménologie*, celui-ci écrit que « le *oui* qui réconcilie, où les deux je se désistent de leur *être-là* opposé » réalise le « principe du savoir immédiat,

---

1   *W.*2, 386-387. / tr. p. 169.
2   G. Falke, article cité, p. 141.
3   *Werke*, V, *op. cit.* p. 293.
4   On peut noter que dans son livre, p. 326, G. Falke assimile le « oui » de la *Lettre à Fichte* (*Werkeausgabe*, *op. cit.* p. 211 / tr. p. 121.) au « *c'est moi* » (*Ich bin's*) qui introduit la confession de la conscience agissante ; assimilation sans doute moins surprenante, mais tout aussi peu convaincante.

avec lequel le mouvement phénoménologique a débuté dans la *certitude sensible* », lorsqu'il ajoute que « la devise, empruntée à Fénelon, sur laquelle s'achève *Woldemar* – « *Fiez vous à l'amour. Il ôte tout, mais il donne tout* » – résume « la morale de l'histoire[1] », il semble vouloir assimiler la reconnaissance réciproque à la relation immédiate et sentimentale – mi-amicale, mi-amoureuse – qui lie Henriette à Woldemar. Mais, dans cette perspective, comment comprendre l'insistance de Hegel sur le fait que ce procès de reconnaissance est un procès de médiation, et de médiation infinie, en lequel surgit « dans l'être-là » « *l'esprit absolu* » lui-même, dont le « pur savoir de soi-même est l'opposition et l'échange avec soi-même[2] » ? Ou encore, comment comprendre que ce développement puisse achever un parcours dont la fonction première est de permettre à la conscience individuelle de se réapproprier les principes qui ont successivement organisé la vie en commun des hommes, depuis la Cité grecque jusqu'au contexte du débat intellectuel de l'Allemagne de l'époque, en passant par les étapes décisives que sont l'Empire romain, la monarchie féodale, la monarchie absolue et la Révolution française ? On pourrait certes répondre que lorsqu'il présente l'« esprit » d'une époque déterminée, Hegel n'hésite pas à s'appuyer sur des œuvres « littéraires », telles *Antigone* ou *Le Neveu de Rameau*. Mais, si, de ce point de vue, il est légitime de considérer *Woldemar* comme l'une des expressions de la sensibilité « pré-romantique » qui domine la pensée allemande de l'époque, ou comme l'une des expressions significatives de la « pensée de l'immédiateté », hostile au concept et à la cohérence discursive en général, que la *Préface* de la *Phénoménologie* qualifie de « représentation [...] qui a autant de prétention que d'expansion dans la conviction de l'époque[3] », cela autorise-t-il pour autant à soutenir que Hegel chercherait chez Jacobi des arguments destinés à combattre une position – la certitude morale immédiate – que toute son œuvre semble au contraire imputer à Jacobi, en adoptant à cet égard un point de vue constamment négatif, même si son degré de radicalité varie selon les textes ?

On peut en conclure, nous semble-t-il, que si ce chapitre de la *Phénoménologie* entretient bien un rapport aux thèses de Jacobi, et plus précisément, à l'éthique de la conviction dont Hegel trouve l'illustration

1 G. Falke, *op. cit.* p. 328.
2 *W*.3, 493 / tr. p. 579.
3 *Cf.* aussi la note rédigée par Hegel à propos de la Préface, lorsqu'il révise en 1831 le texte de la *Phénoménologie*, en vue d'une seconde édition : « *l'absolu abstrait* – dominait alors ». Cité par G. Jarczyk et P.J. Labarrière dans la *Présentation* de leur traduction française de l'ouvrage, *op. cit.* p. 37.

dans *Woldemar*, un tel rapport ne saurait être qu'un rapport critique. Reste que, une fois écartés les contresens que peuvent faire naître sur ce point des travaux dont la rigueur n'est peut-être pas la qualité première, il convient de s'interroger sur la nature et les enjeux d'une telle critique : en présentant le repli sur soi de la belle âme comme la vérité de la certitude morale immédiate, que veut montrer Hegel ? S'agit-il simplement de mettre en évidence « l'irrationalité » de la conception de Jacobi ? Ou s'agit-il d'une critique qui, au-delà de Jacobi, vise l'ensemble de la pensée allemande de l'époque, qu'elle défende le primat de la raison ou celui du sentiment ? Et, en ce cas, Hegel se borne-t-il à reprendre les arguments que *Foi et savoir* opposait aux philosophies de la réflexion de la subjectivité ? De plus, s'agit-il uniquement de *critiquer* Jacobi ? Ne peut-on discerner, au contraire, dans la compréhension du sens des philosophies de l'immédiateté que propose le dernier chapitre de la *Phénoménologie*, une sorte de transformation du regard, qui amène Hegel, tout en en dénonçant l'incohérence, à y reconnaître l'expression d'une intention qui, en son fond, n'est pas étrangère à celle du savoir spéculatif lui-même ?

CRITIQUE DE LA BELLE ÂME, SUBJECTIVISME ET REFUS DE LA POLITIQUE

De prime abord, le but de l'analyse de la « certitude morale » paraît dénué d'ambiguïté : lorsqu'à la fin de ce passage, Hegel décrit la figure de « la *belle âme* malheureuse », que son absence d'effectivité et son refus d'agir condamnent à s'éteindre peu à peu dans soi et à s'évanouir, telle « une vapeur sans figure qui se dissout dans l'air[1] », il entend manifestement souligner l'échec d'une tentative qui, en incitant l'individu à se détourner de l'abstraction de la loi pour s'en remettre à l'immédiateté de sa conviction, aboutit à l'inverse même de ce à quoi elle cherche à aboutir. Pour l'essentiel, la source de cet échec tient au fait que dans une telle attitude coexistent deux moments foncièrement incompatibles : d'un côté, l'homme de la conviction, assuré de posséder « le *contenu* pour le savoir précédemment vide, tout comme pour le droit vide et la volonté universelle vide[2] » veut agir et agir concrètement ; mais, d'un autre côté,

---

1   *W*.3, 484 / tr. p. 569.
2   *W*.3, 466 / tr. p. 551.

il veut le faire en conservant un rapport à soi – celui de l'immédiateté du sentiment – qui, dans la mesure où il exclut toute scission et toute contradiction, lui interdit de véritablement se confronter au réel : « À la certitude morale, la certitude de soi-même est la vérité immédiate pure ; et cette vérité est donc sa certitude de soi-même immédiate représentée comme *contenu*[1] ». Autrement dit, le soi certain de lui-même croit surmonter les apories de l'action concrète, mais, en réalité, il ne fait que les fuir ; ou, si l'on préfère, son action n'est, paradoxalement, qu'une façon de se détacher progressivement du monde effectif ; aussi finit-elle par se réduire au seul acte de proclamer sa sincérité et son authenticité, dans le cadre d'une communauté, dont la religiosité immédiate, qui ne connaît d'autre objectivité que celle que lui confère l'autocélébration de sa propre divinité, trouve finalement sa vérité dans la folie autodestructrice de la belle âme, se refusant à toute action et à tout contact avec le monde pour mieux préserver sa pureté intérieure[2].

Si l'on ajoute que ce thème de la religiosité vécue dans la transparence à soi du cœur peut se comprendre comme une allusion aux *Reden* de Schleiermacher[3], et celui de la belle âme comme une description du héros romantique dont les éléments sont empruntés pour une part au *Werther* ou au *Wilhem Meister* de Goethe, pour une autre part à la *Lucinde* de F. Schlegel et aux textes de Novalis[4], la conclusion paraît évidente : la morale de Jacobi, qui prétend constituer une alternative au rigorisme et au formalisme kantiens, n'est en réalité rien d'autre qu'une forme de pré-romantisme, ou de romantisme latent, à laquelle sa valorisation exclusive du cœur et du sentiment interdit de pouvoir jamais affronter les problèmes que soulève la vie morale concrète.

Est-ce là, cependant, le véritable but de l'analyse hégélienne ? Si la seule question décisive était ici celle du sentiment, ne suffirait-il pas que la conscience cesse d'y faire référence pour que disparaisse du même coup l'impasse qu'est l'attitude de la belle âme ? Mais, en ce

---

1   *W.*3, 473 / tr. p. 558.
2   *W.*3, 480-484 / tr. p. 566-569.
3   *Cf.* par exemple les analyses d'O. Pöggeler, *op. cit.* p. 156, et celles de L. Lugarini, *Hegel e l'esperienza dell'anima bella* in *Giornale di Metafisica*, II, 1980, p. 56 *sq.*
4   Outre les suggestions d'E. Hirsch dans son étude de 1926, *Die Beisetzung der Romantiker in Hegels Phänomenologie. Ein Kommentar zu dem Abschnitte über die Moralität* reproduite dans *Materialen zu Hegels Phänomenologie des Geistes*, D. Henrich, H.F. Fulda (hrsg.), Frankfurt. a. M., Suhrkamp, 1973, p. 245-275, on peut se référer sur ce point à O. Pöggeler, *op. cit.* p. 74 et p. 125, ainsi qu'aux remarques de Hegel lui-même dans ses *Vorlesungen über die Asthetik*, *W.*13, 313 *sq.* / tr. p. 321 *sq. Cf.* aussi J. Reid, *L'anti-romantique. Hegel contre le romantisme ironique*, Québec, Les Presses de l'Université Laval, 2007.

cas, comment comprendre que la suite du chapitre qualifie de « belle âme[1] » la conscience jugeante qui oppose son refus à la confession de la conscience agissante ? Ce comportement, issu d'un moralisme pour lequel la singularité de l'individu est le mal par excellence ne se situe-t-il pas, précisément, aux antipodes de toute exaltation du sentiment ? Dès lors, ne faut-il pas admettre que la critique de la morale de Jacobi – à laquelle la *Phénoménologie* paraît d'ailleurs accorder une importance considérable lorsqu'elle en désigne le principe comme un « *troisième soi* », qui succède à la « *personne* » du monde romain et à la « liberté absolue » du monde de la culture[2] – procède d'une intention plus générale ?

À considérer attentivement le texte, il semble que si la conscience jugeante y est bien qualifiée de « belle âme », ce qualificatif ne vise pas son orientation vers l'universalité en tant que telle ; mais plutôt la conséquence qu'en est le « non » résolu qu'elle oppose à la conscience agissante : on l'a vu, cette dernière avoue sa particularité, et reconnaît, en ce sens, le bien-fondé des reproches que lui adresse la conscience jugeante ; aussi s'attend-elle à ce que celle-ci fasse de même, et accepte de renoncer à son moralisme hypocrite pour entrer dans la communauté qui concrétisera le dépassement de leurs unilatéralités respectives. Ou, comme l'écrit Hegel, « Intuitionnant [son égalité avec l'autre] et l'*énonçant*, elle lui fait *aveu de soi*, et attend pareillement que l'autre, comme elle s'est en fait égalée à elle, se trouve aussi réitérer son *discours*, énoncer dans lui [= dans le discours] son égalité et que se trouve entrer en jeu l'être-là de la reconnaissance[3] ». Or, cette attente se heurte à un refus radical :

> À l'aveu du mal : *C'est moi*, ne fait pas suite cette réplique de l'égal aveu. Ce n'était pas ainsi que l'on opinait dans le cas de ce juger ; au contraire ! Elle [= la conscience jugeante] repousse de soi cette communauté, et est le cœur dur qui est pour soi et rejette la continuité avec l'autre. – Par là s'inverse la scène : celle-là même qui se confessait se voit repoussée, et [voit] l'autre dans l'injustice, elle qui refuse que son intérieur se produise dans l'être-là du discours, et au mal oppose la beauté de son âme, tandis qu'à la confession [elle oppose] la nuque raide du caractère qui demeure égal à soi et le mutisme [qui consiste] à se garder dans soi et à ne point s'abaisser en regard d'un autre[4].

1   *W.*3, 490-491 / tr. p. 576-577.
2   *W.*3, 465 / tr. p. 550-551.
3   *W.*3, 489-490 / tr. p. 575.
4   *W.*3, 490 / tr. p. 576.

Il est clair que dans ce passage le terme « belle âme » ne signifie rien d'autre que ce qu'il signifie dans l'analyse de l'attitude du héros romantique : dans les deux cas, il désigne le repli sur soi du sujet qui, en se refermant sur sa propre intériorité, s'interdit tout rapport à l'altérité dont la forme ne serait pas celle du refus ou de l'opposition immédiate. D'où une correspondance parfaite entre le portrait du héros romantique et celui du moraliste intransigeant : à l'impuissance du premier qui craint de « souiller par opération et être-là la splendeur de son intérieur », et qui, faute de posséder « la force de l'extériorisation » fuit « le contact de l'effectivité » pour « s'éteindre peu à peu dans soi » et « s'évanouir comme une vapeur sans figure qui se dissout dans l'air[1] », répond l'inconsistance du second, qui « ne possède pas en tant que belle âme la force de l'extériorisation du savoir de lui-même » et qui, du fait de la contradiction immédiate à laquelle le voue cette « absence d'effectivité » est « disloqué jusqu'au dérangement » pour s'écouler finalement en « consomption nostalgique[2] ». Auto-anéantissement qui montre certes que dans un cas comme dans l'autre la belle âme n'a d'autre issue que la folie et la mort, mais qui indique aussi que la morale de la conviction immédiate et celle du pur devoir forment en réalité les deux faces opposées et complémentaires d'un même subjectivisme, dont l'incapacité à voir dans le monde concret autre chose qu'absurdité et non-sens enferme le sujet dans une contradiction mortelle. Ainsi, l'autocélébration par le soi singulier de sa propre divinité à laquelle aboutit la certitude morale immédiate se veut-elle l'autre de tout formalisme abstrait. Pourtant, l'intériorité et la transparence à soi qui la caractérisent ne sont-elles pas la même absence de contenu que « l'intuition du Je = Je, où ce Je est toute essentialité et être-là[3] » ? Ou, si l'on préfère, ne sont-elles pas l'équivalent de la pure abstraction qu'énonce le premier principe de la *Doctrine de la science* fichtéenne, auquel renvoie d'ailleurs le dernier chapitre de la *Phénoménologie* pour y lire l'expression, sur le plan théorique, de « la peur » qu'éprouve la belle âme « face à son extériorisation[4] » ? À l'inverse, l'universalité qu'invoque la morale du pur devoir implique que la singularité de l'individu soit purement et simplement identifiée à l'immoralité. Mais, la radicalité d'une telle condamnation ne suffit-elle pas à montrer

---

1 *W.*3, 483-484 / tr. p. 569.
2 *W.*3, 491 / tr. p. 577.
3 *W.*3, 482 / tr. p. 568.
4 *W.*3, 588 / tr. p. 690.

qu'elle se fonde elle-même sur une conviction singulière ? Et qu'en ce sens elle participe de l'immoralité qu'elle dénonce, et ce, de façon si flagrante que le rigoriste en vient même, pour mieux se préserver de la singularité qu'implique l'action effective, par substituer à celle-ci la proclamation de sa propre supériorité morale ? En outre, la bassesse et la mesquinerie de la « psychologie » de « valet de chambre de la moralité[1] » qui sous-tendent ce type d'attitude ne reposent-elles pas, elles aussi, sur la valorisation exclusive de la singularité qu'elle prétend démasquer et condamner dans le comportement d'autrui ?

En ce sens, la *Phénoménologie* propose bien une critique de la « morale » de Jacobi ; mais celle-ci s'inscrit dans le cadre d'une critique globale du « subjectivisme » de la pensée allemande de l'époque, critique dont la visée première est de réaffirmer ce qu'opposait déjà *Foi et savoir* aux deux figures inverses de la même abstraction que sont la philosophie pratique de Kant et celle de Jacobi :

> À la beauté éthique, aucun des deux aspects ne peut manquer, ni son aspect vivant en tant qu'individualité qui fait qu'elle n'obéit pas au concept mort, ni la forme du concept et de la loi, l'universalité et l'objectivité, le *seul* que Kant ait posé par le biais de l'abstraction absolue, et auquel il a totalement subordonné l'aspect vivant en tuant celui-ci[2].

Peut-on en conclure dès lors que le texte de 1807 serait la simple répétition de celui de 1802 ? Ou, si l'on préfère, peut-on affirmer, comme le fait par exemple G. Lukàcs dans son livre sur *Le jeune Hegel*, que « le chapitre consacré à l'esprit moral » se contente de reproduire « sur un mode systématique, la critique de la période d'Iéna adressée aux théories morales de Kant, de Fichte et de Jacobi[3] » ? Peut-être convient-il ici de s'interroger sur un point décisif : le contenu de la critique hégélienne est sans doute inchangé, mais en va-t-il de même du cadre dans lequel elle se déploie ? En cessant de s'inscrire dans un dispositif destiné à mettre en évidence les carences spéculatives des philosophies de la subjectivité pour devenir l'aspect central de la figure qui achève la relecture par la conscience individuelle du parcours historique dont elle est elle-même le résultat, la critique du subjectivisme n'acquiert-elle pas une tout autre

---

1   *Cf. W.*3, 489 / tr. p. 575. *Cf.* aussi par exemple *W.*7, 234, trad. *Principes de la philosophie du droit* §124 remarque *op. cit.* p. 202.

2   *W.*2, 385 / tr. p. 167.

3   G. Lukàcs, *Der junge Hegel. Uber die Beziehungen von Dialektik und Ökonomie*, Zürich, Europa-Verlag, 1948 / tr. G. Haarscher et R. Legros, *Le jeune Hegel*, II, Paris, Gallimard, 1981, p. 301.

portée ? Autrement dit, en centrant son propos sur la question de la reconnaissance mutuelle, en liant celle-ci au contexte historique concret qu'est la réaction de la pensée allemande à la Révolution française et à la Terreur, la *Phénoménologie* ne confère-t-elle pas une signification politique à une critique dont la signification était d'abord d'ordre purement « philosophique » ?

On peut constater, en tout cas, que les développements consacrés au « monde de la culture » s'achèvent sur une analyse de la Terreur de 1793[1], qui voit en elle le résultat auquel ne pouvait manquer d'aboutir la volonté de conférer une signification politique *immédiate* à la réalisation du principe constitutif de la modernité que la *Phénoménologie* désigne sous le nom de « certitude que l'esprit a de soi-même », mais qui correspond déjà à ce que les textes de la maturité nommeront le principe « de la *personnalité infinie au-dedans de soi* », ou « le principe de la liberté subjective[2] ». Or, ce résultat a une double conséquence : d'une part, le parcours de l'esprit effectif en vient à se déployer dans un autre cadre spatio-temporel ; comme l'écrit Hegel, l'esprit abandonne « l'effectivité se détruisant elle-même » qu'est la Terreur pour passer dans un « autre pays » ou dans « une autre terre », « de l'esprit conscient de soi », – expression qui désigne manifestement l'Allemagne contemporaine[3]. D'autre part, ce changement de terrain a pour corrélat un changement de sens de la liberté absolue, dont la réalisation n'est plus cherchée dans le monde concret, mais dans l'intériorité du sujet :

> La liberté absolue passe [...] de son effectivité se détruisant elle-même dans un autre pays de l'esprit conscient de soi, où elle vaut, dans cette ineffectivité, comme le vrai en la pensée duquel il se revigore, dans la mesure où *il est pensée*

---

1   *W*.3, 331-440 / tr. p. 515-525.

2   *W*.3, 432 / tr. p. 516. *Cf. W*.7, 342 / tr. *Principes de la Philosophie du Droit*, § 185 Remarque, *op. cit.* p. 262 ainsi que *W*.7, 233 / tr. § 124 Remarque *op. cit.* p. 201 et *W*.10, 301-302 / tr. *Encyclopédie*, III, § 482 Remarque *op. cit.* p. 278-279. — Sur le lien entre la critique de la belle âme et la question de la réalisation du principe moderne de la subjectivité libre, *cf.* l'article déjà cité de L. Lugarini, p. 44 *sq.*, qui rappelle en outre que la *Philosophie de l'esprit* de 1805-06 parle du « *principe supérieur des temps modernes* que les *Anciens*, que *Platon* ne *connaissaient* pas », en ajoutant : « dans les temps anciens, la *belle* vie publique était les mœurs de tous – beauté, unité immédiate de l'universel et du singulier, une œuvre d'art en laquelle aucune partie ne s'était séparée du tout, mais était cette unité géniale du soi qui se sait et de la manifestation de ce soi. Toutefois le fait pour la singularité de se savoir absolument soi-même, cet être en soi absolu n'était pas présent-là » *G W*.8, *Jenaer Systementwürfe III*, hrsg. von R-P Horstmann, Hamburg, Meiner, p. 263 / tr. *La philosophie de l'esprit 1805*, trad. G. Planty-Bonjour, Paris, PUF, 1982, p. 95.

3   *W*.3, 441 / tr. p. 525. *Cf.* lettre à Niethammer du 29 Avril 1814 in *Briefe*, II, 233, *op. cit.* p. 28-29 / tr. p. 31-32.

et le demeure, et sait comme l'essence parfaite et complète cet être enfermé dans la conscience de soi. La figure nouvelle de l'esprit *moral* a surgi[1] »

À l'évidence, Hegel s'interroge ici sur les enseignements que la pensée allemande a retirés de l'expérience de la Terreur, et il constate que celle-ci a cru y découvrir le signe de la vanité de toute tentative de transformation révolutionnaire ; autrement dit, aux yeux de la majorité des intellectuels allemands, l'échec de la révolution de 1789 suffit à montrer que la vie en commun est vouée, quel qu'en soit le mode d'organisation, à n'être, toujours et partout, que le lieu de la violence et du chaos ; aussi importe-t-il désormais de fuir le monde de la politique et de l'histoire pour chercher une satisfaction qui soit une satisfaction exclusivement intérieure, c'est-à-dire une satisfaction d'ordre moral – le rigorisme du devoir pour le devoir, ou, à l'inverse, l'exaltation du soi authentique-, d'ordre religieux, – la foi vécue dans la transparence à soi du cœur – ou encore d'ordre esthétique – le culte romantique de la beauté intérieure et du génie créateur.

En dernière analyse, c'est ce type d'attitude, commune à Kant, à Jacobi, à Schleiermacher et aux courants romantiques, que vise la critique hégélienne de la belle âme[2], en suggérant qu'il s'agit d'un remède pire que le mal, ou, si l'on préfère, qu'en tentant de se soustraire à la per-version d'un monde qui n'est à ses yeux que le théâtre de l'affrontement sans fin des intérêts particuliers, le subjectivisme, aveugle au fait que la subjectivité dont il célèbre la pureté intérieure appartient pourtant à ce monde[3], risque en réalité d'aboutir à l'intériorisation de la violence à laquelle il tente d'échapper.

---

1 *W.*3, *Ibid.*

2 À cet égard, l'une des meilleures expressions de cette réaction allemande aux événements révolutionnaires est sans doute celle qu'exprime Schiller, en 1795, dans la présentation de la revue « *Die Horen* », où il oppose au « démon implacable de la critique politique » et à « la lutte des opinions et des intérêts politiques » le retour « aux Muses », présenté comme le seul moyen de réunifier un « monde divisé sur le plan politique » (*Die Horen*, 1795, I, p. III-IV), ou dans la seconde des *Briefe über die ästhetische Erziehung des Menschen*, qui s'interroge sur le bien-fondé de la recherche d'« un code pour le monde esthétique » à une époque qui semble exclusivement préoccupée par la question de l'« édification d'une vraie liberté politique » / tr. R. Leroux *Lettres sur l'éducation esthétique de l'homme*, éd. bilingue, Aubier, 1943, p. 86-87. *Cf.* sur ce point les analyses de D. Losurdo, *L'Ipocondria dell' Impolitico, La Critica di Hegel Ieri e Oggi*, Lecce, Milella, 2001, p. 164 *sq.*

3 Hegel précise que les analyses que la *Phénoménologie* consacre aux figures de « la loi du cœur » (*W.*3, 275-283 / tr. p. 351-359), ou de « la vertu et du cours du monde » (*W.*3, 283-291 / tr. p. 360-368) peuvent se lire comme l'expression du subjectivisme moderne, issu de la perte de la certitude immédiate propre à la vie éthique du peuple grec, dans

C'est du moins ce que semble vouloir dire la *Phénoménologie* lorsqu'elle qualifie de « suprême révolte de l'esprit certain de soi-même[1] » la résurgence de la belle âme qu'est le refus opposé par la conscience jugeante à la conscience agissante, en soulignant que dans ce refus le soi fait l'expérience d'une aliénation absolue, qui ne tient plus, comme dans le monde de la culture, au fait qu'il perçoit son essence comme une chose, mais au fait que ce qu'il perçoit comme un autre, devenu absolument étranger à lui-même, est un autre soi, envisagé sous l'aspect du penser et du savoir :

> [L'esprit] s'intuitionne comme ce *savoir simple du Soi* dans l'autre, et il s'y intuitionne de telle sorte qu'en sus la figure extérieure de cet autre n'est pas, comme dans la richesse, le dépourvu d'essence, une chose, mais c'est la pensée, le savoir même, qui lui sont opposés, c'est cette continuité absolument fluide du *savoir* pur qui se refuse à entrer en communication avec lui[2].

Hegel paraît donc suggérer que le subjectivisme porte en lui une menace tout aussi inquiétante que la violence qu'il dénonce, et qui n'est autre que le risque de transformer ce qui est le principe même de toute cohérence, impliquant un rapport de communication et de communauté entre les individus, en une incohérence radicale, excluant toute communication et toute communauté ; autrement dit, qu'il se présente sous la forme « kantienne » du rigorisme moral, ou sous la forme « jacobienne » d'une morale de la certitude immédiate, le subjectivisme apparaît comme le principal obstacle à la réalisation concrète du principe moderne de la subjectivité libre, dans la mesure où l'opposition stérile entre le soi universel et le soi singulier dans laquelle il s'enferme, lui interdit d'apercevoir en eux les deux formes complémentaires de la même infinité spirituelle. Aussi la fin du chapitre montre-t-elle que c'est en consentant à ce à quoi elle se refusait, c'est-à-dire en acceptant de reconnaître la présence de l'universel en l'autre conscience, qui, par sa confession, s'est faite le « celui-ci sursumé », que la conscience jugeante, renonçant ainsi à tout moralisme, peut en venir à se réconcilier avec le soi qui lui fait face[3]. Même s'il parle ici le langage religieux de la confession et du pardon[4], lorsqu'il évoque le « *oui* » qui scelle cette

---

lequel « l'individu s'est mis en face des lois et des coutumes », pour se poser, en tant que Je, comme « la vérité vivante » (*W.*3, 266-269 / tr. p. 343-345).

1   *W.*3, 490 / tr. p. 576.

2   *W.*3, *Ibid.*

3   *W.*3, 492-493 / tr. p. 579.

4   C'est la présence de ce langage religieux qui incite en général les interprètes à dénier toute signification « politique » à ce passage de la *Phénoménologie*. Mais, peut-on faire abstraction

réconciliation, ou lorsqu'il caractérise celui-ci comme « l'être-là », ou l'existence empirique du « reconnaître réciproque[1] » qui en est la structure sensée, Hegel affirme, nous semble-t-il, qu'une fois libéré de la lecture unilatérale qu'en propose le subjectivisme, le principe du monde moderne peut se concrétiser sous la forme d'une communauté qui est fondamentalement une communauté politique. Or, si tel est le cas, il en résulte deux conséquences : d'une part, il est erroné de dévaloriser, comme le font tous les subjectivismes, l'instance de médiation qu'est la politique au nom d'une certitude immédiate, qu'elle soit d'ordre moral, religieux ou esthétique ; ou, ce qui revient au même, il est erroné de soutenir que le monde moderne serait, par essence, incapable de conférer une signification politique concrète au principe en lequel s'exprime

---

du fait que le « schème » de la reconnaissance mutuelle renvoie à un procès intersubjectif, comme le montrent tant la *Phénoménologie* elle-même, par l'analyse du rapport maître-serviteur, (*W*.3, 144-155 / tr. p. 216-227), ou par l'insistance des chapitres qui suivent sur le fait que la structure de la reconnaissance mutuelle est constitutive de l'esprit effectif (*cf.* par exemple *W*.3, 264 / tr. p. 340 et *W*.3, 266 / tr. p. 342.), que les *Philosophies de l'esprit* de 1803 et 1805, par le rôle qu'elles confèrent à la reconnaissance ? De ce point de vue, il ne saurait être question, ni de découvrir ici une anticipation des analyses que les *Principes de la philosophie du droit* consacrent à l'État, comme le fait A. Kojève (*Introduction à la lecture de Hegel, op. cit.*, p. 194 sq. et 290 sq.) ni d'en déplorer l'absence comme le fait G. Lukàcs (*Le jeune Hegel, op. cit.* p. 303 sq.). Peut-être faut-il plutôt considérer que l'ensemble de la section esprit de la *Phénoménologie* n'est pas une description historique de structures sociales et politiques, comme on le dit souvent, mais un exposé qui porte sur la façon dont les hommes se sont représenté dans l'histoire le fondement de l'organisation sensée de leur vie en commun ; on comprend alors qu'un tel exposé devienne de moins en moins « concret » au fur et à mesure que ce fondement cesse d'être immédiatement donné, comme c'est le cas dans la Cité grecque – ce qui se traduit par une référence croissante à des textes « littéraires » ou philosophiques envisagés comme les expressions de « l'esprit » d'une époque ; mais on comprend aussi que la « dialectique » du mal et de son pardon peut se lire comme un texte qui fait de l'infinité de l'esprit, telle que la manifeste la reconnaissance réciproque de chaque soi singulier et du soi universel, le fondement contemporain d'une communauté politique sensée, le langage religieux visant plus à annoncer la façon dont la conscience va se représenter cette infinité qu'à faire de la religion le lieu du sens en un monde qui, laissé à lui-même, serait voué à s'abîmer dans le non-sens, comme le prétend B. Bourgeois dans son article, déjà cité, *Statut et destin de la religion dans la Phénoménologie de l'esprit*, p. 318-319. Sur la question de la reconnaissance dans la *Phénoménologie, cf.* P.J. Labarrière, *Introduction à une lecture de la Phénoménologie de l'esprit, op. cit.* p. 150 sq. et L. Siep, *Anerkennung als Prinzip der praktischen Philosophie. Untersuchungen zu Hegels Jenaer Philosophie des Geistes*, Freiburg, 1978, chap. 1 et 3. *Cf.* aussi in *W*.7, 279-280, la fin de la remarque au § 140 des *Principes de la philosophie du droit*, qui renvoie aux analyses de la *Phénoménologie* sur la « *conscience morale* » en précisant que « dans cet ouvrage », un tel « degré » est « autrement déterminé qu'ici » (/ tr. p. 228). Sur la différence de perspective entre la *Phénoménologie* et la philosophie de l'esprit de *l'Encyclopédie, cf.* J.F. Kervegan, *Figures du droit dans la Phénoménologie de l'esprit. La phénoménologie comme doctrine de l'esprit objectif ?* in *Revue internationale de philosophie*, n° 2-2007.

1   *W*.3, 493 / tr. p. 579.

la conscience de son propre sens. D'autre part, dans la mesure où le « reconnaître réciproque » qui garantit le caractère sensé d'une telle communauté n'est autre – du moins pour nous – que l'« *esprit absolu* », c'est-à-dire le procès infini qui constitue l'essence de l'esprit, la réalité véritable du sujet ne peut se confondre avec la pure intériorité d'un Je conscient de lui-même : aussi le dernier paragraphe de ce chapitre souligne-t-il que ce n'est pas en fuyant la contradiction, mais en l'assumant et en l'assumant comme contradiction absolue – c'est-à-dire comme une opposition qui se rapporte à elle-même pour se sursumer dans le « *oui* qui réconcilie » – que le sujet peut se réaliser comme un « *Je* étendu jusqu'à la dualité », c'est-à-dire comme un « nous[1] », moyennant un procès de médiation qui, en amenant l'esprit fini à apercevoir, au sein même de sa finitude, l'infinité qui le constitue, le fait en même temps accéder au savoir de cette infinité qu'est la religion : « le *oui* qui réconcilie, où les deux Je se désistent de leur *être-là* op-posé », dit la dernière phrase du texte « est *l'être-là* du *Je* étendu jusqu'à la dualité, [Je] qui en cela demeure égal à soi, et, qui dans son extériorisation parfaite et [son] contraire, a la certitude de soi-même ; – il est le Dieu apparaissant au milieu d'eux qui se savent comme le pur savoir[2] ».

RELIGION, SAVOIR IMMÉDIAT ET SAVOIR ABSOLU

Si l'on peut en conclure que la morale jacobienne de la conviction immédiate est incapable de contribuer à l'avènement d'une communauté politique moderne, fondée sur la reconnaissance mutuelle de tous et de chacun comme sujets libres, doit-on considérer, cependant, cette conclusion comme le dernier mot du débat que la *Phénoménologie* semble engager, de manière latente, avec la pensée de Jacobi ? Autrement dit, peut-on affirmer qu'aux yeux de Hegel celle-ci n'est rien d'autre qu'une philosophie du cœur et du sentiment qui, tel le sens commun évoqué par la Préface de la *Phénoménologie*, foule « aux pieds la racine de l'humanité », en oubliant que « c'est la nature de celle-ci que de faire pression vers

---

1　*W*.3, 494 / tr. p. 580. *Cf.* les formules de la *Phénoménologie* in *W*.3, 144 / tr. p. 216 (« *Je* qui [est] *nous*, et *nous* qui est *Je* ») et *W*.3, 266 / tr. p. 342 (« eux comme moi, moi comme eux »).
2　*W*.3, 494 / tr. p. 580-581.

l'accord avec d'autres » et que « son existence ne se rencontre que dans la communauté instituée des consciences[1] » ? Même si ses derniers chapitres ne comportent plus la moindre référence, implicite ou explicite, à Jacobi, on peut néanmoins remarquer que la *Phénoménologie* revient sur la question de la signification des philosophies de l'immédiateté, et qu'elle le fait par le biais d'une démarche – consistant à « relire » les développements de la fin de la section esprit pour y découvrir la justification de l'absoluité du savoir philosophique – qui lui permet de présenter son propre parcours – et le savoir absolu qui en est le terme – comme la réalisation adéquate de ce que visent de façon inadéquate les partisans du savoir immédiat : « Il faut que l'on dise », affirme le chapitre final, en faisant manifestement écho à l'analyse de la culture contemporaine esquissée dans la Préface, « que rien ne se trouve *su* qui ne soit dans l'*expérience*, ou selon que la même chose se trouve aussi exprimée, qui ne soit présent-là comme *vérité sentie, comme* éternel *intérieurement révélé*, comme sacré *objet de foi*, ou quelque expression que l'on utilise par ailleurs[2] ». Dès lors, peut-on affirmer que, lorsqu'elle

---

1 *W.*3, 64-65 / tr. p. 125.
2 *W.*3, 585 / tr. p. 686. Dans les notes 21, 22 et 23 de son article intitulé *Le savoir absolu : son concept, son apparaître et son devenir effectivement réel* in *Revue de métaphysique et de morale*, Juillet-Septembre 2007, n° 3, p. 399, H. F. Fulda semble vouloir lier chacun des trois termes employés par Hegel à propos de l'expérience – « *vérité sentie* », « éternel *intérieure-ment révélé* », et « être saint – ou sacré (*das Heilige*) *objet de foi* » – aux trois attitudes que le dernier chapitre évoque un peu plus loin, c'est-à-dire « le recul de l'esprit devant la subs-tantialité *dépourvue de soi* » (*W.*3, 586 / tr. p. 688), l'appréhension par l'esprit de « l'être-là comme sa volonté » (*Ibid.*) et le « mouvement se réfléchissant dans soi-même qu'est le je = je » (*Ibid.* / tr. p. 689). Toutefois, outre le fait que rien dans le texte de Hegel ne semble justifier une telle liaison, il nous paraît difficile de ne pas référer chacun de ces termes à la valorisation exclusive de l'immédiateté que la Préface présente comme la « repré-sentation » du vrai qui domine la « conviction de l'époque » (*W.*3, 15 / tr. p. 72). Ainsi, celle-ci déclare-t-elle que l'absolu ne doit pas être conçu, mais « *senti* » (*Ibid.*), et elle ajoute que le « sacré (*das Heilige*) » et l'« éternel » « sont l'appât qui se trouve exigé pour éveiller l'envie de mordre » (*W.*3, 16 / tr. p. 73) ; ce à quoi il convient d'ajouter qu'une remarque du chapitre « Force et entendement » semble, elle aussi, confirmer cette interprétation : Hegel désigne l'« intérieur vide », que l'entendement considère comme le vrai et oppose à la superficialité du phénomène, comme une « *vacuité en soi* » (*W.*3, 117 / tr. p. 187) – expression qui fait manifestement allusion à la « chose en soi » kantienne – et il ajoute « pour que [...] dans cet ainsi *totalement vide*, que l'on nomme aussi le *sacré*, il y ait néanmoins quelque chose [il en resterait rien d'autre que] de la remplir avec des rêveries, des *phénomènes* que la conscience s'engendre elle-même » (*Ibid.*). À l'évidence, ce texte fait référence à toutes les formes de « savoir immédiat », qu'il accuse de vouloir « remplir » le vide de la chose en soi kantienne par des « rêveries » qui sont uniquement les produits arbitraires de l'imagination – la *Traümerei* dont parle ici Hegel équivaut à la *Schwärmerei* dont il est question dans la Préface *W.*3, 17 / tr. p. 74. En ce sens, le dernier chapitre ne fait que reprendre à son compte l'adage « empiriste » « rien ne se trouve *su* qui ne soit dans l'*expérience* », en le rapprochant de toutes les expressions qui, dans la Préface, désignent les philosophies de l'immédiateté – rappelons que la remarque au § 7 de l'*Encyclopédie*

montre que la morale de Jacobi a pour destin d'aboutir au repli sur soi de la belle âme, la *Phénoménologie* ne fait qu'en dénoncer l'incohérence et la violence potentielles ? Ne suggère-t-elle pas également que dans cette incohérence se conserve, obscurément, la trace d'une visée spéculative, ou tout au moins d'une visée dont le savoir spéculatif, et lui seul, constitue la réalisation satisfaisante ?

Peut-être est-il indispensable, pour comprendre cet intérêt de la fin de la *Phénoménologie* pour les philosophies de l'immédiateté, de revenir sur le passage de l'esprit à la religion. Lorsqu'il introduit celui-ci en identifiant de façon abrupte le « *oui* » qu'échangent les deux consciences engagées dans le procès de la reconnaissance au « Dieu qui apparaît au milieu d'elles[1] », Hegel semble vouloir présenter la religion comme une « réification » ou une « substantialisation » du procès infini de l'esprit tel qu'il s'est manifesté, *pour nous*[2], dans l'acte de la reconnaissance mutuelle : dans le Dieu qui apparaît au milieu des deux consciences, l'esprit saisit son infinité ; mais comme un moyen terme qui n'en est plus un, puisque, une fois séparé de ses extrêmes, il devient un substrat ou un contenu immédiat que la conscience appréhende comme son « nouvel objet[3] ». Pourtant, est-ce cette extériorité qui fait de la religion un savoir représentatif, dont la forme contredit par sa finitude l'infinité de son contenu[4] ? Lorsqu'elle aborde à son tour la question du

---

identifiera, elle aussi, le « principe de l'*expérience* » à « ce qui, de nos jours, a été appelé croyance, savoir immédiat, la révélation dans l'extérieur et surtout dans l'intérieur *propre* à chacun » (*W*.8, 49-50 / tr. p. 171). Ce qui revient à affirmer que le savoir absolu en lequel s'achève l'expérience de la conscience n'est rien d'autre que ce que l'époque se représente sous le nom de savoir immédiat : comme l'explique la suite du passage, au terme de son parcours d'expérience, l'esprit accède au savoir de lui-même comme esprit infini, et il peut désormais se reconnaître lui-même – après coup, sur le mode d'un commencement « présupposé » et qui « n'est atteint qu'à son terme » (*W*.3, 585 / tr. p. 687) – dans sa « substance » ou dans son « en soi » (*Ibid.* / tr. p. 686), c'est-à-dire dans le contenu massif et indéterminé dont le savoir immédiat se veut l'appréhension « intuitive ».

1 *W*.3, 494 / tr. p. 581.
2 *W*.3, 572 / tr. p. 669. Souligné par nous.
3 *W*.3, 79-80 / tr. p. 143-145.
4 *W*.3, 28-29 / tr. p. 87. Peut être faut-il ici revenir sur un point que nous avons déjà évoqué et préciser en quoi notre lecture diffère de celle que propose B. Bourgeois dans la Présentation de sa traduction française de la *Phénoménologie* (*Phénoménologie de l'esprit*, Paris, Vrin, 2006, p. 33-35) ou dans l'article déjà cité sur le statut et le destin de la religion dans l'œuvre de 1807 : il nous semble que lorsqu'il interprète la fin de la section esprit comme une « auto-négation », en laquelle l'absolu religieux se révèle comme le fondement de l'esprit effectif, B. Bourgeois néglige le fait que l'émergence de la religion, désignée comme une « conscience de soi » de l'esprit absolu, distincte de sa « conscience », s'inscrit dans un procès au cours duquel la conscience engagée dans le parcours d'expérience appréhende comme une vérité immédiate, qui vaut pour soi

rapport esprit/religion, l'introduction à la religion affirme certes que dans la religion l'infinité spirituelle est « *représentée* comme *objet* », mais elle précise aussitôt que cette objectivité n'en est pas réellement une, puisqu'elle est dépourvue de l'autonomie et de la subsistance par soi que la philosophie reconnaitra à la nature :

> [Dans la religion, l'esprit] a pour soi, *représenté* comme *ob-jet*, la signification d'être l'esprit universel qui contient dans soi toute essence et toute effectivité ; mais il n'est pas dans la forme de [l'] effectivité libre ou de la nature apparaissant de façon subsistante-par-soi[1].

Autrement dit, la dimension de l'intériorité ou de la transparence à soi l'emporte ici sur celle de l'altérité : pour l'esprit, la religion constitue une « pure *conscience de soi* », distincte de sa « conscience » ou de son « effectivité proprement dite[2] », c'est-à-dire du monde historique où se déploie sa vie concrète ; monde dont il tente d'annuler ou d'effacer l'extériorité en ne se tournant vers lui que pour en « extraire[3] (*herausgreifen*) » les matériaux nécessaires à l'expression de son infinité :

> [L'esprit] a certes [la] *figure* ou la forme de l'être en tant qu'il est *ob-jet* de sa conscience, mais, parce que celle-ci, dans la religion, est posée dans la détermination essentielle d'être conscience *de soi*, la figure est à soi parfaitement transparente ; et l'effectivité qu'il [=l'esprit] contient est enclose dans lui ou dans lui sursumée, exactement comme lorsque nous disons *toute effectivité* ; elle est l'effectivité universelle, *pensée*[4].

En ce sens, le caractère représentatif du savoir religieux ne tient pas essentiellement au fait que l'esprit y saisit son infinité comme un objet,

---

et indépendamment du devenir dont elle est issue, le résultat auquel aboutit le développement « souterrain » (voir la remarque de Hegel parlant de « Logique, derrière la conscience » dans ses notes préparatoires à la seconde édition de la *Phénoménologie, cf.* G. Jarczyk, P.J. Labarrière, *op. cit.* p. 37) de ses figures antérieures. En ce sens, même s'il convient d'affirmer contre une lecture trop « anthropologique », qu'il n'y a pas, à proprement parler, de développement « dialectique » menant de la religion au savoir absolu, il nous semble que l'interprétation religieuse – y compris dans sa figure chrétienne – du résultat atteint au terme de l'esprit reste en deçà, du fait de sa forme représentative, du sens qui s'y est fait jour pour nous, étant entendu que le passage par la religion, et par la saisie de l'infinité de l'esprit en tant qu'infinité qui s'y opère, est indispensable pour que le savoir fini en vienne à énoncer conceptuellement pour lui-même l'infinité spirituelle dont le procès de la reconnaissance mutuelle des deux consciences constitue la première manifestation adéquate, sur le plan du fini.

1   *W.*3, 497 / tr. p. 585.
2   *Ibid.*
3   *W.*3, 500 / tr. p. 588-589.
4   *W.*3, 497 / tr. p. 585.

mais plutôt au fait que cette saisie est une saisie intérieure, que son inté-riorité condamne à demeurer extérieure à un monde, assimilé à une sorte de réservoir d'images[1] qui fournit les moyens de sa figuration concrète à une certitude suffisamment assurée d'elle-même pour ne pas avoir à s'« avé-rer[2] » dans la contingence de la nature et de l'histoire. Ou, si l'on préfère, le savoir religieux demeure un savoir représentatif parce que l'effectivité concrète, qu'il cherche à enclore dans l'intériorité de son propre espace dis-cursif, reste à ses yeux un simple « vêtement » ou une simple « figure », dont il est encore incapable de reconnaître la liberté et l'autonomie :

> Dans la mesure où l'esprit dans la religion se *représente* à lui-même, il est certes conscience, et l'effectivité enclose dans elle [= dans la religion] est la figure et le vêtement de sa représentation. Mais à l'effectivité, dans cette représentation, n'advient pas son droit parfait, à savoir de n'être pas seulement vêtement, mais être-là libre subsistant-par-soi ; et, à l'inverse, parce que lui fait défaut dans elle-même l'achèvement, elle est une figure *déterminée*, qui n'atteint pas ce qu'elle doit présenter, savoir l'esprit conscient de soi-même[3].

Comme l'indique la fin de ce passage, Hegel entend d'abord montrer que le parcours religieux ne pourra aller au delà d'une « figuration » de la vérité – celle que constitue le christianisme – où la persistance d'une scission entre la réconciliation pleine et entière et le présent effectif de la communauté spirituelle[4] exigera la dissolution totale de la forme de la représentation, dont le résultat sera le savoir absolu :

---

1   Hegel ne fait pas appel dans la *Phénoménologie* à l'image du puits qu'introduira l'*Encyclopédie* (*W*.8, 122, § 403 Remarque / tr. *op. cit.* p. 200), pour rendre compte du fait qu'une « richesse infinie de déterminations » est conservée dans l'intériorité du soi, mais le thème de l'extraction par la religion des figures déterminées de la conscience contenues dans l'effectivité du monde de l'esprit semble renvoyer à une conception du même type. *Cf.* aussi dans la Préface l'insistance sur la présence dans la « substance de l'individu » de l'« effectivité déjà anéantie en possibilité » sous la forme de la représentation. *W*.3, 34 / tr. p. 91-92.
2   Nous pensons à la formule de l'*Encyclopédie*, parlant du « logique avec cette signification qu'il est l'universalité *avérée* (*bewährte* – B. Bourgeois traduit par « vérifiée ») dans le contenu concret comme dans son effectivité », *W*.10, 393, § 574 / tr. p. 373 : il est manifeste que lorsqu'elle insiste sur l'incapacité de la religion à poser l'infinité de son contenu sous la forme d'une « effectivité libre » ou d'une « nature » autonome, (*W*.3, 497 / tr. p. 585) ou lorsqu'elle déclare que la religion bafoue « le droit parfait » de l'effectivité, celui d'être « être-là libre subsistant-par-soi », (*W*.3, 497-498 / tr. p. 586), la *Phénoménologie* veut souligner que sa forme représentative interdit à la religion d'accomplir l'acte de la « libre déprise de soi même » qu'accomplit l'Idée absolue à la fin de la *Science de la logique* (*W*.6, 573 / tr. G. Jarczyk, P. J. Labarrière, *Science de la logique, op. cit.* p. 393), acte qui autorise la « vérification » du logique dans la compréhension philosophique de la nature et de l'esprit.
3   *W*.3, 497-498 / tr. p. 586.
4   Dans la mesure où il a pour centre l'événement christique, le christianisme reconnaît certes la présence de l'esprit absolu dans le monde effectif (*cf. W*.3, 551 *sq.* / tr. p. 645 *sq.*),

> Quoique dans [la religion manifeste l'esprit] parvienne bien à sa *figure* vraie, la *figure* elle-même justement et la *représentation* sont encore le côté non-surmonté à partir duquel il lui faut passer dans le *concept*, pour dissoudre totalement dans lui la forme de l'ob-jectivité [...] Alors l'esprit a saisi le concept de soi-même, tel que nous seulement l'avons d'abord saisi, et sa figure, ou l'élément de son être-là, en tant qu'elle est le concept, est lui-même[1].

Pourtant, cette insistance sur l'intériorité et la clôture sur soi du discours religieux n'a-t-elle pas également un autre sens ? Ne peut-on y entendre une sorte d'écho des analyses consacrées à la belle âme ? Et en conclure que Hegel cherche à suggérer que, même si elle dépasse l'horizon du subjectivisme, la religion n'y parvient qu'en en conservant la structure fondamentale, c'est à dire en gardant une transparence à soi et une fermeture que son incapacité à s'ouvrir à l'effectivité concrète condamne au dogmatisme, en sorte que la question des limites de la saisie religieuse de l'absolu se confond finalement avec celle de la capacité du discours philosophique à s'affranchir de la clôture dogmatique du discours représentatif[2] ?

Cette lecture peut, nous semble-t-il, trouver une confirmation dans ce que met en évidence le retour sur la belle âme opéré dans le dernier chapitre de la *Phénoménologie* : lorsque celui-ci découvre dans la belle âme l'expression, sous la forme d'une « *figure particulière* de la *conscience* » de l'« unité simple du concept » qui « se tient fermement opposé à sa réalisation[3] », fait-il autre chose, en effet, qu'expliciter ce qu'indique déjà, de manière implicite, l'introduction à la religion ? Autrement dit, n'affirme-t-il pas simplement que la belle âme est la figure où se donne à voir la cohérence infinie du savoir, mais sous une forme qui, en s'opposant à sa propre réalisation, et en cherchant à se maintenir dans les limites de l'abstraction représentative, renie sa propre infinité, en substituant au dynamisme et à la processualité qui en constituent

---

mais la réconciliation ultime qui en découle est toujours déjà accomplie et, en ce sens, reste séparée de la vie effective de la communauté spirituelle, qui peut seulement en avoir la représentation sur le mode d'un « lointain du *futur* » ou d'un « lointain du *passé* ». *cf.* *W.*3, 574, tr. *op. cit.* p. 671.

1   *W.*3, 502-503 / tr. p. 592.

2   *Cf.* G. Lebrun, *La patience du Concept. Essai sur le Discours hégélien*, Paris, Gallimard, 1972, par exemple p. 170-171 et p. 401. De ce point de vue, il nous paraît significatif que, lorsqu'elle évoque l'attitude « dogmatique » des partisans de l'immédiateté, la Préface de la *Phénoménologie* caractérise le projet de l'ouvrage comme celui de « vaincre la *fermeture* de la substance et [d'] élever celle-ci à la conscience de soi » (souligné par nous). *W.*3, 16 / tr. p. 73.

3   *W.*3, 580 / tr. p. 680.

l'essence, la structure dogmatique d'une totalité close et figée dans la contemplation de sa propre intériorité ?

On peut ainsi comprendre que la *Phénoménologie* réinterprète l'acte de la belle âme renonçant à son repli sur soi et consentant à la reconnaissance mutuelle comme l'expression de la sursomption de la forme dogmatique qu'est la forme représentative du savoir religieux[1] ; et qu'elle en tire la conclusion que, dans la mesure où le contenu infini de la religion n'accède à son effectivité véritable que dans et par la forme infinie dont ce procès de médiation est la figuration concrète[2], le savoir fini se saisit comme savoir absolu, en saisissant qu'il n'est rien d'autre, ni de plus, qu'un savoir dont l'effectivité se confond avec le procès immanent qu'est le déploiement, dans la forme du concept, de son infinie cohérence :

> Cette dernière figure de l'esprit, l'esprit qui à son contenu complet et vrai donne en même temps la forme du Soi, et par là réalise son concept aussi bien qu'il demeure dans son concept dans cette réalisation, est le savoir absolu ; il est l'esprit se sachant en figure-d'esprit, ou le *savoir conceptualisant*. La *vérité* n'est pas seulement *en-soi* parfaitement égale à la *certitude*, mais a aussi la *figure* de la certitude de soi-même, ou elle est, dans son être-là, c'est-à-dire pour l'esprit sachant, dans la *forme* du savoir de soi-même. La vérité est le *contenu* qui dans la religion est encore inégal à sa certitude. Mais cette égalité tient en ce que le contenu a reçu la figure du Soi. Par là est advenu à l'élément de l'être-là ou à la *forme de l'ob-jectivité* pour la conscience ce qu'est l'essence elle-même ; à savoir le *concept*. L'esprit *apparaissant* à la conscience dans cet élément, ou, ce qui ici est la même chose, produit là au jour par elle, *est la science*[3].

Ce qui pourrait passer pour un artifice consistant à projeter une signification arbitraire sur les analyses de la fin de la section esprit se révèle donc n'être en réalité qu'une façon de redéfinir la tâche de la philosophie en un monde privé de ses repères dogmatiques. En ce sens, le savoir absolu n'est-il pas simplement la forme du discours philosophique adaptée au monde moderne ? Ou, si l'on préfère, n'est-il pas simplement la conclusion à laquelle parvient l'homme moderne, lorsque, ayant pris conscience du fait que la solution du problème de l'organisation de la vie en commun des individus ne dépend que de leur volonté raisonnable, il comprend aussi que le contenu de la religion chrétienne ne saurait se confondre avec un référent extérieur, susceptible de lui garantir, une

---

1   Sur ce point, *cf.* P.J. Labarrière, *Introduction à une lecture de la Phénoménologie de l'esprit*, *op. cit.* p. 264 *sq.*

2   « Ce qui [...] dans la religion était *contenu* ou forme du représenter d'un *autre*, cela même est ici *agir* propre du *Soi* » *W.*3, 582 / tr. p. 683.

3   *W.*3, 582-583 / tr. p. 683.

fois pour toutes, le caractère sensé de ce qui est ? En sorte que la seule ressource dont il dispose à cet égard est d'élaborer un discours philosophique qui puisse articuler dans l'infinité de son procès de cohérence les multiples aspects d'une réalité qui ne se donne à la conscience finie que sur un mode morcelé et fragmentaire[1] ?

On pourrait tout aussi bien dire que le savoir absolu est l'acte qui consiste pour le discours philosophique à présenter son infinie cohérence comme la réponse rationnelle et non dogmatique au besoin de sens d'une époque qui, instruite par l'échec de la philosophie de la subjectivité absolue – pour l'essentiel la *Doctrine de la science* fichtéenne – à réaliser adéquatement le concept de la scientificité, que Kant avait « retrouvé », et que Fichte a eu le mérite d'élever à sa « signification absolue[2] », s'imagine pouvoir trouver son salut dans un refus du concept et de la cohérence discursive qui leur oppose, dogmatiquement, la valeur absolue et exclusive de l'appréhension immédiate du vrai[3] : comme l'explique la Préface, les pensées de Kant et de Fichte ont certes cher-

---

1   *Cf.* l'interprétation suggestive que propose T. Pinkard du savoir absolu, dans son livre, *Hegel's Phenomenology op. cit.* : « Le savoir absolu est *absolu* en ce qu'il n'a aucun « objet » extérieur à soi auquel il serait lié, à la façon dont les affirmations des sciences de la nature sont liées au monde naturel. Le *savoir* absolu est donc la façon dont l'*esprit* absolu s'énonce dans la vie moderne ; c'est la pratique par laquelle la communauté moderne se pense sans tenter d'alléguer quelque « autre » métaphysique ou quelque ensemble de « contraintes naturelles » qui garantiraient de telles pratiques. Le savoir absolu est la réflexion interne sur les pratiques sociales d'une communauté moderne qui considère que les normes qui font autorité à ses yeux ne proviennent que de la structure interne des pratiques auxquelles elle a recours pour se légitimer et obtenir la garantie qu'elle est bien ce qu'elle est. » p. 262-263. Reste cependant que la cohérence absolue ne saurait se réduire à un procès de négociation ou de confrontation intersubjectif, constituant une caractéristique factuelle de la culture européenne moderne et de sa forme de vie sociale, sauf à tomber dans une réduction « culturaliste » de la conception hégélienne ; *cf.* sur ce point les remarques de H. F. Fulda dans son article *Le savoir absolu, op. cit..*, p. 387 *sq.*

2   *W.*3, 48 / tr. p. 107. Le fait que les développements du dernier chapitre de la *Phénoménologie* sur « le travail que [l'esprit] accomplit comme *histoire effective* » (*W.*3, 586 / tr. p. 687) s'achèvent sur une allusion à la position de Fichte (*W.*3, 586-587 / tr. p. 689), puis à celle de Schelling, (*W.*3, 587 / tr. p. 689-690) semble confirmer que le savoir absolu se comprend lui-même comme la réponse à la question du sens de la philosophie, telle qu'elle se pose dans le contexte historique et culturel de l'époque, que l'on voie en ces développements une « réinterprétation historique » de l'ensemble du parcours phénoménologique (P.J. Labarrière, *Structures et mouvement dialectique, op. cit.* p. 221) ou que l'on y voie une « présentation de l'histoire du savoir absolu apparaissant » (H.F. Fulda, article cité, p. 361 *sq.* qui écrit d'ailleurs p. 349 : « il ne fait aucun doute que cette partie du texte, qui appartient au centre de la tâche d'une exposition du savoir apparaissant, aboutit à une considération critique du présent philosophique de Hegel »).

3   Sur le dogmatisme, interprété comme caractéristique commune au « rationalisme critique » de l'entendement et au « mysticisme » de l'intuition immédiate, *cf.* F. Guibal, *Dieu selon Hegel. Essai sur la problématique de la Phénoménologie de l'esprit*, Paris, Aubier, 1975, p. 231.

ché à combattre le « substantialisme » de Spinoza. Mais, ce faisant,
elles ont simplement donné une expression conceptuelle à ce qui était
d'abord une réaction justifiée – celle de Jacobi – contre une doctrine
accusée d'engloutir « la conscience de soi » dans la substance unique,
en conservant ce qu'avait d'« instinctif », c'est-à-dire d'immédiat et de
non-conçu une telle réaction ; aussi, lorsqu'il érige le Je = Je en principe
suprême de la philosophie, Fichte ne fait en réalité que reconduire le
« dogmatisme » et le « substantialisme » qu'il prétendait combattre,
en attribuant au Je une « simplicité », ou une « substantialité indifférenciée immobile » qui est la « même » que celle de la substance
spinoziste[1]. Ce qui engendre une situation ambiguë, puisque cette
métaphysique de la subjectivité, trop dogmatique pour réaliser le
« système de la science », ne l'est cependant pas assez pour combler la
perte du dogmatisme religieux et métaphysique traditionnel ; mais
aussi et surtout une situation qui, en favorisant un regain d'intérêt
pour la question du sens ultime de ce qui est, contribue au succès de
doctrines qui soutiennent toutes que la seule façon de satisfaire ce
désir de sens est de renoncer au savoir conceptuel pour lui substituer
une foi, une intuition ou un sentiment censés procurer à l'homme
un accès *immédiat* à l'absolu : l'esprit, déclare le début de la Préface, a
perdu la certitude de la réconciliation avec le divin que lui garantissait
le christianisme médiéval, et il est passé « dans l'autre extrême de la
réflexion de soi dans soi-même dépourvue de substance[2] », c'est-à-dire
dans la métaphysique de la subjectivité absolue ; mais en même temps,
l'incapacité de celle-ci à compenser cette perte le pousse à essayer
de retrouver d'une autre façon la certitude absolue que lui offrait le
dogmatisme traditionnel : « [...] confessant et maudissant le fait qu'il
gise dans le besoin, il réclame maintenant de la philosophie non pas
tant le *savoir* de ce qu'il *est* que d'en venir à gagner à nouveau par
elle l'établissement de cette substantialité et la massivité de l'être[3] ».
Autrement dit, « le vrai existe seulement dans ce qui, ou plutôt comme
ce qui se trouve nommé tantôt intuition, tantôt savoir immédiat de
l'absolu, religion, l'être – non pas au centre de l'amour divin, mais l'être
de ce même [centre] lui-même », en sorte que « se trouve exigé, pour
la présentation de la philosophie, le contraire de la forme du concept.
L'absolu ne doit pas se trouver conceptuellement compris, mais senti

---

1   *W*.3, 22 / tr. p. 80-81.
2   *W*.3, 15, tr. *op. cit.* p. 72.
3   *W*.3, 15-16 / tr. p. 73.

et intuitionné ; ce n'est pas son concept, mais son sentiment et [son] intuition qui doivent mener le débat et se trouver énoncés[1] ». Comme l'indique, dans les quelques lignes qui précèdent ce passage, l'allusion à une « représentation qui a autant de prétention que d'expansion dans la conviction de l'époque[2] », l'aspect préoccupant de ce culte de l'immédiateté ne tient pas seulement aux tendances irrationalistes qui s'y manifestent, mais aussi au fait qu'en s'octroyant une position dominante dans le champ de la production philosophique, ce type de point de vue finit par s'imposer à toute pensée, y compris à celles qui rejettent l'irrationalisme et entendent se situer dans la lignée de la recherche « fichtéenne » d'un système de la science. Ainsi, tout en reconnaissant le bien-fondé des reproches qu'adressent à la philosophie de la nature de Schelling les penseurs de « l'entendement analytique », partisans du « mécanisme » et du « matérialisme des Lumières[3] », la Préface note-t-elle que ces reproches seraient injustes, s'ils devaient « atteindre l'essence de la science », c'est-à-dire s'ils devaient conduire à une assimilation pure et simple de la philosophie schellingienne à la position des tenants de la « rationalité et de la divinité immédiate[4] ». Mais, elle ajoute néanmoins que, malgré un contenu spéculatif véritable, qui conçoit la raison comme raison absolue, et qui affirme sans ambiguïté qu'il est nécessaire de dépasser le dualisme de la pensée et de l'être, la philosophie schellingienne de l'identité contredit sa propre portée spéculative en présentant, elle aussi, à la manière des partisans du sentiment immédiat, ce contenu comme une totalité substantielle, directement saisissable en un acte d'intuition intellectuelle :

> [Si] le penser unit à soi l'être de la substance comme telle et saisit l'immédiateté et l'intuitionner comme penser, il importe encore [de savoir] si cet intuitionner intellectuel ne retombe pas dans la simplicité inerte et [s'] il ne présente pas l'effectivité elle-même d'une manière ineffective[5].

En ce sens, le savoir absolu et la justification qu'en propose le dernier chapitre de la *Phénoménologie* – une réinterprétation de sa propre critique du subjectivisme qui en conclut à la nécessité d'abandonner toute conception dogmatique du savoir – se donnent comme la seule

---

1   *W.*3, 15 / tr. p. 72.
2   *Ibid.*
3   B. Bourgeois, Commentaire de la Préface en abrégé in *Préface et Introduction de la Phénoménologie de l'esprit*, Paris, Vrin, 1997, p. 238.
4   *W.*3, 20 / tr. p. 78
5   *W.*3, 23 / tr. p. 81.

alternative à ce que comporte d'inquiétant un tel paysage intellectuel[1] ;
ou, si l'on préfère, ils cherchent à montrer que c'est à la condition de
se constituer en une véritable philosophie de la subjectivité, libérée du
subjectivisme – ainsi le dernier chapitre désigne-t-il le savoir absolu
comme le « Je » ou le « Soi » véritable[2] – que la philosophie peut expliciter, dans un discours cohérent, dont l'absence de dogmatisme répond
aux besoins d'un monde privé de ses repères religieux et métaphysiques
traditionnels, ce que les pensées de l'immédiateté ne font qu'exprimer,
sur un mode régressif et dogmatique.

À l'évidence, la pensée de Jacobi est, avec celle de Schleiermacher, la
figure la plus significative de cette culture de l'immédiateté, dont elle
offre d'ailleurs une expression d'autant plus intéressante que viennent s'y
superposer tous les aspects qui préoccupent la fin de la *Phénoménologie* : la
dimension subjectiviste – le narcissisme et le repli sur soi du héros « pré-
romantique » – la dimension religieuse – la foi opposée à toute médiation rationnelle – et la dimension dogmatique – la prétention à saisir
immédiatement le vrai et l'absolu. Aussi peut-on estimer que lorsqu'il
présente l'enfermement sur soi de la belle âme comme le résultat de la
morale de la conviction immédiate, le chapitre sur « l'esprit certain de
soi-même » ne cherche pas seulement à mettre en évidence l'incohérence
et la violence d'une attitude qui, en refusant toute médiation, s'exclut du
champ de la recherche d'une vérité rationnelle, communicable et accessible à tous et à chacun[3] ; il suggère aussi que ce résultat est l'expression
déformée d'une intention qui, en tentant d'aller au-delà de la pensée de
la réflexion et de l'entendement fini, ne diffère pas essentiellement de
celle du savoir spéculatif, même si le fait d'assimiler un tel dépassement
à une simple négation, et le fait d'opposer abstraitement l'immédiateté
à la médiation, la condamnent à demeurer prisonnière du type de pensée avec lequel elle veut rompre. C'est, on l'a vu, ce que semble montrer le fait que la réinterprétation que la *Phénoménologie* propose de
l'ensemble de son parcours ait pour point de départ la figure de la belle
âme ; mais c'est aussi ce que semble affirmer clairement le passage du
dernier chapitre auquel nous avons déjà fait allusion, où, après avoir

---

1   *Cf. W*.3, 16-17 / tr. p. 73.
2   *W*.3, 588 / tr. p. 690-691.
3   *Cf.* l'insistance de la fin de la Préface sur le caractère exotérique de la philosophie, que
     Hegel oppose tant aux conceptions des partisans de la « génialité » immédiate qu'à celles
     du « sens commun » *W*.3, 63 *sq.* / tr. p. 124 *sq.*

laissé entendre que c'est le savoir absolu qui constitue le véritable savoir immédiat, Hegel précise que, loin d'impliquer que le discours philosophique soit l'explicitation d'un sens « substantiel » qui lui préexisterait ontologiquement, cette proposition signifie simplement qu'au terme du parcours d'expérience qui l'a conduit à prendre conscience de son absoluité, le savoir spéculatif en vient à apercevoir, après coup, et *après coup seulement*, en toute saisie immédiate du vrai, l'expression « substantielle » ou « réifiée » de son propre procès de cohérence :

> Il faut que l'on dise, pour cette raison, que rien ne se trouve *su* qui ne soit dans l'*expérience* ou, selon que la même-chose se trouve aussi exprimée, qui ne soit présent-là comme *vérité sentie, comme* éternel *intérieurement révélé, comme* sacré *objet-de-foi*, ou quelque expression que l'on utilise par ailleurs. Car l'expérience est justement ceci : le contenu – et il est l'esprit – est *en soi* substance, et donc *ob-jet* de la *conscience*. Mais cette substance qui est l'esprit est le *parvenir* de soi à ce qu'il est *en soi* ; et c'est seulement comme ce devenir se réfléchissant dans soi qu'il est en soi en vérité *l'esprit*. Il est en soi le mouvement qu'est le connaître, – la transformation de cet *en-soi* dans le *pour soi*, de la *substance* dans le *sujet*, de l'ob-jet de la *conscience* dans [l'] ob-jet de la *conscience de soi, i. e.* dans [un] ob-jet tout aussi bien sursumé, ou dans le *concept*. Il est le cercle faisant retour dans soi, qui présuppose son commencement et ne l'atteint qu'au terme[1].

En ce sens, la *Phénoménologie* apporte bien un éclairage décisif sur la façon dont Hegel comprend l'œuvre de Jacobi ; mais cela ne tient ni au fait qu'elle proposerait une justification conceptuelle du contenu de ses romans, ni même au fait que s'y déploie une critique du subjectivisme dont l'une des cibles privilégiées est la philosophie pratique de Jacobi. Cela vient plutôt de ce que, en portant un regard critique sur ce que conserve de « substantialiste » ou de « dogmatique » la position qu'il défend à la fin de *Foi et savoir* – à cet égard, la critique de Schelling que développe la Préface peut se lire, dans une certaine mesure, comme une « auto-critique[2] » –, Hegel est en quelque sorte conduit à inverser

---

1   *W.*3, 585 / tr. p. 686-687. *Cf.* aussi le texte immédiatement antérieur (*W.*3, 584-585 / tr. p. 686), dans lequel Hegel parle de la « nécessité d'enrichir la participation qu'a la conscience de soi à la conscience, de mettre en mouvement l'*immédiateté* de l'*en-soi* – la forme dans laquelle la substance est dans la conscience – ou inversement, l'en-soi [étant] pris comme l'*intérieur*, de réaliser et de révéler ce qui est d'abord *intérieur* – *i. e.* de le gagner à la certitude de soi-même ». *Cf.* encore la caractérisation de l'expérience comme « mouvement où l'immédiat, le non expérimenté, *i. e.* l'abstrait, que ce soit de l'être sensible ou du simple seulement pensé, s'aliène, et ensuite fait retour à soi à partir de cette aliénation » (*W.*3, 38-39 / tr. p. 97).

2   La critique qui reproche à Schelling de sombrer dans le formalisme parce qu'il persiste à opposer à « la connaissance différenciante » le « savoir un que dans l'absolu tout est

le regard qu'il porte sur la pensée de Jacobi : ce qui en 1802 n'était que l'expression pseudo philosophique d'une non-philosophie ou d'une anti-philosophie, aveugle à la portée spéculative des pensées de Spinoza ou de Kant, apparaît à présent comme l'expression non philosophique ou anti philosophique – c'est-à-dire immédiate et violente – d'une visée qui, en son fond, est déjà une visée spéculative. Aussi la philosophie hégélienne peut-elle revendiquer la part « rationnelle » du double héritage que comporte la pensée de Jacobi et combattre l'attitude de tous ceux qui, en en revendiquant l'autre part, ne font au contraire qu'ouvrir la voie au règne de l'arbitraire et de la violence, en montrant que la cohérence absolue de son discours est parfaitement en mesure de faire droit aux revendications que l'individu singulier est toujours tenté de lui opposer, au nom des « révélations » immédiates auxquelles lui donnent accès son cœur et son sentiment.

égal » (*W.*3, 22 / tr. p. 80), en maintenant une extériorité entre l'infini et le fini, ou entre l'identité et la différence, vaut aussi pour la distinction que met en avant la conclusion de *Foi et savoir* entre la « véritable philosophie » et son « phénomène », « conditionné » par le caractère accompli ou non de la culture historique (*W.*2, 431 / tr. p. 205). De ce point de vue, le doute qu'exprime le texte de 1802 quant à la possibilité d'assurer une « place véritable, mais subordonnée », au sein de « la philosophie » à « la philosophie de Jacobi » (*Ibid.* / tr. p. 206) semble lié à une conception « substantialiste » de l'absolu, alors que l'abandon de ce « substantialisme », tel qu'il s'opère dans la *Phénoménologie*, autorise un autre rapport à la pensée de Jacobi, déjà mis en œuvre dans l'ouvrage de 1807, et explicitement thématisé dans la *Recension* de 1817.

JACOBI ET LE SUBJECTIVISME RADICAL
DE L'ESPRIT DU TEMPS

LE SAVOIR IMMÉDIAT COMME MÉTAPHYSIQUE
DE L'IMMÉDIATETÉ

Les textes hégéliens de la maturité attestent de l'importance reconnue
à la pensée de Jacobi – ainsi, outre la *Recension* du tome III des *Œuvres
complètes* publiée en 1817 et l'analyse, dans les deux dernières éditions
de l'*Encyclopédie*, du savoir immédiat envisagé comme « *troisième position
de la pensée par rapport à l'objectivité* », les cours de Berlin – sur l'histoire
de la philosophie, sur la philosophie de la religion, sur les preuves de
l'existence de Dieu – ou encore la Préface à la *Philosophie de la religion* de
Hinrichs et la *Recension* des *Aphorismes* de Göschel – reviennent-ils avec
insistance sur la question du savoir immédiat. Mais, ne trahissent-ils
pas aussi une certaine indécision[1] ? Comment comprendre, en effet, que
l'écrit de 1817 puisse célébrer les mérites spéculatifs d'un discours dont
les textes ultérieurs présentent le principe – la revendication d'un savoir
immédiat de l'existence de Dieu – comme le signe d'une indigence de
pensée si flagrante que, développée jusqu'à ses dernières extrémités, elle
en arrive même à effacer toute différence entre l'humanité et l'animalité[2] ?
Lorsqu'ils ne se contentent pas de parler d'une évolution qui, après
la brève parenthèse de la *Recension*, reconduirait à un regard essentiellement négatif sur l'œuvre de Jacobi, ou d'alléguer la résistance qu'oppose
à la dialectique une pensée aussi rétive à la systématisation que celle de
Jacobi[3], les interprètes évacuent généralement la difficulté en recourant

---

1   Ainsi H.J. Gawoll parle-t-il d'une « relation ambivalente entre Hegel et Jacobi » dans la
    première partie de son livre *Hegel-Jacobi-Obereit*, *op. cit.* p. 11.
2   *Cf.* entre autres textes la remarque au § 2 de l'*Encyclopédie* de 1827/30 : « Lorsque l'on
    [sépare totalement sentiment et pensée], on oublie que seul l'homme est capable de
    religion, mais que l'animal n'a aucune religion, pas plus que ne lui appartiennent droit
    et moralité », *W*.8, 42 / tr. p. 164-165.
3   *Cf.* par exemple B. Sandkaulen, *op. cit.*, p. 237-238.

à des explications « biographiques » : une relecture de l'œuvre de Jacobi aurait incité Hegel à rendre justice à un auteur dont *Foi et savoir* avait quelque peu caricaturé les positions[1] ; ou bien, à l'inverse, le texte de 1817 serait surtout un texte « stratégique », motivé par la volonté d'asseoir sur le plan théorique une réconciliation avec Jacobi qui était déjà chose faite sur le plan des relations personnelles[2], l'aspect « élogieux » de son ton et de son contenu ne reflétant que de très loin la pensée véritable de Hegel[3].

Reste que ces explications partent toutes d'un même présupposé, selon lequel les écrits de la maturité qui se réfèrent à Jacobi mettraient en œuvre, toujours et partout, la même problématique. Or, n'est-ce pas là une hypothèse discutable ? Ne faut-il pas, en réalité, distinguer deux types de démarche ? D'un côté un questionnement – celui de la *Recension* – qui concerne la pensée de Jacobi lui-même, et qui cherche à y mettre en évidence la présence d'une dimension spéculative, dont le savoir immédiat n'est qu'une interprétation appauvrie et appauvrissante ; et de l'autre, une interrogation qui concerne le savoir immédiat envisagé comme une sorte de « modèle théorique », et qui cherche, en en dévoilant l'incohérence, à dénoncer l'inconsistance de la culture subjectiviste qui en est la concrétisation dans la pensée contemporaine – culture dont les principales affirmations, tout en découlant de l'interprétation réductrice que Jacobi a donnée de sa propre position, excèdent largement ses thèses spécifiques. En sorte que, loin de se contredire, Hegel ne ferait en réalité que compléter une relecture de l'œuvre de Jacobi qui y discerne la présence d'une intention spéculative, méconnue tant par son auteur que par ceux qui s'en proclament les héritiers, par la critique d'un modèle théorique qui doit l'essentiel de son succès à cette méconnaissance, en visant dans les deux cas un même but : montrer aux principaux représentants d'une culture dont il ne cesse de mentionner le rôle capital dans la pensée de son temps[4], que la solution

---

1 V. Verra, *F.H. Jacobi…, op. cit.*, p. 264 et *Jacobis Kritik…, op. cit.* p. 222.

2 *Cf.* la lettre à Niethammer du 19 Juillet 1812 (in *Briefe*, I, 207, *op. cit.* p. 413, trad., *op. cit.* p. 367. Dès 1808, Hegel semble s'être réconcilié avec Jacobi (*cf.* lettres à Niethammer du 23 Décembre 1807, où il prend la défense de Jacobi contre les critiques de Rottmanner, du 22 Janvier 1808, où il se dit très satisfait de la réaction de Jacobi, à qui Niethammer avait montré sa lettre de Décembre 1807, et du 20 Août 1808, où il prie Niethammer « de présenter [ses] compliments les plus respectueux à Jacobi » (*Briefe*, I, 111, 112, 126, *op. cit.* p. 203, 207, 239 / tr. p. 186, 189, 217), lequel avait même accepté en 1816 d'être le parrain d'un enfant des Hegel, qui ne verra pas le jour. (*cf.* lettre de Niethammer du 19 Janvier 1816 in *Briefe*, II, 259, *op. cit.* p. 66-67 / tr. p. 65).

3 *Cf.* par exemple R. Haym, *op. cit.*, p. 346-347. / tr. p. 409-410.

4 *Cf.* par exemple ce que dit la Préface à la seconde édition de l'*Encyclopédie* (1827) : « Du malentendu selon lequel l'insuffisance des catégories finies quand on a en vue la vérité entraînerait l'impossibilité d'une connaissance objective, on a conclu à l'autorisation de

de la question posée par Jacobi – c'est à dire la question de la frustration de l'individu face à une rationalité dont l'abstraction ne peut que décevoir son désir de sens concret – loin de résider en un subjectivisme qui invoque le cœur et le sentiment pour récuser toute pensée rationnelle, implique au contraire – comme le montre d'ailleurs l'aspect de l'œuvre de Jacobi qui est demeuré sans efficience sur le plan historique – le développement d'un système spéculatif au sein duquel la raison, irréductible en cela aux abstractions de l'entendement, n'est rien d'autre que le procès d'infinie cohérence qui est à l'œuvre, concrètement, dans la finitude de la nature et de l'histoire.

LA *RECENSION* DU TOME III DES *ŒUVRES COMPLÈTES* DE JACOBI (1817)

À la différence d'autres textes qui traitent, eux aussi, de la signification de la pensée de Jacobi – par exemple les *Leçons sur l'histoire de la philosophie* ou l'*Encyclopédie* – la *Recension* du tome III des *Œuvres complètes*[1] ne part pas de l'opposition théorisée par Jacobi entre un savoir rationnel que son caractère médiatisant condamne à n'avoir affaire qu'au fini et un savoir intuitif auquel son immédiateté permet d'appréhender l'infini. Hegel qui insiste d'emblée sur la nécessité d'en revenir au *Pantheismusstreit* pour

---

parler et de décider en s'appuyant sur le sentiment et l'opinion subjective, et à la place de la démonstration se présentent des assurances et les récits de ce qui se trouve là comme genre de faits dans la conscience, qui est tenue pour d'autant plus pure qu'elle est moins critique. C'est à une catégorie aussi sèche que l'est l'immédiateté, et sans l'examiner plus avant, que les besoins les plus élevés de l'esprit doivent être référés, et par son moyen qu'on doit décider à leur sujet » W.8, 16 / tr. p. 123 ; ou encore les formules de l'allocution d'ouverture des cours de Berlin du 22 Octobre 1818 : « Même en Allemagne, la platitude de l'époque antérieure […] s'est imaginé et a assuré avoir trouvé et démontré qu'il n'y avait aucune connaissance de la vérité ; Dieu, l'essence du monde et de l'esprit, serait quelque chose d'inconcevable, d'insaisissable ; il faudrait que l'esprit s'en tienne à la religion et la religion à la croyance, au sentiment et au pressentiment, sans savoir rationnel. La connaissance ne concernerait pas la nature de l'absolu, de Dieu et de ce qui, dans la nature et dans l'esprit, est vrai et absolu […]. Ne pas savoir le vrai et connaître seulement l'apparaître de ce qui est temporel et contingent, seulement ce qui est vain, c'est cette vanité qui s'est étalée et s'étale encore à notre époque dans la philosophie, et qui a le verbe haut » W.10, 402-403 / tr. p. 147-148. On trouve nombre de formules équivalentes tant dans l'Introduction de l'*Encyclopédie* de 1827/1830, que dans la *Préface à Hinrichs* ou les différentes versions des *Leçons sur la philosophie de la religion*.

1   W.4, 429 / tr. *Recension des Œuvres de F.H. Jacobi, op. cit.* p. 19 *sq*.

comprendre la manière dont Jacobi se situe face aux philosophies qu'il examine dans ce volume – celles de Kant, de Fichte et de Schelling – commence par s'interroger sur les raisons qui amènent les *Lettres sur la doctrine de Spinoza* à mettre en question la vérité du spinozisme : à l'évidence, il ne s'agit ni d'opposer à la philosophie une forme de religiosité naïve, ni, comme le prétendait *Foi et savoir*, de récuser la pertinence du philosopher au nom de la valeur exclusive du fini. À la différence de nombre de ses contemporains, Jacobi a su s'élever jusqu'au principe spinoziste, et il en a fait sienne « l'intuition sans lacune, infinie, et la connaissance du substantiel un », en y reconnaissant le résultat le plus élevé auquel conduit tout discours philosophique conséquent :

> [À la contagion des Lumières] Jacobi [...] n'opposa pas seulement la sûreté de son sentiment ; son esprit profond ne s'arrêta pas à ces pauvres restes où la métaphysique végétait tristement en nourrissant d'insipides espoirs ; mais il saisit plutôt la philosophie aux sources mêmes du savoir et se plongea dans le plus fort de sa plénitude sans lacune. L'effort philosophique peut bien s'épuiser, dans les matières métaphysiques, à analyser, distinguer ou recoller, à inventer de nouvelles possibilités de pensée ou des réfutations d'autres possibilités, s'il n'a pas à sa base l'intuition sans lacune, infinie, et la connaissance du substantiel *un* – ce qu'est le spinozisme et en possession de quoi nous voyons Jacobi – et s'il n'y mesure pas toutes les déterminations ultérieures, il manque alors cette relation de laquelle seule toutes les déterminations de la connaissance tiennent leur vérité, la relation que Spinoza exprime en disant que tout doit être considéré *sous l'aspect de l'éternel*. [...] Cette suprême intuition, Jacobi l'avait atteinte non pas seulement dans le sentiment et la représentation, – forme où en reste la simple religiosité –mais il avait reconnu avec Spinoza, par la voie supérieure de la *pensée*, qu'elle est le *résultat ultime et véritable du penser*, et que l'on ne peut philosopher de façon conséquente sans aboutir au spinozisme[1].

Aussi sa critique est-elle à entendre comme une critique *philosophique*, qui n'oppose certes au substantialisme de Spinoza qu'un sentiment, mais un sentiment où s'affirme la certitude de l'absoluité de l'esprit :

> Chez Jacobi s'affirme [...] le sentiment que le vrai, lorsqu'il se présente dans sa *première immédiateté*, est insuffisant pour l'*esprit* – qui, lui, n'est pas un immédiat – qu'il n'est pas encore saisi comme *l'esprit absolu*[2].

Autrement dit, Spinoza a pensé l'infinité du vrai, mais seulement comme « une *première immédiateté* », c'est-à-dire comme un « être abstrait, immobile, non-spirituel » au sein duquel l'absence de « l'élément

---

1   *W.*4, 431-432 / tr. p. 20-21.
2   *W.*4, 433 / tr. p. 21.

libre », ou de l'élément de la subjectivité et de l'auto-détermination, condamne le fini à s'anéantir dans l'« abîme » de la substantialité, « où toute détermination s'est jetée et brisée[1] ».

En ce sens, lorsqu'il dénonce les limites de tout savoir médiatisant, ou lorsqu'il accuse le spinozisme d'aboutir à l'athéisme et au nihilisme, Jacobi proclame simplement la nécessité du « passage de la substance absolue à l'esprit absolu[2] », sur le mode d'une certitude qui, au Dieu mort de Spinoza, oppose un Dieu vivant, c'est-à-dire un Dieu qui est « *esprit* et *amour éternel* », et qui l'est parce qu'il est capable de se différencier de soi pour revenir à soi en une unité dont l'immédiateté ne fait qu'exprimer sur le mode de l'intuition le résultat de ce procès d'auto-sursomption de la médiation :

> Ce passage de la substance absolue à l'esprit absolu, Jacobi l'avait accompli *dans l'intériorité de son coeur* et c'est avec un irrésistible *sentiment de certitude* qu'il avait proclamé : *Dieu est esprit, l'absolu est libre et personnel*. Du point de vue de la *pénétration philosophique*, il était d'une importance capitale qu'il mît ainsi en relief le moment de l'*immédiateté* de la connaissance de Dieu, avec la plus grande vigueur. Dieu n'est pas un Dieu mort mais un Dieu *vivant*. Il est même plus que celui qui est vivant, il est *esprit* et *amour éternel* et s'il est cela, c'est que son *être* est, non pas l'être *abstrait* ni la connaissance abstraite, mais bien le mouvement immanent de se distinguer de lui-même et de se connaître lui-même dans la personne distincte de lui ; et son essence n'est l'unité *immédiate*, c'est-à-dire l'unité qui *est*, que dans la mesure où elle *fait retourner* éternellement à l'unité cette éternelle médiation, et c'est ce retour même qui est cette unité, l'unité de la vie, du sentiment de soi, de la personnalité, du savoir de soi. La *raison*, qui est le *surnaturel* et le *divin* en l'homme, cette raison qui a le savoir de Dieu, Jacobi a donc affirmé qu'elle est *intuition* ; de cette manière, puisque comme vie et esprit elle est essentiellement médiation, elle n'est savoir immédiat qu'en tant qu'elle est sursomption de cette médiation[3].

Reste que s'il a accompli un tel passage, Jacobi ne l'a accompli, en se plaçant sur le terrain du sentiment, que « *dans l'intériorité de son coeur*[4] », c'est-à-dire sur le mode d'une certitude que sa pure intériorité condamne à n'exprimer son contenu que sur le mode de l'extériorité la plus radicale : faute d'apercevoir dans le rapport de la substance infinie à ses modes finis la présence implicite chez Spinoza de la négativité dont il déplore l'absence[5], Jacobi substitue en effet à ce qui devrait

---

1 *Ibid.*
2 *W.*4, 435 / tr. p. 23.
3 *Ibid.*
4 *Ibid.*
5 *W.*4, 434-435 / tr. p. 22.

être conçu comme un procès dialectique une opposition où le refus de
la médiation, loin de découler d'une négativité immanente au contenu,
provient uniquement d'une réflexion extérieure :

> Toutefois, le passage de la médiation à l'immédiateté prend plutôt chez Jacobi
> l'allure d'un rejet et d'un refus *extérieurs* de la médiation. Dans cette mesure,
> c'est la conscience réfléchissante qui, séparée de l'intuition rationnelle, met
> ce mouvement médiateur de la connaissance à distance de cette intuition[1].

Jacobi va même plus loin, puisqu'en transformant cette opposition extérieure en une séparation totale, il en vient à présenter comme un fait immédiat un résultat qui, dans la mesure où il procède d'une sursomption de
la médiation, est nécessairement médiatisé par ce dont il est la sursomption. En sorte que le savoir immédiat, cessant d'être « un acte de sursumer la médiation qui n'est tel que parce qu'il est un acte de médiatiser[2] »
devient un savoir dont la forme, qui contredit absolument par sa natura-
lité le contenu spirituel dont il proclame la vérité, réintroduit le substantialisme au cœur d'un discours qui s'en veut pourtant la critique radicale :

> C'est parce qu'elle est sursomption de la médiation que la connaissance est
> connaissance immédiate : si elle ne comprend pas son immédiateté de cette
> manière, on ne comprend pas non plus que c'est ainsi seulement qu'elle
> est l'*immédiateté* de la *raison*, et non celle d'une *pierre*. Dans la connaissance
> naturelle, le savoir qu'on a de Dieu peut bien prendre l'apparence d'un simple
> savoir immédiat, elle peut bien assimiler l'immédiateté selon laquelle l'esprit
> *est* pour elle à l'immédiateté de la perception d'une pierre ; mais c'est l'affaire
> du savoir philosophique que de discerner en quoi consiste véritablement
> l'opération de cette conscience, de discerner qu'en elle cette immédiateté est
> une immédiateté vivante, spirituelle, et qu'elle ne vient au jour que dans une
> médiation qui se sursume elle-même. C'est ce dont la conscience naturelle ne
> se rend pas compte, de même que, en tant qu'organisme vivant, elle digère
> sans pour autant posséder la science de la physiologie. [...] Or, dans la mesure
> où Jacobi rejette la *médiation* inhérente à la connaissance, ne la laisse pas se
> restaurer *au sein* même de la nature de l'esprit comme moment essentiel de
> celui-ci, *la conscience qu'il prend de l'esprit absolu* s'en tient à la forme du *savoir
> immédiat*, du savoir qui n'est que *substantiel*. L'intuition fondamentale du
> spinozisme dans sa simplicité a pour unique contenu la substantialité. Mais
> si l'intuition de l'absolu se sait comme une intuition *intellectuelle*, c'est-à-dire
> comme une intuition qui connaît, et si de plus son objet, son contenu n'est
> pas la substance figée, mais l'*esprit*, alors il faudrait rejeter tout autant cette
> forme du savoir qui ne dépasse pas la substantialité, et qui n'est autre que
> son immédiateté. Car c'est justement par la vie et le mouvement immanent

1   *W.*4, 435 / tr. p. 23.
2   *W.*4, 436 / tr. p. 23.

du savoir que l'esprit absolu se distingue de la substance absolue ; et il n'y a de savoir de lui que spirituel, intellectuel[1].

La suite du texte, consacrée aux écrits de Jacobi sur Kant et sur Fichte, ne fait, nous semble-t-il, que souligner la présence de cette contradiction au sein d'une pensée dont le contenu spéculatif est toujours exprimé sous une forme qui est la négation même de la spéculation. Ainsi, le texte sur Kant intitulé *Sur l'entreprise du criticisme de ramener la raison à l'entendement et de donner à la philosophie une nouvelle orientation* n'indique-t-il plus, comme dans *Foi et savoir*, une méconnaissance de ce qui est proprement philosophique chez Kant ; il en propose au contraire une critique parfaitement justifiée sur le plan du contenu comme sur celui de la forme : Jacobi, qui perçoit l'incapacité de la pensée kantienne à s'élever, tant au niveau théorique qu'au niveau pratique, à l'unité concrète qu'exige la dimension de l'esprit, est fondé à souligner qu'en partant d'identités aussi vides que l'espace, le temps, ou le « je pense », on ne peut opérer une synthèse a priori dont le résultat nécessaire serait le concret :

> Jacobi tient ferme, comme autant d'éléments distincts, et l'*espace*, et le *temps*, et la *conscience*, avec la *synthèse* pure de celle-ci, la synthèse *en soi*, indépendante de la thèse et de l'antithèse, c'est-à-dire la copule tout à fait abstraite *est, est, est*, sans commencement ni fin, selon la manière de l'entendement aride où ces éléments se présentent ; et il demande alors avec raison quelle *possibilité* resterait dans ces conditions de *nouer* tout cela ensemble. Et de fait, si le blanc doit rester seulement blanc, et le noir, de l'autre côté, seulement noir, il n'est pas possible qu'un gris ou une autre couleur ne naisse ni ne subsiste[2].

De plus, cette critique traite la philosophie kantienne de manière appropriée, « c'est-à-dire *dialectiquement*[3] », puisqu'elle y découvre l'existence de contradictions analogues à celles dont Kant dénonce la présence au sein de la métaphysique dogmatique. Mais, en même temps, cette dialectique demeure le fait d'une réflexion extérieure qui, croyant qu'elle a découvert par elle-même l'inanité de l'espace, du temps, ou de l'identité du « je pense », s'interdit tout déploiement dont la forme serait celle d'une « dialectique *objective* », et se condamne ainsi à avoir pour résultat le néant, alors qu'elle aurait pu déboucher sur la preuve de la nécessité du concret :

---

1   *W.*4, 436-438 / tr. p. 23-25.
2   *W.*441 / tr. p. 27-28.
3   *W.*440 / tr. p. 27.

On prouve que *le concret est impossible* si l'on admet ces êtres de raison : alors que, ayant mis en évidence leur non-vérité, on aurait pu par là même retourner cette preuve en son contraire, en preuve de la *nécessité* du concret[1].

De même, Jacobi, dont la pensée repose sur le principe de « la *liberté de l'esprit*[2] », est pourtant incapable d'en reconnaître l'expression, « sous des formes qui, quoique différentes des siennes, renferment le même contenu » et « les mêmes résultats[3] » ; ainsi, dans l'idée kantienne d'« une aperception originairement synthétique de la conscience de soi[4] », ne voit-il qu'une abstraction vide, sans y discerner la dimension de la subjectivité et de l'auto-détermination, dont il regrette l'absence chez Spinoza :

> Mais ce qu'il est plus important de ne pas laisser échapper, c'est qu'en traitant ainsi de la critique kantienne de la raison, on n'a pas indiqué son mérite infini d'avoir reconnu la *liberté de l'esprit* comme principe y compris sur le plan *théorique*. Le principe de la liberté de l'esprit se trouve, certes sous une forme abstraite, dans l'idée d'une aperception originairement synthétique de la conscience de soi qui, même au niveau de la connaissance, veut être essentiellement *auto-déterminante*[5].

C'est une contradiction analogue qui forme le fond de la *Lettre à Fichte* : Hegel, qui renonce, là aussi, aux polémiques de *Foi et savoir* contre un empirisme commun à Jacobi et à Fichte, y découvre en effet une mise en lumière de l'insuffisance de la *Doctrine de la science* qui est « pour l'essentiel du même ordre que ce que Jacobi contestait dans la philosophie kantienne[6] ». Mais, au lieu de traiter de cette philosophie « dialectiquement, comme il l'avait fait pour celle de Kant », et ce, alors même que la pensée de Fichte « en raison de sa forme scientifique se fût prêtée plus facilement à un tel traitement », Jacobi se borne à opposer à l'abstraction du Je = Je « son intuition sans lacune du concret absolu, du spirituel, et à partir de là à rejeter l'unilatéralité de la subjectivité fichtéenne[7] ». Célébration abstraite du concret dont la *Recension* tire une conclusion proche de celle qu'en tirait la *Phénoménologie de l'Esprit* : rien n'est plus révélateur de l'ambiguïté du discours de Jacobi que la façon dont il aborde la question de la morale :

---

1 *W*.4, 441-442 / tr. p. 28 ; *cf.* aussi *W*.5, 99 *sq.* / trad. G. Jarczyk, P.J. Labarrière, *Science de la logique*, la doctrine de l'Être, version de 1832, Paris, Kimé, 2007, p. 81 *sq.*
2 *W*.4, 442 / tr. p. 28.
3 *W*.4, 456 / tr. p. 38.
4 *W*.4, 442 / tr. p. 28.
5 *Ibid.*
6 *W*.4, 445 / tr. p. 30.
7 *W*.4, 446 / tr. p. 31.

d'un côté il est parfaitement en droit de refuser la sécheresse et l'abstraction d'un formalisme qui, chez Kant comme chez Fichte, se traduit par une condamnation radicale de la sensibilité et du sentiment :

> Ce que Jacobi appelle principe moral de la *raison*, mais qui n'est en réalité que le principe d'une *raison* ramenée au niveau de l'*entendement*, l'unisson abstrait de l'homme avec lui-même, il le qualifie à *bon droit* de morne, de désolé et de vide, opposant à cet unisson la faculté des idées en tant qu'*idées non vides*, la raison *concrète*, sous le terme populaire de cœur[1].

Mais, d'un autre côté, comment entendre cette apologie du cœur et de la conviction immédiate ? On pourrait certes y voir un équivalent de la critique aristotélicienne du principe moral socratique, et en conclure que Jacobi cherche simplement à rappeler aux partisans du devoir pour le devoir que la morale a pour but d'être vécue, dans la singularité d'une existence concrète, dont les tendances et les habitus sont informés par l'universel. Mais, en même temps, la valorisation du cœur, opposé au bien en soi et au vrai, n'a-t-elle pas une autre signification, plus inquiétante ? En mettant en question l'absolutisation de tout devoir déterminé, comme le fait le passage le plus célèbre de la *Lettre à Fichte* qui revendique, contre le nihilisme de « la volonté *qui ne veut rien*[2] » un droit à l'impiété et à l'athéisme, Jacobi aboutit sans doute pour une part « au même résultat qu'une *dialectique* qui fait prendre conscience des *limites* attachées aux droits, aux devoirs et aux commandements moraux ou religieux *déterminés*[3] ». Toutefois, en résulte-t-il qu'il faille cesser d'admettre que tout devoir n'a de sens que dans une situation déterminée ? Ou qu'il faille abandonner l'idée même de détermination ? N'est-ce pas retomber dans le formalisme et le nihilisme de la volonté absolue qui ne veut rien ? Et surtout, n'est-ce pas ouvrir la voie à tous ceux qui, désireux de s'affranchir de la loi elle-même, et non pas simplement de sa lettre, invoquent l'arbitraire d'une subjectivité « romantique », pour magnifier l'authenticité du héros confronté à telle ou telle situation exceptionnelle et l'élever au-dessus du prosaïsme et de la droiture de l'être moral pour qui, dans la vie éthique, c'est l'homme qui est « fait *pour la loi* » et qui « vaut [. . .] *par elle* », et non la loi qui « est faite *pour l'homme* et vaut *par lui*[4] » ?

---

1 *Ibid.*
2 *W.*4, 448 / tr. p. 33.
3 *W.*4, 449-450 / tr. p. 34.
4 *W.*4, 451 / tr. p. 35. De ce point de vue, la position de Jacobi ne fait que préparer l'« ironie » de F. Schlegel. *Cf. W.*7, 277*sq.*, *Principes de la philosophie du droit*, § 140 Remarque / tr. *op. cit.* p. 225 *sq.*, ainsi que *Vorlesungen über die Logik (Berlin 1831)* hrsg. von U. Rameil

Ces analyses soulignent toutes la présence dans les textes de Jacobi d'une dimension spéculative ; mais toujours dans le but de montrer qu'en comprenant son discours comme un savoir immédiat, celui-ci en dissimule la portée véritable. À cet égard, rien n'est plus significatif que la polémique anti-schellingienne de l'écrit *Sur les choses divines et leur révélation*. Contrairement aux pensées de Kant ou de Fichte, la philosophie de l'identité n'est plus une « abstraction unilatérale », et son principe, ou son « idée fondamentale », n'est autre que « le concret » ou « l'esprit lui-même[1] », c'est-à-dire le principe même sur lequel se fonde implicitement Jacobi ; dès lors, pourquoi cette polémique ? Même s'il est vrai que chez Schelling, la forme scientifique est loin d'avoir acquis « sa méthode déterminée et sûre[2] », il est évident que le différend concerne la forme du discours plus que son contenu :

> En ce qui concerne sur ce point la dialectique de Jacobi, elle ne dépend pas tant du *contenu* de son point de vue que de la *forme* tenace en laquelle il affirme ce point de vue. [...] [Cette forme] a, comme on sait, la caractéristique d'être opposée au développement tiré des concepts, à la preuve et à la pensée méthodique. Dépouillées de ces formes de connaissance qui font apparaître une idée comme *nécessaire*, les idées positives de Jacobi, lorsqu'il les expose, ne se montrent qu'avec la valeur d'*assurances* ; *sentiment, pressentiment, immédiateté de la conscience, intuition* intellectuelle, *foi, certitude* irrésistible des idées, voilà ce qu'on donne comme assise de leur *vérité*[3].

Autrement dit, Jacobi reconnaît bien l'absoluité de l'esprit, mais en faisant de cette reconnaissance une simple conviction personnelle, il lui ôte toute valeur théorique. Aussi, son discours conserve-t-il le statut que lui assignait *Foi et savoir* : celui d'une expression « littéraire », qui relève du genre « *geistreich* », non au sens où le texte de 1802 soulignait que le refus du philosopher y apparaît parfois sous des formes qui, prises pour elles-mêmes, auraient une authentique portée conceptuelle[4] ; mais au sens où l'Idée spéculative y surgit sous la forme de trouvailles heureuses, qui suppléent à l'absence de tout développement conceptuel par des rapprochements soudains entre des idées antithétiques, et permettent ainsi à un langage qui reste le

---

und H. C. Lucas, Hamburg, Meiner, 2001, p. 79 / tr. D. Wittmann, JM. Buee, *Leçons sur la logique 1831*, Paris, Vrin, 2007, § 72, p. 84.

1   *W.*4, 452 / tr. p. 35.
2   *Ibid.* / tr. p. 36.
3   *W.*4, 452-453 / tr. p. 36.
4   *W.*2, 354 / tr. p. 144.

langage de l'entendement de faire signe, en une sorte de clair-obscur, vers la rationalité proprement spéculative :

> [Chez Jacobi], les idées apparaissent pleines de sentiment, souvent présentes avec une clarté profonde, toujours exprimées d'une manière qui est *riche en esprit*. Le genre *riche en esprit* est une sorte de *succédané* de la pensée méthodiquement élaborée et progressant rationnellement. Elevé au dessus de l'entendement, il a pour âme l'idée : il se saisit de l'antithèse dans laquelle celle-ci repose ; mais en ne portant à la conscience ni sa conception abstraite ni le passage dialectique de concept en concept, il n'a pour *matériau* que des représentations concrètes ainsi que des pensées *du niveau de l'entendement*, et c'est une lutte pour faire s'y réfléchir ce qui est supérieur. Ce reflet du supérieur dans les produits de l'entendement et dans les représentations, ce reflet que dans ce matériau produit la puissance de l'esprit, s'allie à ce doux charme par quoi nous attire le clair-obscur[1].

De ce point de vue, il convient donc de souligner que le discours de Jacobi est un discours brillant, incisif, original, qui fournit à la pensée philosophique toutes sortes de « stimulations[2] » et d'incitations ; mais aussi que, là où les problèmes spéculatifs sont réellement en jeu, celui-ci ne saurait tenir lieu de langage conceptuel :

> Autant il est vrai que le genre riche en esprit ne tient son ressort interne, mais occulte, que du spéculatif, autant ce dernier, là où il doit être en tant que spéculatif, ne peut se révéler que sous la forme du concept. Si le clair-obscur du genre riche en esprit est aimable pour la raison que la lumière de l'Idée y produit son reflet, autant il perd ce mérite là où c'est la lumière même de la raison qui éclaire, et tout ce qui lui revient en propre par rapport à celle-ci n'est plus alors qu'obscurité. Tout ce qu'on se permet d'ordinaire dans ce genre est ici inapproprié à l'objet : le décousu, les saillies, les audaces de l'expression, les pointes de l'intelligence, ses excès et son obstination, l'usage des représentations sensibles, l'appel au sentiment et au bon sens[3].

Dès lors, on ne peut s'étonner des approximations et des incohérences qui ne cessent d'émailler les propos de Jacobi : n'est-ce pas en effet son refus de la rigueur conceptuelle qui le pousse à insister sur l'« invalidité » du « je pense » kantien au lieu d'y discerner « le spirituel véritable[4] » ? Ou qui l'empêche de reconnaître « *sa propre* intuition » dans des expressions – par exemple la « *causa sui* » de Spinoza – qui, « quoique différentes

---

1 *W.*4, 453 / tr. p. 36.
2 *Ibid.*
3 *W.*4, 454 / tr. p. 37.
4 *W.*4, 456 / tr. p. 38.

des siennes, renferment le même contenu et le même résultat », mais
« en ayant pour âme le penser et le concept[1] » ? Et n'est-ce pas ce même
refus qui le conduit à soutenir des thèses qui, prises à la lettre, sont
incompatibles avec l'esprit véritable de sa philosophie, telles l'affirmation
de la transcendance et de l'extériorité d'un Dieu dont il proclame en
même temps l'intériorité essentielle[2], ou l'affirmation de la nécessité
d'un choix entre la croyance en Dieu et l'auto-divinisation du je, qui
contredit sa propre critique du principe du tiers exclu[3] ?

Outre ces contradictions manifestes, la fin du texte semble également souligner un point décisif : cette hostilité de Jacobi au discours
conceptuel n'a-t-elle pas encore une autre conséquence, qui est de priver
sa pensée de l'influence historique qui aurait pu –ou qui aurait dû – être
la sienne ? Où réside en effet l'importance historique de Jacobi ? Comme
on l'a vu, dans une critique de la métaphysique qui n'a rien à envier à
celle de Kant ; ou, plus exactement, dans le fait que cette critique, à la
différence de la critique kantienne, met l'accent sur la question de la
méthode, plus que sur celle du contenu de la connaissance : « l'œuvre
commune de Jacobi et de Kant est d'avoir mis fin non pas tant au contenu
de la *métaphysique d'autrefois* qu'à son *mode de connaissance*[4] ». Par là, dit
Hegel, Jacobi « a fait époque de façon durable [...] dans l'histoire de la
philosophie », dans la mesure où il a fondé « la nécessité d'une conception
complètement renouvelée du *logique*[5] ». Mais, Jacobi lui-même a-t-il
perçu que telle était la signification de sa pensée ? Outre le fait qu'il n'a
jamais contribué, de quelque manière que ce soit, à l'élaboration de la
logique spéculative à laquelle songe ici Hegel, il est évident qu'il n'a
jamais eu la moindre conscience de la portée logique des objections qu'il
oppose aux autres philosophies : ainsi la seconde édition de la *Science de
la logique*, qui revient sur la critique jacobienne de la synthèse *a priori*, en
montrant que, logiquement développée, elle conduirait à penser l'identité

---

1 *Ibid.*
2 *W.*4, 457 / tr. p. 39 : dans son texte *Sur les choses divines*, Jacobi déclare que « *Seule* l'essence
   la plus haute en l'homme porte témoignage d'un *Très-haut* hors de lui », en présentant
   comme essentiellement intérieur un Dieu dont il affirme pourtant l'extériorité et la
   transcendance. (*Werkeausgabe, op. cit.* p. 65 / tr. p. 81).
3 *Ibid.* / tr. p. 40 : Jacobi écrit dans la *Lettre à Fichte* : « Dieu est, et il est hors de moi, un
   être vivant, subsistant pour soi, ou bien moi, je suis Dieu. Il n'y a pas de troisième terme »
   (*Werkeausgabe, op. cit.* p. 220 / tr. p. 128), en oubliant que le principe sur lequel repose
   cette alternative – autrement dit le principe du tiers exclu – est l'objet dans sa pensée
   d'une critique radicale.
4 *W.*4, 455 / tr. p. 37. *Cf.* aussi *W.*6, 539 / tr. *Science de la logique*, III. *op. cit.* p. 356.
5 *Ibid.*

de l'être et du néant qui inaugure son propre parcours, est-elle obligée de constater que Jacobi n'a jamais entrevu, fût-ce de manière confuse, que cette identité formait le fond de son argumentation[1]. Aussi, après avoir rappelé les mérites de Jacobi, Hegel poursuit-il en déclarant :

> Une fois qu'on a reconnu ce mérite en ce qui concerne la connaissance, il faut en rester là ; car ensuite, comme Kant, en s'attaquant aux formes finies de la connaissance, a fixé le résultat *négatif*, Jacobi l'a fixé en s'attaquant à la *connaissance en soi et pour soi*. Il s'est abstenu d'aller plus loin et de donner pour âme, si l'on peut dire, à la *connaissance*, non plus, comme jusqu'alors, l'entendement, mais la raison et l'esprit, de la faire naître à nouveau de la raison et de l'esprit, de la baptiser à nouveau dans l'esprit après le baptême d'eau de l'entendement[2].

Même si la fin du texte croit pouvoir suggérer, en invoquant une lettre dans laquelle Jacobi loue Hamann de rejeter « le *principium contradictionis* » et de toujours rechercher « la *coïncidentia oppositorum* », qu'« il devrait également se trouver en harmonie avec une connaissance qui n'est autre qu'une conscience de la *coïncidence* et un savoir des idées de personnalité, de liberté et de Dieu[3] », force est en réalité de reconnaître que, des deux pôles antagonistes que comporte le discours de Jacobi, c'est celui du savoir immédiat qui l'a emporté sur celui de la spéculation, en fournissant à ceux qui s'en sont proclamés les héritiers une sorte de « modèle théorique », dont ils n'hésitent pas à faire usage pour développer des thèses que Jacobi lui-même avait pourtant explicitement récusées. Ainsi, « les affirmations de Jacobi sur l'incapacité où se trouverait la science de connaître le divin » ont-elles « une conséquence dont il est difficile de les absoudre : l'ignorance et la bêtise les ont adoptées *utiliter* comme un mol oreiller, s'en sont fait une bonne conscience et en ont même tiré orgueil[4] ». De même, des « amis de Jacobi » – probablement Fries – « ont pu penser avoir [...] trouvé une *amélioration* de la philosophie critique » dans la transformation de « la connaissance de l'esprit » en une connaissance anthropologique de simples « *faits* qui se *trouveraient là* dans la conscience » ; mais, ce faisant, ils ont oublié que c'est au contraire « le *manque* de [la] nécessité, la *contingence* et l'*extériorité* avec lesquelles les déterminations de l'esprit apparaissent les unes en face des autres chez Kant,

---

1   *W.*5, 103-104 / tr. p. 85.
2   *W.*4, 455 / tr. p. 37-38.
3   *W.*4, 460-461 / tr. p. 41-42.
4   *W.*4, 439 / tr. p. 26.

qui fournissent à Jacobi la base de sa dialectique contre leur synthèse en général[1] » ; quant aux « sentimentalismes » en tout genre qui ne cessent de se réclamer de Jacobi, ne perdent-ils pas de vue que sa critique du primat du pratique chez Kant est aussi une critique du privilège indu qu'ils accordent au cœur et au sentiment ?

> Le blâme ainsi infligé à cette unilatéralité du pratique est hautement significatif, et d'autant plus que c'est devenu presque un préjugé de penser que le vrai se trouve uniquement dans le pratique, dans l'élan du cœur, et que la connaissance, le savoir, la raison théorique sont ici superflus, voire dommageables et dangereux[2].

Si le texte de 1817 ne vise pas seulement à se réconcilier avec Jacobi, s'il cherche à ramener vers la spéculation le regard d'une époque qui s'en est radicalement détournée, en en découvrant la trace au cœur même de la pensée dont les partisans de l'immédiateté invoquent volontiers l'autorité, il est évident que cette hostilité constitue un obstacle supplémentaire à la réussite d'une entreprise, qui exige, en ce sens, une critique radicale de l'évidence que la pensée contemporaine semble accorder à ce qu'elle tient pour un véritable « modèle théorique ». Dès lors, ne peut-on penser que c'est un impératif de ce genre qui guide Hegel, lorsque, dans les deux dernières éditions de l'*Encyclopédie des sciences philosophiques*, il en vient à compléter un exposé introductif qui, à l'origine, n'envisageait que deux « *positions de la pensée par rapport à l'objectivité* » – la « métaphysique » d'une part, le couple « empirisme/criticisme[3] » de l'autre – par une analyse du « savoir immédiat[4] », considéré comme une troisième position fondamentale ? Ou, si l'on préfère, ne peut-on considérer que ce texte est d'abord un texte dirigé contre la postérité « subjectiviste » de Jacobi, qui s'efforce de montrer que l'hostilité de celle-ci à l'égard de la philosophie n'est que la conséquence de la cécité dont a fait preuve Jacobi lui-même quant au véritable sens de sa pensée ?

---

1   *W.*4, 443 / tr. p. 29.
2   *W.*4, 444 / tr. p. 30. On peut également ajouter que le texte fait allusion aux prolongements contemporains de la pensée de Jacobi, lorsqu'il lie les ambiguïtés et les insuffisances de la critique jacobienne de la morale du pur devoir au développement d'un « *romantisme* » qui tend à absolutiser le « sentiment » et la « certitude intime du sujet » (*W.*4, 450 / tr. p. 34).
3   *Sämtliche Werke (SW)*, hrsg. von H. Glockner, p. 37 / tr. *Encyclopédie* (1817) *op. cit.* § 18, p. 191, *SW* 42, §§ 26 et 27 / tr. p. 194-195.
4   *W* 8, 148 / trad. *Encyclopédie* (1827-1830), *op. cit.* p. 323.

LE SAVOIR IMMÉDIAT COMME « TROISIÈME POSITION DE LA PENSÉE PAR RAPPORT À L'OBJECTIVITÉ »

L'*Encyclopédie* ne cherche pas, comme la *Recension* de 1817, à confronter le savoir immédiat à une intention spéculative dont la présence aurait été préalablement mise à jour. Celui-ci y constitue une « *position de la pensée par rapport à l'objectivité*[1] », c'est-à-dire une réponse possible à la question de la connaissance de la *vérité*[2], telle qu'elle se pose dans le contexte philosophique issu de la critique kantienne de la métaphysique. De ce point de vue, il n'existe aucun désaccord avec Kant : la vérité est inconnaissable, ou comme le dit le § 61 « [la pensée] est, pareillement, incapable de [la] saisir[3] ». Toutefois, son caractère inconnaissable n'est plus lié à un usage illégitime des catégories de l'entendement ; il tient à leur essence même, c'est-à-dire à une finitude qui leur interdit d'appréhender l'infini, sans le transformer *ipso facto* en un terme fini et conditionné :

> [Les catégories], telles que l'entendement les fixe, sont des déterminations bornées, des formes de ce qui est *conditionné, dépendant, médiatisé*. Pour la pensée bornée à elles, l'infini, le vrai, n'est pas ; elle ne peut opérer aucun passage à celui-ci (ce qui va contre les preuves de l'existence de Dieu). Ces déterminations de pensée sont appelées aussi *concepts* ; et *concevoir* un objet ne signifie dans cette mesure rien d'autre que le saisir dans la forme de quelque chose de *conditionné* et de *médiatisé*, par conséquent, dans la mesure où il est le vrai, l'infini, l'inconditionné, le changer en quelque chose de conditionné et de médiatisé, et de cette manière, au lieu de saisir le vrai de façon pensante, bien plutôt le renverser en un non-vrai[4].

Le savoir immédiat peut ainsi prétendre dépasser les limites que la philosophie critique a assignées au savoir ; il est certes impossible de

---

1 *Ibid.*
2 *W.*8, 91 / tr. p. 290-291. Cela n'implique pas cependant que la discussion hégélienne se réduise à une discussion « épistémologique » avec les thèses de Jacobi, comme semble le dire l'article de K.R. Westphal, *Hegel's Attitude Toward Jacobi in the « Third Attitude of Thought Toward Objectivity » (Encyclopedia §§ 61-78)* in *The Southern Journal of Philosophy*, 27.1, 1989, p. 135-156.
3 *W.*8, 148 / tr. p. 323.
4 *W.*8, 148 / tr. p. 324. Comme le souligne la remarque de ce paragraphe, qui reprend un thème sur lequel la *Science de la logique* avait déjà insisté (*W.*6, 539-540 / tr. p. 356.), c'est le fait d'envisager les catégories, non dans leur usage subjectif, mais « selon leur déterminité » elle-même et de souligner leur finitude, qui confère à la critique jacobienne du dogmatisme métaphysique une supériorité sur la critique kantienne.

connaître discursivement l'absolu, mais cela n'en fait ni une chose en
soi insaisissable, ni un au-delà inaccessible : Dieu se révèle à l'homme,
sur le mode d'une foi ou d'une croyance, que l'on peut baptiser raison,
pour la distinguer de l'entendement et de ses médiations finies, mais
qui consiste en une intuition immédiate :

> En même temps, il est affirmé que *la vérité est pour l'esprit*, à tel point que c'est
> par la *raison* seule que l'homme subsiste, et qu'elle est *le savoir de Dieu*. Mais
> puisque le savoir médiatisé doit être borné seulement à un contenu fini, la
> raison est *savoir immédiat, croyance* [...] Ce que sait ce savoir immédiat, c'est
> que l'être infini, éternel, Dieu, qui est dans notre *représentation, est* aussi, que,
> dans la conscience, à cette *représentation* est liée immédiatement et insépara-
> blement la certitude de son *être*[1].

Toute la question est de savoir si cette séparation entre médiation et
immédiateté, ou entre intuition et discours, ne ruine pas la prétention
du savoir immédiat à dépasser les abstractions de l'entendement sans
en revenir pour autant à une forme de dogmatisme métaphysique[2] :
lorsqu'ils opposent « polémiquement[3] » l'intuition immédiate de Dieu à
la cohérence du discours, les partisans du savoir immédiat ne sont-ils pas
contraints en effet d'avouer qu'ils restent prisonniers du type de pensée
dont ils se croient libérés[4] ? Et surtout, ne sont-ils pas contraints d'avouer
que cette contradiction devient clairement visible, dès qu'ils s'appliquent
à eux-mêmes ce qu'ils tiennent pour le seul critère du vrai, c'est-à-dire
le critère de la facticité empirique ou de l'expérience immédiate[5] ?

---

1   *W.*8, 150 / tr. p. 325 ; *W.*8, 153 / tr. p. 328.

2   Sur le « *dogmatisme* » de la « métaphysique d'autrefois », *cf.* *W.*8, 98 / tr. p. 296.

3   *W.*8, 148 / tr. p. 324.

4   « Dans de telles exclusions mêmes », dit le § 65, « le point de vue cité se révèle aussitôt
    comme une rechute dans l'entendement métaphysique, dans son « *ou bien-ou bien* », et
    par là même dans le rapport de la médiation extérieure, qui repose sur le fait de tenir
    fixement au fini, c'est-à-dire à des déterminations unilatérales au-delà desquelles cette
    manière de voir s'imagine faussement s'être placée ». *W.*8, 155 / tr. p. 330.

5   Comme le précise le § 25, les positions de la pensée par rapport à l'objectivité ne sont
    ici examinées que « de façon historique et en raisonnant » (*W.*8, 92 / tr. p. 292), ce qui
    implique, dans le cas du savoir immédiat, que l'on ne se contente pas d'une critique
    située sur un plan – celui du « logique » – dont les partisans du savoir immédiat récusent
    l'autorité lorsqu'ils affirment l'immédiateté exclusive du vrai, mais que l'on confronte la
    prétention du savoir immédiat à ce qu'il érige lui-même en critère du vrai, c'est-à-dire au
    donné immédiat de l'expérience : « Le savoir exclusivement immédiat est affirmé seulement
    comme *un fait*, et ici, dans l'introduction, on ne peut le prendre que suivant cette réflexion
    extérieure. En soi, ce qui importe, c'est l'être logique de l'opposition de l'immédiateté
    et de la médiation. Mais ce point de vue-là refuse de considérer la nature de la Chose,
    c'est-à-dire le concept, car une telle considération conduit à de la médiation et même à
    de la connaissance ». (*W.*8, 155-156 / tr. p. 330-331). *Cf.* aussi *W.*8, 163-164 / tr. p. 339.

Que montre en effet l'expérience commune ? À l'évidence toute certitude immédiate, qu'il s'agisse d'une connaissance familière ou de l'aisance
à laquelle on parvient dans la maîtrise d'un savoir faire, suppose une
série de médiations préalables[1] ; aussi les philosophies et les religions
qui invoquent une révélation immédiate du vrai présentent-elles toujours celle-ci comme le résultat – ou le point de départ – d'un procès
de culture ou d'éducation[2]. Dès lors, le savoir immédiat fait-il exception
à la règle ? Ses partisans ne sont-ils pas les premiers à souligner que
la saisie intuitive du vrai exige des conditions qui sont des conditions
« constantes[3] » ? Et ne sont-ils pas aussi les premiers à indiquer, en
« décrivant » « le savoir de Dieu et du divin [...] comme une *élévation au
dessus* du sensible et du fini », que ce savoir, même s'il se présente sous
la forme d'« une certitude immédiate » a « néanmoins ce chemin de la
médiation pour condition et pour présupposition[4] » ?

Autrement dit, le savoir immédiat se meut dans une incohérence
totale : non seulement son existence devient incompréhensible lorsqu'on
l'isole du procès de médiation dont elle est l'aboutissement ; mais son
contenu – c'est-à-dire l'unité du penser et de l'être qui est constitutive
de toute rationalité – garde « en lui-même[5] » la trace de ce procès. Aussi
est-il irréductible à l'immédiateté d'un simple fait :

> Ce qu'affirme en effet ce point de vue, c'est que ni l'*Idée* en tant qu'une pen-
> sée simplement *subjective*, ni simplement un *être* pour lui-même, ne sont le
> vrai ; [...] Par là est ainsi immédiatement affirmé que l'Idée n'est *le vrai* que
> *par la médiation* de l'être, et inversement, que l'être n'est le vrai que *par la
> médiation* de l'Idée[6].

À l'évidence, le savoir immédiat veut saisir la raison, ou l'« esprit,
vivant et *concret*[7] », et non une abstraction vide et indéterminée : « La
proposition du savoir immédiat ne veut pas, à bon droit, l'immédiateté
indéterminée, vide, l'être abstrait ou une unité pure [prise] pour elle-
même, mais l'unité *de l'Idée* avec l'être[8] ». Dès lors, ses partisans ne
sont-ils pas contraints de reconnaître, comme un fait irrécusable, qu'il

---

1   *W.*8, 156 / tr. p. 331.
2   *W.*8, 157 / tr. p. 332.
3   *W.*8, 158 / tr. p. 333.
4   *Ibid.*
5   *W.*8, 159 / tr. p. 334.
6   *W.*8, 159-160 / tr. p. 334.
7   *W.*8, 163 / tr. p. 338.
8   *W.*8, 160 / tr. p. 334.

est irrationnel de traiter comme une unité immédiate et indifférenciée un contenu dont la rationalité repose au contraire sur la médiation réciproque des moments dont il est l'unité ?

> C'est être dépourvu de pensée que de ne pas voir que l'unité de déterminations *différentes* n'est pas simplement une unité purement immédiate, c'est-à-dire totalement indéterminée et vide, mais qu'il est posé justement en elle, que l'une des déterminations n'a de vérité, que médiatisée par l'autre, – ou si l'on veut, que chacune n'est médiatisée avec la vérité que par l'autre. – Que la détermination de la médiation est contenue dans cette immédiateté-là elle-même est par là montré comme un *fait* contre lequel l'*entendement*, conformément au propre principe du savoir immédiat, ne peut rien avoir à objecter[1].

Hegel peut ainsi répondre à sa question initiale : le savoir immédiat a beau affirmer qu'il dépasse les abstractions de l'entendement, la séparation qu'il instaure entre immédiateté et médiation montre au contraire qu'il en participe. Autrement dit, il n'est qu'un discours abstrait, auquel son abstraction interdit de surmonter la difficulté qu'il a lui-même créée, en commençant par séparer ce qui est antérieur à toute séparation :

> C'est seulement l'entendement courant abstrait qui prend les déterminations de l'immédiateté et de la médiation, chacune pour elle-même, comme absolues et s'imagine avoir en elles quelque chose de *ferme* en fait de distinction ; il se crée ainsi la difficulté insurmontable de les réunir ; – difficulté qui, comme on l'a montré, n'est pas présente dans le fait, tout comme elle disparaît dans le concept spéculatif[2].

Pourtant, cette conclusion est-elle celle des partisans du savoir immédiat ? Loin d'en revenir à l'expérience concrète, ou d'entrer dans le procès du concept spéculatif, comme le leur suggère la fin du § 70, ces derniers cherchent au contraire à maintenir leur point de vue. La difficulté auquel celui-ci se heurte tient pour l'essentiel à une contradiction entre sa forme et son contenu. Mais, si elle est « insurmontable », cette contradiction est-elle pour autant « inéliminable » ? N'est-il pas évident au contraire qu'elle disparaît lorsque le savoir immédiat cesse d'identifier son contenu à la raison ou à l'esprit ? C'est-à-dire lorsqu'il envisage ce contenu comme l'absolutisation de sa propre forme, ou, ce qui revient au même, lorsqu'il se pose comme l'affirmation de la valeur absolue de la certitude immédiate ? Comme l'explique la suite du texte, le savoir

---

1 *Ibid.*
2 *Ibid.*

immédiat devient ainsi un point de vue « unilatéral[1] », dont l'unilatéralité tient au fait que « la *forme de l'immédiateté* [...], parce qu'elle est *unilatérale*, rend son contenu lui-même unilatéral et par là *fini*[2] ». L'« *universel* » ne désigne plus en effet un contenu spirituel ou rationnel ; il n'est qu'un universel abstrait et indéterminé, une forme vide, à laquelle cette vacuité ôte toute rationalité, puisqu'elle peut justifier n'importe quel contenu concret : aussi, loin d'être « *concret*, vivant et esprit », Dieu devient-il un « *Être suprême*[3] », ou une « essence sans détermination[4] », que peut exprimer concrètement tout contenu religieux[5]. Quant au « *particulier* », il cesse lui aussi d'être un contenu déterminé et distinct d'autres contenus ; réduit à un pur « rapport à soi », séparé de tout rapport à « *autre chose* en dehors de lui », il devient un « *être* » indifférencié[6], un immédiat sensible, soustrait au procès « dialectique » qui seul pourrait en révéler le sens et les limites ; en sorte que sa valeur, positive ou négative, dépend uniquement de la conviction immédiate de chacun :

> Comme [la forme de l'immédiateté] est, en tant que totalement abstraite, *indifférente* à l'égard de *tout contenu* et précisément par là susceptible de recevoir tout contenu, elle peut sanctionner un contenu idolâtre et immoral aussi bien que le contenu opposé[7].

Le savoir immédiat parvient donc à échapper à sa contradiction interne, mais au prix d'un déplacement, qui, en l'amenant à se détourner de toute rationalité, le transforme en un subjectivisme radical, dont l'irrationalisme met en question les fondements mêmes de la vie en

---

1 *W.*8, 160 / tr. p. 335.
2 *W.*8, 163 / tr. p. 338.
3 *W.*8, 152 / tr. p. 327.
4 *W.*8, 163 / tr. p. 338.
5 *Cf. W.*8, 152 / tr. p. 327 : « le contenu de la [...] croyance est si indéterminé en lui-même qu'il peut [...] comprendre aussi en lui la croyance que le Dalaï-Lama, le taureau, le singe, etc. sont Dieu ».
6 Les *Leçons sur la logique* de 1831 offrent peut-être une formulation plus claire de la contradiction qu'est la réduction du fini à une relation à soi qui en implique l'absolutisation. Commentant ce point tel qu'il est développé à la fin du paragraphe, Hegel déclare : « Si je dis que le fini est, je l'exprime sans médiation, mais cela est non vrai ; « c'est » exprime quelque chose de manière immédiate. Le changement, l'acte de passer en un autre ne se trouve pas dans le est ; en cela tout changement est sursumé. C'est l'identité d'entendement. L'entendement est acte de saisir quelque chose de déterminé, en sorte que celui-ci n'est pris que dans son rapport à soi-même, par là il est fixé fermement, mais le contenu fini n'est pas ce qui est fixe, il est au contraire soumis [au] changement. » *Vorlesungen, op. cit.,* p. 80-81 / tr. *op. cit.,* p. 85 *sq.) Cf.* aussi *Leçons sur les preuves de l'existence de Dieu. W.*17, 468-470, *op. cit.* p. 136-137.
7 *W.*8, 162-163 / tr. p. 338.

commun : d'une part, la conscience de l'individu singulier et sa certitude intérieure deviennent les seuls critères de la vérité :

> Puisque ce n'est pas la *nature* du *contenu*, mais le *fait* de la *conscience* qui est institué comme le critère de la vérité, le savoir *subjectif* et *l'assurance* que moi, je trouve là dans ma conscience un certain contenu, sont l'assise fondamentale de ce qui est donné comme vrai. Ce que moi je trouve là dans *ma* conscience est alors élevé au rang de quelque chose qui se trouverait dans la conscience de *tous*, et donné pour la *nature* de la conscience elle-même[1].

D'autre part, il devient impossible, dans ces conditions, de maintenir la moindre distinction entre religion et superstition, ou, sur le plan éthique, entre moralité et immoralité :

> De ce que le savoir immédiat doit être le critère de la vérité, il s'ensuit, *en deuxième lieu*, que tout ce qui est superstition et service des idoles est qualifié de vérité, et que le contenu de la volonté le plus contraire au droit et à l'éthique est justifié. [...] les désirs et les penchants naturels déposent spontanément leurs intérêts dans la conscience, les buts immoraux se trouvent en elle tout à fait immédiatement ; le caractère bon ou mauvais exprimerait l'*être déterminé* de la volonté, qui serait su dans les intérêts et les buts, et, à la vérité, su de la façon la plus immédiate[2].

Enfin, sur le plan religieux, la foi, privée de la justification rationnelle que pourrait lui conférer la connaissance de l'essence de Dieu, n'est plus qu'une foi intérieure, dont le contenu se réduit à la certitude de l'existence d'un « Dieu en général » :

> Le savoir immédiat de Dieu, doit seulement s'étendre jusqu'à affirmer *que* Dieu est, non pas *ce que* Dieu est, car cette dernière affirmation serait une connaissance et conduirait à un savoir médiatisé. Par là, Dieu, en tant qu'objet de la religion, est expressément borné au *Dieu en général*, au supra-sensible indéterminé, et la religion est, en son contenu, réduite à son minimum[3].

Dès lors, l'*Encyclopédie* peut reprendre et compléter la conclusion qu'énonçait la fin du paragraphe 74 : loin de dépasser l'entendement, l'immédiateté est en réalité une « identité abstraite », ou une « *abstraite relation à soi* » qui est la « même chose » que l'« *identité d'entendement* ». Autrement dit, la philosophie de l'immédiateté n'est qu'un retour à la « naïveté » et au « dogmatisme » de la « *métaphysique d'autrefois* », tels que

---

1   *W.*8, 160 / tr. p. 335.
2   *W.*8, 162-163 / tr. p. 337.
3   *W.*8, 163 / tr. p. 337.

les a analysés la « *première position de la pensée par rapport à l'objectivité*[1] » :
« Cet entendement qui s'imagine s'être affranchi du savoir fini, de
l'*identité d'entendement* de la métaphysique et de l'*Aufklärung*, fait lui-
même immédiatement à nouveau de cette *immédiateté, c'est-à-dire de
l'abstraite relation-à-soi*, de l'identité abstraite, le principe et le critère
de la vérité », en sorte que « *pensée abstraite* (la forme de la métaphysique réfléchissante) et *intuition abstraite* (la forme du savoir immédiat)
sont une seule et même chose[2] ». Toutefois, le subjectivisme radical
auquel aboutit le développement du savoir immédiat impose deux
précisions complémentaires : d'une part, ce retour est un retour à la
forme moderne, c'est-à-dire à la forme cartésienne, de la métaphysique dogmatique :

> Si l'on considère le principe du savoir immédiat par rapport au point de
> départ, la métaphysique que l'on a appelée plus haut *naïve*, il se dégage de
> cette comparaison, que ce savoir est *retourné* à ce commencement que cette
> métaphysique s'est donné dans les temps modernes comme philosophie *carté-
> sienne*. Dans les deux [points de vue], il est affirmé : 1° l'inséparabilité simple
> de la *pensée* et de l'*être* du [sujet] pensant [...]. 2° De même, l'inséparabilité
> de la représentation de *Dieu* et de son *existence* de telle sorte que celle-ci est
> contenue dans la représentation de Dieu elle-même [...]. 3° Pour ce qui concerne
> la conscience pareillement immédiate de l'existence de choses *extérieures*, elle
> ne signifie rien d'autre que la conscience *sensible* ; que nous avons une telle
> conscience, c'est la plus mince des connaissances[3].

D'autre part, c'est un retour qui en pervertit totalement la signification : ce qui chez Descartes constituait le fondement de l'élaboration
rationnelle des sciences positives devient à présent ce qui en permet
le rejet : alors que « la philosophie cartésienne *progresse* de ces présuppositions non démontrées et tenues pour indémontrables, *à* une
connaissance *ultérieure* développée, et [...] a de cette manière donné

---

1 *W.*8, 93 / tr. p. 294. Toutefois, même si ce retour désigne d'abord un retour à la « métaphysique scolaire » d'inspiration wolffienne et à son commencement cartésien, il semble
   posséder une portée qui excède cette signification historique, puisqu'à travers le principe
   cartésien, c'est la forme même de tout dogmatisme métaphysique, moderne ou antique – la
   forme de la certitude immédiate – que Hegel cherche à mettre en cause. *Cf.* la remarque
   au § 64, (*W.*8, 155 / tr. p. 330) qui, dans l'absolutisation cartésienne de la subjectivité,
   perçoit surtout une absolutisation de l'« *intuition simple* » de l'unité immédiate de la pensée
   et de l'être, ainsi que l'identification, à la fin du §74 de la « *pensée abstraite* (la forme de la
   métaphysique réfléchissante) » et de l'« *intuition abstraite* (la forme du savoir immédiat) »
   (*W.*8, 164 / tr. p. 339).
2 *W.*8, 164 / tr. p. 338-339.
3 *W.*8, 165-166 / tr. p. 339-340.

naissance aux sciences des temps modernes », « le point de vue moderne [...] est parvenu au résultat pour lui-même important (§ 62), que la connaissance qui progresse à même des médiations *finies* ne connait que du fini et ne contient aucune vérité ; et il demande à la conscience de Dieu de s'en tenir à cette croyance dont on a parlé et qui est, en vérité, totalement abstraite*[1].

> * (note de Hegel) : *Anselme* dit par contre : *"Negligentia* nihi videtur, si post-quam confirmati sumus in fide, non *studemus*, quod *credimus, intellegere." (Tract. Cur Deus homo)*. – Anselme a alors dans le contenu concret de la doctrine chrétienne un problème difficile tout autre pour la connaissance, que ce que contient cette croyance moderne[2] ».

En ce sens, le savoir immédiat reconnaît bien la validité de la méthode cartésienne ; mais uniquement dans l'intention de montrer qu'elle ne saurait s'appliquer à la connaissance de Dieu, qui se trouve ainsi abandonnée à l'arbitraire du sentiment et de la conviction immédiate :

> Le point de vue moderne ne change rien alors, d'un côté, à la méthode – introduite par Descartes – de la connaissance scientifique habituelle et fait avancer les sciences de l'empirique et du fini, qui en sont nées, tout à fait de la même manière, – mais, d'un autre côté, ce point de vue rejette cette méthode et par là, puisqu'il n'en connaît pas d'autres, *toutes* les méthodes pour le savoir de ce qui, suivant son contenu consistant, est infini ; il s'abandonne pour cette raison à l'arbitraire barbare de ce qu'il s'imagine et de ce qu'il assure, à une suffisance en moralité et à un orgueil du sentiment, ou à un avis et raisonnement sans mesure qui se déclare avec le plus de force contre la philosophie et les philosophes. C'est que la philosophie ne permet pas qu'on ne fasse qu'assurer, que s'imaginer, qu'aller et venir arbitrairement par la pensée en raisonnant[3].

---

1   *W.*8, 166-167 / tr. p. 341 ; *W.*8, 165-166 / tr. p. 339-340
2   *W.*8, 168 / tr. p. 341 ; *W.*8, 166 / tr. p. 341-342.
3   *W.*8, 166 / tr. p. 341-342.

JACOBI, FRIES ET SCHLEIERMACHER

On n'a pas manqué de s'étonner de ces conclusions : Jacobi n'affirme-t-il pas, explicitement, qu'il « n'est pas cartésien[1] » ? Ou, sur un autre plan, ne récuse-t-il pas l'accusation d'« immoralisme », dans une lettre – que citent d'ailleurs les *Principes de la philosophie du droit* – où il exprime la crainte de voir le recours au critère de la « conviction sentie » dans le domaine éthique détruire la possibilité du *« jugement rationnel* sur les résolutions bonnes et mauvaises, *honorables et méprisables* », et entraîner une « tolérance qui serait exclusivement à l'avantage de la déraison[2] » ? Pourtant, le véritable problème est-il là ? Avant de considérer le texte de l'*Encyclopédie* comme une lecture de Jacobi, peut-être faut-il rappeler deux choses : d'une part, la méthode « idéal-typique » qu'il met en œuvre semble exclure toute interprétation de ce genre[3]. D'autre part, comme

1   *Werke*, IV, 1, *op. cit.* p. xxiv / tr. p. 42. B. Sandkaulen s'étonne de ce décalage entre la conclusion de Hegel et les textes de Jacobi, p. 231 de son livre *Grund und Ursache*. Mais, au lieu d'en conclure que la critique du savoir immédiat ne vise pas tant Jacobi lui-même que la culture « subjectiviste » qui constitue sa « descendance » dans la pensée contemporaine, elle y voit une trace de la violence herméneutique qu'engendre inévitablement la dialectique hégélienne.

2   *W.*7, 285 remarque (note de Hegel), trad. fr. *Principes de la philosophie du droit* § 140, *op. cit.* p. 223. Il est évident que Hegel cite ce texte afin de montrer que Jacobi lui-même, en tant qu'individu – d'où le choix d'une lettre privée – combat les conséquences objectives d'un principe qu'il a pourtant érigé en critère ultime dans sa critique de la conception kantienne de la loi morale. Mais ce désaccord entre la façon dont Jacobi interprète sa pensée et les conséquences qu'en tirent des auteurs comme Fries suffit à montrer que l'accusation d'« immoralisme » adressée par l'*Encyclopédie* au savoir immédiat vise la culture contemporaine de l'immédiateté plus que Jacobi en tant que tel. Par ailleurs, il n'est peut-être pas suffisant de présenter cette note, ainsi que le fait H. Bouchilloux, dans son article *Hegel lecteur des Provinciales* in *L'enseignement philosophique*, Janv-Fev. 2008, comme l'un des rares textes dans lesquels « Hegel apporte sa caution [...] à Jacobi » en se contentant de parler de sa « profonde intelligence » et de son « humour » (p. 61).

3   *Cf.* la fin de la remarque du § 63 (*W.*8, 152 / tr. p. 327-328), où Hegel note que « ce qui s'appelle ici croyance et savoir immédiat est [...] tout à fait la même chose que ce qui a été nommé ailleurs inspiration, révélation du cœur, contenu implanté en l'homme par la nature, puis, en particulier, aussi bon sens, *common sense*, sens commun. Toutes ces formes font, de la même manière, de l'immédiateté selon laquelle un contenu se trouve dans la conscience, est un fait en celle-ci, le principe », ainsi que la remarque du § 64, qui présente le *Cogito* cartésien comme une forme de savoir immédiat, avant de déclarer que « les propositions modernes de Jacobi et d'autres, concernant cette liaison immédiate, ne peuvent passer que pour des répétitions superflues » (*W.*8, 155 / tr. p. 330) : le savoir immédiat constitue un « type-idéal », dont la pensée de Jacobi est sans doute l'illustration majeure, mais qui correspond aussi, au-delà de propositions « métaphysiques » fondées sur une « intuition intellectuelle » du vrai (Descartes, mais aussi Schelling ou Fichte) à

l'indique le paragraphe 71, cette analyse comporte deux moments :
une « discussion » qui porte sur le principe ou l'« assise fondamentale »
du savoir immédiat, puis un exposé consacré aux « conséquences » de
son « unilatéralité[1] ». Or, si la discussion initiale s'appuie, du moins en
partie, sur des éléments issus de la pensée de Jacobi – Hegel lui-même
renvoie aux *Lettres sur Spinoza*[2] – en va-t-il de même pour la suite du
développement ? Les doctrines auxquelles celui-ci fait référence ne sont-
elles pas empruntées, au contraire, à ce que les *Leçons sur les preuves de
l'existence de Dieu* nomment « l'atmosphère culturelle de notre temps[3] » ?

Ainsi, à quoi songe le § 71, lorsqu'il parle d'un point de vue qui
érige le « *fait* de la *conscience* » en « critère » exclusif « de la vérité » ?
On peut, nous semble-t-il rapprocher ce passage de tous les textes qui
évoquent la version anthropologique du kantisme élaborée par Fries, en
y dénonçant l'indigence d'une position qui substitue au je transcendantal
une simple conscience psychologique. Par exemple, la *Recension* de 1817,
qui fait allusion à « des amis de Jacobi » selon lesquels « la connaissance
de l'esprit connaissant pourrait devenir l'affaire d'une *anthropologie* »
pour peu qu'on la restreigne au simple « récit de *faits* qui se *trouveraient
là* dans la conscience » ; ce qui revient, dit Hegel, à cesser de concevoir
« les activités de l'esprit dans leur *nécessité*[4] » ; ou bien la remarque au
§ 444 de l'*Encyclopédie* qui observe à son tour que « le tournant opéré
par la philosophie kantienne » a conduit à accorder une importance plus
grande à la psychologie, à tel point que certains en sont même venus à
prétendre qu'elle « *devait constituer* – et cela en son état *empirique* – l'assise
de la métaphysique, en tant que celle-ci ne consiste en rien d'autre
qu'à appréhender *empiriquement* et à disséquer les *faits* de la *conscience*
humaine, et cela en tant que *faits*, tels qu'ils sont *donnés* », thèse qui
entraîne elle aussi un renoncement pur et simple « à la *connaissance de la
nécessité de ce qui est en et pour soi*, au *concept* et à la *vérité*[5] » ; ou encore la
lettre à Niethammer du 10 octobre 1811 qui reproche à Fries de vouloir
« déduire la logique [...] de prémisses anthropologiques reposant sur
l'expérience » en l'accusant du « plus dégoûtant et [du] plus incohérent

---

toutes les formes d'empirisme et de « philosophie du sens commun », ainsi qu'à toutes
les formes de sentimentalisme et de pensée « inspirée ».

1 *W.*8, 160 / tr. p. 335.
2 *Cf. W.*8, 148 / tr. p. 324-325. *Cf.* aussi les remarques des § 63 et 64 (*W.*8,
   150-155 / tr. p. 325-330.)
3 *W.*17, 385 / tr., p. 75.
4 *W.*4, 443 / tr. p. 29.
5 *W.*10, 238-239 / tr. p. 239.

bavardage que, du haut de la chaire, puisse éjaculer une cervelle plate
à l'heure de la digestion[1] ».

De même, le second reproche que l'*Encyclopédie* adresse au savoir immédiat, celui d'effacer toute distinction entre religion et superstition, et surtout
entre moralité et immoralité[2] peut valoir pour toutes sortes de doctrines.
Mais il semble difficile de ne pas le rapprocher des griefs que la Préface
des *Principes de la Philosophie du Droit* adresse, là encore, à Fries, accusé de
dissoudre « l'édifice de culture » qu'est l'État dans « la bouillie "du cœur,
de l'amitié et de l'enthousiasme" », en réduisant « les concepts du vrai et
[…] les lois de l'élément éthique » à de simples « opinions et convictions
subjectives », et de détruire ainsi toute éthicité puisque « les principes les
plus criminels sont pourvus, en tant que *convictions*, d'une dignité égale à
celle de ces lois-là » et « qu'il n'est pas d'objets, si misérables et particuliers
soient-ils, et de matières, si insipides soient-elles, qui ne soient pourvus
d'une dignité égale à celle de ce qui constitue l'intérêt de tous les hommes
qui pensent et les liens du monde éthique[3] ».

Qu'en est-il, enfin, de la dernière critique, qui reproche à tous ceux
qui tiennent pour impossible la connaissance de l'essence de Dieu de
transformer la religion en une foi indéterminée et vide de contenu[4] ?
Les *Leçons sur la philosophie de la religion* ou *Les preuves de l'existence de
Dieu* qualifient ce thème de « préjugé » fondamental de la culture
contemporaine[5] ; ce qui indique qu'il correspond à des thèses largement
répandues. Toutefois, même si cette critique peut s'appliquer à Jacobi, à
en juger par les précisions que fournit sur ce point la préface à la seconde
édition de l'*Encyclopédie* de 1827, celui-ci n'en est pas la cible essentielle :
Hegel, qui parle du « noble *Jacobi* », en rappelant que sa pensée n'est
pas dépourvue de tout mérite spéculatif[6], laisse en effet entendre que

---

1   *Briefe*, I, 196, *op. cit.*, p. 388 / tr. p. 345. Sur les rapports Hegel-Fries, *cf. Notiz zu Fries* in
    GW.12, Hamburg, Meiner, 1981. *Cf.* également l'article de W. Van Dooren, *Hegel und
    Fries, Kant-Studien*, 61, 2, 1970, p. 217-226, et les remarques de J. D'Hondt, *Hegel en son
    temps*, Paris, Editions sociales, 1968, p. 121 *sq.*

2   *W*.8, 162-163 / tr. p. 337.

3   *W*.7, 19-23 / tr. p. 77-83. *Cf.* aussi la critique de l'éthique de la conviction subjective de
    Fries que développe la remarque au § 140 des *Principes de la philosophie du droit*. (*W*.7, 272-
    276 / tr. p. 222-225). Toutefois, l'accusation d'effacer toute distinction entre religion et
    superstition vise plutôt le « piétisme » de Tholuk, et surtout la position de Schleiermacher,
    à laquelle la Préface à la *Philosophie de la religion* d'Hinrichs reproche d'oublier que « pris
    pour soi, le sentiment est la subjectivité naturelle, également capable d'être bon ou
    mauvais, pieux ou impie », *W*.11, 57 / tr. p. 907.

4   *W*.8, 163 / tr. p. 337.

5   *PdR*, *op. cit.* p. 6 / tr. p. 5 ; *W*.17, 348 / tr. p. 38.

6   *W*.8, 28 / tr. p. 134.

son souci de « susciter la simple croyance en Dieu » pour « ensuite ne plus éveiller qu'un christianisme concentré de l'impression[1] » est surtout la conséquence d'un diagnostic erroné sur la pauvreté spirituelle de l'époque, qui lui a fait croire à tort que « ce qu'il y a de plus indigent dans le savoir religieux » « constituerait déjà un gain[2] ». On pourrait donc penser que la polémique hégélienne vise plutôt Tholuk, auquel cette même préface consacre deux longues notes[3], destinées à montrer qu'« on ferait toujours mieux de ne pas parler du tout de philosophie aussi longtemps que, avec toute la profondeur du sentiment, on est [...] pris dans l'unilatéralité de l'entendement », si la première de ces notes ne précisait que « ce qui est dit ici et plus loin sur la représentation que se fait M. Tholuk de la philosophie, ne peut ni ne doit être énoncé [...] de lui *individuellement* » car on « lit la même chose dans cent livres, entre autres particulièrement dans les préfaces des théologiens[4] ». Aussi est-il plus vraisemblable de considérer ces attaques comme une mise en cause de Schleiermacher, que les œuvres de la maturité ne mentionnent jamais nommément, mais qui, en 1822, à l'occasion de la publication de la première édition de la *Christliche Glaube*, a fait l'objet, dans la Préface au livre d'Hinrichs, d'une violente polémique[5]. Ce texte n'hésite pas en effet à ironiser sur les thèses de Schleiermacher : prétendre que la religion repose sur le sentiment de dépendance que nous éprouvons envers Dieu[6], en effaçant tout ce qui distingue l'homme de l'animal, c'est simplement oublier que la religion est le propre d'un être pensant :

> Si la religion ne se fonde dans l'homme que sur un sentiment, celui-ci n'a pas de détermination plus large que d'être le *sentiment de sa dépendance* ; ce serait

---

1   *Ibid.*

2   *Cf.* la remarque au § 73 (*W* 8, 163 / tr. p. 337) qui explicite ce que suggère à propos de Jacobi la Préface de 1827. À cet égard, l'allusion du texte à « l'autel » du « Dieu inconnu » peut se comprendre comme un renvoi aux *Lettres* de Jacobi. *Cf.* *W.*8, 24 / tr. p. 131, ainsi que K.R. Westphal, art. cit. p. 148. — Sur l'indigence religieuse de l'époque, *cf.* aussi la Préface de la *Phénoménologie de l'esprit*, *W.*3, 16-17 / tr. p. 73-74.

3   *W.*8, 18 (note 2) / tr. p. 126 et *W.*8, 25 (note 4) / tr. p. 132.

4   *W.*8, 31 / tr. p. 126-127.

5   *W.*11, 42 *sq.* / tr. p. 894 *sq.* *Cf.* sur ce point la présentation d'E. von der Luft à sa tra-duction anglaise du livre d'Hinrichs, *Die Religion im inneren Verhältnisse zur Wissenschaft* (1822) in *Hegel, Hinrichs and Schleiermacher on Feeling and Reason in Religion, the Texts of Their 1821-22 Debate*, Lewiston (N.Y.), The Edwin Mellen Press, 1987. *Cf.* Aussi l'article de M. Bienenstock, *Vom Erkennen und Empfinden der Seele. Zu Hegels Lektüre von Aristoteles* in *Hegels enzyklopädisches System der Philosophie* (H.C. Lucas, B. Tuschling, V. Vogel hrsg.), Stuttgart, Fromann-Holzboog, 2004, p. 206 *sq.*

6   F. Schleiermacher, *Der Chrisliche Glaube, 1821-1822*, Bd. 1 hrsg. von H. Peiter, Berlin, 1984, § 9 p. 31.

alors le chien qui serait le meilleur chrétien, car c'est lui qui porte cela le plus fortement en soi et qui vit essentiellement en un tel sentiment. Le chien a même des sentiments de rédemption quand un os vient apaiser sa faim. Mais dans la religion, l'esprit a plutôt sa libération et le sentiment de sa divine liberté ; c'est seulement l'esprit libre qui est religieux et qui peut l'être[1].

Par ailleurs, limiter la connaissance religieuse à une connaissance historique et érudite, opposer le sentiment à l'entendement, en séparant la doctrine de la foi de la philosophie, réduite à une simple « sagesse mondaine[2] », ce n'est pas seulement « avoir déjà écarté ce que la religion chrétienne présente comme sa source, la révélation divine la plus haute » ; c'est aussi et surtout ouvrir la voie à un « égoïsme absolu » qui fait de « l'entêtement, de l'opinion et de l'arbitraire propres la règle de la religiosité et du droit », en laissant à l'individu « la possibilité arbitraire d'être et de faire ce qui lui plait et de se prendre pour l'oracle qui décrète ce qui doit valoir, ce qui dans les domaines de la religion, du devoir, du droit, doit avoir la valeur la plus haute[3] ». Or, l'*Encyclopédie* dit-elle autre chose lorsqu'elle affirme qu'en bornant le savoir de Dieu au « suprasensible indéterminé[4] », le savoir immédiat discrédite la religion dont le contenu, réduit à un contenu minimal, est ainsi livré à l'arbitraire le plus complet ? D'un côté, écrit Hegel, le « point de vue moderne » conserve la méthode cartésienne dans le domaine de la connaissance scientifique du fini – ainsi Schleiermacher insiste-t-il sur l'importance de sciences telles que l'exégèse des textes sacrés ou l'histoire ecclésiastique[5] – ; mais d'un autre côté, ce même point de vue « rejette [...] *toutes* les méthodes pour le savoir de ce qui, suivant son contenu consistant, est infini » ; aussi finit-il par s'abandonner « à l'arbitraire barbare de ce qu'il s'imagine et de ce qu'il assure, à une suffisance en moralité et à un orgueil du sentiment,

---

1 W.11, 58 / tr. p. 908-909. *Cf.* aussi, à la fin du texte, l'allusion transparente à Schleiermacher qui évoque une époque où « ce qui se nomme philosophie et va jusqu'à invoquer sans cesse Platon » – rappelons que Schleiermacher était le traducteur et l'éditeur des œuvres de Platon – érige en instance suprême « le non-savoir animal de Dieu et la sophistiquerie de ce non-savoir qui remplacent la doctrine de la foi (*Glaubenslehre*) et les principes des droits et des devoirs par le sentiment individuel et l'opinion subjective » (W.11, 65-66 / tr. p. 915). — Sur les rapports Hegel-Schleiermacher, *cf.* l'article de R. Crouter, *Hegel and Schleiermacher at Berlin : a many-sided debate*, in *Journal of the American Academy of Religion*, 48, 1, 1980, ainsi que celui d'A. Arndt, *Schleiermacher und Hegel. Versuch einer Zwischenbilanz*, *op. cit.*

2 W.11, 61 / tr. p. 911. *Cf. Christliche Glaube*, *op. cit.* § 2 p. 14.

3 W.11, 59 / tr. p. 909-910.

4 W.8, 163 / tr. p. 337.

5 *Cf. Christliche Glaube*, *op. cit.* § 1 p. 13.

ou à un avis et raisonnement sans mesure, qui se déclare avec le plus de force contre la philosophie et les philosophèmes », parce que ce sont eux qui interdisent « qu'on ne fasse qu'assurer, que s'imaginer, qu'aller et venir arbitrairement par la pensée en raisonnant[1] ».

Ces remarques suffisent à montrer, nous semble-t-il, qu'il est vain d'accuser Hegel de déformer la pensée de Jacobi, en lui attribuant des thèses « subjectivistes » que l'*Encyclopédie* présente d'ailleurs comme les conséquences de « l'assise fondamentale » du savoir immédiat : c'est chez Fries et chez Schleiermacher, et non chez Jacobi que se rencontrent les « préjugés[2] » qui dominent la culture de l'époque. Pourtant l'*Encyclopédie* affirme bien que ceux-ci n'auraient jamais vu le jour sans un discours qui, en thématisant l'incapacité du concept à saisir l'infini, ouvrait la voie à un sentimentalisme éthique et religieux dont les *Leçons sur la philosophie de la religion* de 1824 comparent la diffusion dans la culture contemporaine à une véritable « épidémie[3] ». Ainsi le manuscrit des *Leçons sur la philosophie de la religion* de 1821 associe-t-il au nom de Jacobi « l'une des erreurs les plus graves et les plus grossières de notre temps », qui est d'opposer le penser à la religion, au droit et à la vie éthique[4], avant d'ajouter que Jacobi est

---

1 *W.*8, 167 / tr. p. 341-342. Pour justifier cette lecture, qui voit dans le § 77 de l'*Encyclopédie* un texte essentiellement dirigé contre Schleiermacher, on peut encore remarquer, comme le fait N. Waszek, dans son article *Descartes, Jacobi, Schleiermacher et la « philosophie de la subjectivité » selon Hegel* in *Hegel, bicentenaire de la Phénoménologie de l'esprit*, Paris, Vrin, 2008, p. 126-140, que la référence à Anselme, dans ce paragraphe de l'*Encyclopédie* n'est pas sans comporter une allusion à Schleiermacher, qui avait placé une citation du *Proslogion* sur la page de titre de la *Christliche Glaube* de 1821-1822, même si c'est à Tholuk que la Préface de la seconde édition de l'*Encyclopédie* (*W.*8, 31, note 5 / tr. p. 134) oppose explicitement le passage du *Cur Deus Homo* que cite le § 77. Par ailleurs, les notes de Hegel sur le tome II de la *Glaubenslehre* de 1822 semblent confirmer que la cible des critiques de l'*Encyclopédie* est bien Schleiermacher, puisque les annotations manuscrites de Hegel, en marge des passages qu'il recopie, soulignent pour l'essentiel deux points qui correspondent aux analyses du texte systématique : d'une part, le rôle subordonné que l'ouvrage accorde à la doctrine de la Trinité montre que la conception de Schleiermacher réduit le contenu de la religion chrétienne à un contenu indéterminé ; d'autre part, Schleiermacher ne cesse de se contredire puisqu'il utilise des déterminations de l'entendement pour parler du Dieu chrétien, alors même qu'il défend la thèse d'une séparation totale entre sentiment religieux et « sagesse mondaine », ou entre doctrine de la foi et spéculation. *Cf.* *Berliner Schriften 1818-1831*, VIII, *Auszüge und Bemerkungen* in *Sämtliche Werke*, XI,, (hrsg. von J. Hoffmeister), Hamburg, Meiner, 1956, p. 684-688.

2 *Cf.* par exemple *W.*17, 348 / tr. p. 38.

3 *PdR, op. cit.* p. 50 / tr. p. 47.

4 *PdR, op. cit.* p. 118 / tr. p. 111. Hegel écrit en marge de sa phrase sur l'« une des erreurs les plus graves et les plus grossières de notre temps » : « Raison-Jacobi-révélation savoir immédiat de Dieu – est penser, dans le penser. »

également à l'origine du « préjugé selon lequel le religieux, en étant rendu concevable, cesse d'être religieux[1] » ; de même le cours de 1824 rappelle que « c'est Jacobi qui le premier – il y a trente ou quarante ans – a mis en vogue ce savoir immédiat ; ce n'est pas, dit-il, par des raisonnements, par des preuves, par connaissance rationnelle, que nous savons que nous avons un corps, qu'il y a des choses extérieures autour de nous : nous le croyons immédiatement. Jacobi a appelé ce savoir immédiat foi. Nous croyons qu'il y a un monde extérieur autour de nous, nous croyons qu'il y a un Dieu, dans la mesure où nous en avons un savoir immédiat ; nous croyons à la liberté dans la mesure où nous savons immédiatement que nous sommes libres[2] ». Autrement dit, il est indéniable qu'en attribuant à l'intuition la capacité de suppléer aux limites auxquelles se heurte la pensée conceptuelle, Jacobi a contribué, sans doute à son corps défendant, à l'émergence d'une hostilité à la raison que les *Leçons sur l'histoire de la philosophie* de 1825-1826 n'hésitent d'ailleurs pas à assimiler purement et simplement à « ses idées » :

> Tout ce qui a été écrit sur Dieu depuis le temps de Jacobi par des philosophes comme Fries et par [les] théologiens se fonde sur cette représentation du savoir immédiat, du savoir intellectuel ; on appelle cela aussi *révélation*, mais en un autre sens que la révélation dans sa signification théologique. La révélation en tant que savoir immédiat est en nous-mêmes, tandis que la révélation est pour l'Eglise quelque chose qui est communiqué de l'extérieur [...] C'est là la position de Jacobi et, quoiqu'aient dit des philosophes et des théologiens à son encontre, c'est une manière de voir qui est accueillie et répandue avec beaucoup de faveur. Et on ne trouve partout autre chose que les idées de Jacobi, ce qui est l'occasion d'opposer le savoir immédiat à la connaissance philosophique, à la raison ; ces gens parlent alors de raison, de philosophie, etc. comme l'aveugle parle de la couleur[3].

---

1   *PdR, op. cit.* p. 162 / tr. p. 152 : « on a vu s'introduire le préjugé selon lequel le religieux en étant rendu concevable, cesse d'être religieux. En particulier dans les temps modernes : Jacobi. »

2   *Cf.* aussi des expressions analogues dans la version des *Leçons* de 1827, *op. cit.* p. 284 / tr. p. 267, et dans les *Preuves de l'existence de Dieu, W.*17, 496 / tr. p. 165, où Jacobi est désigné comme « le chef du parti du *savoir immédiat*, de la *foi*, qui récuse tellement l'entendement », mais « ne va pas, lorsqu'il considère des idées, au-delà du simple entendement ». On peut encore remarquer que la *Recension des Aphorismes de Göschel* rappelle que c'est à Jacobi, « le général d'armée à la hauteur de l'esprit de notre temps » (*W.*11, 358 / tr. p. 91) que Göschel se réfère pour présenter sous le nom de « théorie du *non-savoir* » (*ibid.*) le point de vue le plus opposé à la pensée spéculative à propos des rapports entre christianisme et philosophie.

3   *W.*30, 323 / tr. p. 1837.

LA CRITIQUE DU SAVOIR IMMÉDIAT COMME CRITIQUE
DE LA MÉTAPHYSIQUE DE L'IMMÉDIATETÉ. RAISON ET EXPÉRIENCE

Dès lors, le véritable problème n'est pas de savoir si ces analyses correspondent ou non aux thèses soutenues par Jacobi, mais si l'image de Jacobi qui en ressort peut s'accorder avec celles que présentent les textes antérieurs : comment Jacobi peut-il être « l'esprit profond[1] » mû par un authentique instinct spéculatif que voit en lui la *Recension* de 1817, s'il est en même temps le père d'un subjectivisme que l'*Encyclopédie* accuse de ruiner les fondements mêmes de l'existence humaine ? Ou encore, comment le savoir immédiat peut-il être le signe de la persistance de « l'intérêt philosophique » et de « l'amour sérieux de la *connaissance plus élevée* » – ou, ce qui revient au même, comment peut-il, en se présentant « comme *résultat* du savoir philosophique » reconnaître « au moins comme *condition* » « ce qu'il paraît dédaigner[2] » – si la séparation qu'il instaure entre immédiateté et médiation ne mène qu'au rejet de la raison et de la philosophie ?

À première vue, l'*Encyclopédie* semble confirmer l'existence de cette ambigüité en proposant deux déterminations du savoir immédiat qui correspondent à ces deux façons opposées d'envisager la pensée de Jacobi : d'un côté, le savoir immédiat est une expérience concrète, qui renvoie au fait que chacun possède une certitude immédiate de la raison et de la vérité, qu'il peut opposer aux séparations abstraites de l'entendement en affirmant que « *la vérité est pour l'esprit* » et que « c'est par la *raison* seule que l'homme subsiste[3] » ; affirmation qui signifie simplement, disent les *Leçons sur la logique* de 1831, que « nous avons un savoir immédiat de Dieu ; c'est comme ça en nous, la représentation de Dieu et la certitude que nous en avons. Eu égard au droit, aux mœurs, on dit la même chose : c'est comme ça en nous, cela s'appelle alors raison, et on a donc appelé *croyance* ce savoir simple[4] ». De ce point de vue, le savoir immédiat est donc l'appréhension non conceptuelle – « non-philosophique », dit le paragraphe 64 – du « contenu universel tout entier » de la philosophie, tel que l'a exprimé la tradition[5] ; ou encore, il n'est que l'expression contemporaine du « principe de l'expérience », selon lequel toute vérité repose sur la certitude immédiate du sujet :

---

1   *W.*4, 431 / tr. p. 20.
2   Préface à la première édition (1817) de l'*Encyclopédie*, *W.*8, 13 / tr. p. 119-120.
3   *W.*8, 150 / tr. p. 325.
4   *Vorlesungen über die Logik (Berlin 1831)* p. 72 / tr. *op. cit.* p. 79.
5   *W.*8, 153 / tr. p. 328.

> Le principe de l'*expérience* contient la détermination infiniment importante, que pour admettre et tenir pour vrai un contenu, l'homme doit lui-même y *être présent*, de façon plus précise, qu'il a à trouver un tel contenu en accord avec *la certitude de lui-même* et réuni avec elle. Il doit y être présent, soit seulement avec ses sens extérieurs, ou bien avec son esprit plus profond, sa conscience de soi essentielle. Ce principe est la même chose que ce qui, de nos jours, a été appelé croyance, savoir immédiat, la révélation dans l'extérieur, et surtout dans l'intérieur *propre* à chacun[1].

Mais en même temps, loin de reconnaître au savoir immédiat cette dimension concrète, l'*Encyclopédie* en dénonce au contraire l'abstraction, et une abstraction si éloignée de l'expérience que celle-ci suffit à en faire apparaître l'irrationalité ; ainsi, l'expérience la plus « triviale » – celle de « ma présence *immédiate* » à Berlin[2] – montre-t-elle qu'il ne saurait exister de certitude immédiate sans médiation préalable ; de même, c'est encore l'expérience qui permet d'établir que la conviction immédiate ne saurait être le fondement de l'éthique et de la religion : à ceux qui prétendent que « le sentiment doit être le siège et la source du véritable », on peut opposer, dit la *Préface à La Philosophie de la religion d'Hinrichs* une « expérience familière », celle de « la diversité, et plus encore de l'opposition et de la contradiction des sentiments » ; expérience si commune que « la pensée habituelle elle-même en conclut avec justesse que le sentiment est quelque chose de seulement formel et qu'il ne peut être un principe pour une détermination véritable », en sorte « qu'en faisant du sentiment le principe, il ne reste plus alors qu'à laisser au sujet le soin de décider quels sentiments il veut avoir : c'est l'absolue indéterminité que le sujet se donne comme critère et justification, c'est-à-dire la possibilité arbitraire d'être et de faire ce qui lui plaît et de se prendre pour l'oracle décrétant ce qui doit valoir, ce qui, dans les domaines de la religion, du devoir, du droit, doit avoir la valeur la plus haute[3] ». Enfin, précise encore l'*Encyclopédie*, il suffit

---

1 *W*.8, 48-49 / tr. p. 171. On peut rapprocher ce thème de ce que disent les §§ 37 et 38 de l'empirisme, issu du « besoin [...] d'un contenu *concret* en face des théories abstraites de l'entendement » (*W*.8, 106-107 / tr. *op. cit.* p. 298) et caractérisé par « le principe important de la liberté » selon lequel « l'homme doit voir lui-même ce qu'il doit admettre dans son savoir, s'y savoir lui-même présent » (*W*.8, 108-109 / tr. p. 299-300). *Cf.* aussi ce que disent les *Leçons sur l'histoire de la philosophie* au sujet de la reconnaissance par Jacobi du « principe de la liberté de l'esprit » (*W*.20, 329 / tr. p. 1842).

2 *W*.8, 157 / tr. p. 331.

3 *W*.11, 59-60 / tr. p. 909-910. Ce thème se retrouve dans les différentes versions des *Leçons sur la philosophie de la religion* (par exemple, *PdR*, p. 128 / tr. p. 120 ; *PdR*, p. 76 *sq.* trad.fr. *op. cit.* p. 165 *sq.* ; *PdR*, p. 257 *sq.* / tr. *op. cit.* p. 270 *sq.* ; *PdR*, p. 290-291 / tr. p. 273-274), ou dans les *Leçons sur les preuves de l'existence de Dieu* (*W*.17, 374 *sq.* / tr. p. 63 *sq.*) Il est présent au premier chef dans la polémique que déploient les *Principes de la philosophie du droit* contre les

d'invoquer une autre « expérience triviale », celle du mal moral pour que se dissipent les illusions d'une époque dont l'indigence intellectuelle est si grande qu'elle ne voit même plus que placer dans le « cœur et dans la sensation le critère du bien, de l'éthique et du religieux » revient en réalité à effacer toute distinction entre l'homme et l'animal :

> Il est certes, juste de dire que le *cœur* doit avant tout être *bon*. Mais, que la sensation et le cœur ne soient pas la forme par laquelle quelque chose serait *justifié* comme religieux, éthique, vrai, juste selon le droit, etc., et que en appeler au cœur ou à la sensation, ce soit ou bien seulement ne rien dire, ou bien, plutôt, dire quelque chose de mauvais, cela ne devrait pas, pour soi-même, avoir à être rappelé. Il ne peut y avoir aucune expérience plus triviale que celle-ci, [à savoir] qu'il y a pour le moins également des sensations et des cœurs méchants, mauvais, impies, bas, etc. ; et même que des cœurs seulement un tel contenu procède, cela se trouve exprimé dans ces paroles : "Du *cœur* proviennent mauvaises pensées, meurtre, adultère, fornication, outrage, etc." (Matthieu xv, 19). En des temps où une théologie et une philosophie scientifiques font du cœur et de la sensation le critère du bien, de l'éthique et du religieux, il est nécessaire de renvoyer à cette triviale expérience-là, tout autant qu'il est nécessaire aussi de nos jours de rappeler que la *pensée* est ce que l'homme a *de plus propre* [et] par quoi il se différencie de la bête, tandis qu'il a en commun avec celle-ci le sentir[1].

Pourtant peut-on arguer de ce rapport contradictoire à l'expérience pour parler d'une ambivalence du discours hégélien ? Tirer une telle conclusion, n'est-ce pas simplement en réalité être victime d'une illusion d'optique ? À l'évidence, Hegel n'a pas ici pour but de présenter deux « lectures » ou deux « interprétations » du savoir immédiat : il cherche simplement à opposer une expérience concrète – l'expérience de la certitude immédiate du vrai – à l'interprétation abstraite qu'en proposent ceux pour qui l'immédiat est le seul critère du vrai ; ou encore, il entend défendre le sens concret de l'expérience vécue contre l'interprétation dogmatique qu'en constitue un discours qui, en transformant une appréhension non rationnelle de la raison en un irrationalisme radical, est inévitablement conduit à professer une « *misologie* » comparable à celle « dont Platon a déjà eu l'expérience sous les yeux[2] ». Ainsi les *Leçons sur la philosophie de la religion* de 1824 opposent-elles le sentiment – par exemple, la foi ingénue – dont le contenu peut être rationnel, à un « fidéisme » qui ne cherche au contraire qu'à détruire

---

dangers éthiques et politiques de la philosophie de la conviction et du sentiment (Préface, *W.*7, 17*sq.* / tr. p. 76 *sq.* ainsi que remarque au § 140, *W.*7, 272 *sq.* / tr. p. 222 *sq.*).
1   *W.*10, 98-99 / tr. p. 195-196.
2   *W.*8, 55 / tr. p. 176.

toute « connaissance concevante » : « tout ce qui dans l'homme a pour base la pensée, la raison », rappelle ce texte, « peut aussi être transposé dans la forme du sentiment » ; aussi est-ce un non-sens pour la philosophie que de refuser les propositions de la foi ingénue : nous avons bien un savoir, « un savoir immédiat, un sentiment de Dieu » ; mais doit-on en conclure pour autant qu'il s'agit de notre seul savoir de Dieu ?

> Nous savons qu'il y a un Dieu ; nous savons immédiatement qu'il existe. Cela est tout à fait juste, pouvons-nous dire, et notre représentation doit l'accorder. Cette proposition a tout d'abord un sens tout à fait ingénu ; mais elle en a ensuite aussi un qui ne l'est pas, à savoir que ce prétendu savoir immédiat est l'unique savoir que l'on a de Dieu, et dans cette mesure la théologie moderne est tout aussi opposée à la religion révélée qu'à la connaissance rationnelle, qui nie elle aussi cette proposition. C'est en effet contre la connaissance concevante que l'on affirme que ce savoir immédiat est l'unique savoir[1].

De même, la *Préface à La Philosophie de la religion* d'Hinrichs oppose le sentiment à l'interprétation illégitime qu'en constitue le sentimentalisme : il est parfaitement justifié de parler de « sentiments religieux » ou « éthiques », ou d'affirmer que la religion, le droit ou la liberté ne sont véritables que si leur contenu pénètre le cœur et le sentiment : « la religion, comme le devoir ou le droit, deviennent et doivent aussi devenir Chose (*Sache*) du sentiment et pénétrer dans le cœur, de même que la liberté s'enfonce jusque dans le sentiment et que naît en l'homme un sentiment de la liberté ». Mais, c'est une chose de dire qu'« un contenu objectif », qui « vaut en et pour soi » – c'est-à-dire un contenu rationnel – doit pénétrer dans le cœur et le sentiment, « et que les sentiments en viennent à recevoir de lui aussi bien leur contenu que leur détermination, leur rectification, leur justification » ; c'en est une autre de prétendre « qu'un contenu tel que Dieu, la vérité, la liberté » est « tiré du sentiment » et que « le sentiment » en constitue la « justification ». « Tout revient », dit le texte, « à cette différence de position[2] », car, dans le second cas, c'est « la méfiance » ou, pire, « le mépris et la haine du penser – cette misologie dont parle déjà Platon » qui s'ajoutent au sentiment et détruisent la religion et l'éthique : une fois que l'on a situé « l'authentique et le divin » « dans les sentiments comme tels[3] », « la religiosité et l'éthicité véritables qui mettent au premier rang Dieu, la vérité et le devoir » disparaissent, pour laisser place à « la

---

1   *PdR, op. cit.* p. 68 / tr. p. 158.
2   *W.*11, 60 / tr. p. 910.
3   *W.*11, 59 / tr. p. 909.

perversion, à l'outrecuidance et à l'égoïsme absolu qui sont nés à notre époque et qui font de l'entêtement, de l'opinion et de l'arbitraire propres la règle de la religiosité et du droit[1] ».

Il est clair que ce n'est pas le savoir immédiat en tant que tel qui est en cause dans ces textes ; mais ce que l'*Encyclopédie* nomme sa « position *exclusive*[2] », c'est-à-dire l'affirmation qui en fait le seul mode d'appréhension du vrai ; affirmation dogmatique qui, en accordant une signification absolue à l'expérience sur laquelle elle prend appui, et en cherchant à l'inscrire dans un cadre – celui de « la métaphysique réfléchissante[3] » – dont son caractère concret[4] implique au contraire la mise en question, témoigne d'une « rechute dans l'entendement métaphysique » : « pris seulement *isolément*, avec *exclusion* de la médiation », ce « point de vue » « se révèle aussitôt comme une rechute dans l'entendement métaphysique, dans son « *ou bien – ou bien* », et par là même dans le rapport de la médiation extérieure, qui repose sur le fait de tenir fixement au fini, c'est-à-dire à des déterminations unilatérales au-delà desquelles cette manière de voir s'imagine faussement s'être placée[5] ».

---

1   *W.*11, 60 / tr. p. 910. Sur ce point, *cf.* également les développements sur le concept de religion du cours de 1824, *PdR*, 179-180 / tr. *op. cit.* p. 168-169 : « On dit avec raison que l'on doit avoir Dieu dans le cœur [...], que l'on doit avoir l'éthicité dans le cœur [...]. On exprime par là que [ce] contenu n'est pas simplement quelque chose que je me représente, mais qu'[il] ne doit pas être séparé de moi, doit être identique à moi [...]. Mais, d'être dans le sentiment, le contenu n'en est pas encore véritable pour autant, il n'est pas encore en soi et pour soi, bon, excellent en lui-même, il n'est pas vrai au sens de la réalité effective ». Ou encore, ce passage des *Preuves de l'existence de Dieu*, *W.*17, 372-373 / tr. p. 61-62 : « La religion doit être sentie, doit être dans le sentiment, sinon elle n'est pas religion ; la foi ne peut exister sans sentiment, sinon elle n'est pas religion – cela doit être admis comme exact ». Mais, « ce n'est pas plus parce qu'elle se trouve dans le sentiment ou dans le cœur que la religion est la [religion] véritable, qu'elle n'est la véritable [religion] parce qu'elle est crue, connue de façon immédiate et certaine ». La version de 1827 des *Leçons sur la philosophie de la religion* contient des analyses comparables : « On exige non seulement que nous ayons un savoir de Dieu, du droit, etc., que nous en ayons conscience, que nous en soyons convaincus, on exige aussi que cela soit dans notre sentiment, dans notre cœur. Cette exigence est judicieuse ; elle signifie que ces intérêts doivent être essentiellement les nôtres – que nous, en tant que ces sujets-ci, devons nous être identifiés à un tel contenu » (*PdR*, 286 / tr. *op. cit.* p. 269) ; mais il n'en découle pas que le fait d'être senti suffirait à légitimer un tel contenu, parce qu'« il est vrai que tout contenu est susceptible d'être dans le sentiment : religion, droit, coutume, crime, passions. Chaque contenu trouve place dans le sentiment » (*PdR*, 290 / tr. p. 273).

2   *W.*8, 152-153 / tr. p. 328.

3   *W.*8, 163 / tr. p. 339.

4   *Cf.* sur ce point l'additif au § 80 de l'*Encyclopédie*, *W.*8, 169 / tr. p. 510 : « En tant que l'entendement se rapporte à ses objets en séparant et en abstrayant, il est le contraire de l'intuition et sensation immédiate, qui comme telle a toujours et partout affaire à du concret et s'y tient ».

5   *W.*8, 154 / tr. p. 330.

Pourtant, cette prétention à l'exclusivité n'a-t-elle pas encore une autre signification ? Absolutiser la forme de l'immédiateté, en faire la seule forme du vrai, ce n'est pas seulement développer une métaphysique dogmatique ; c'est aussi et surtout faire du dogmatisme la seule forme de la pensée et exclure la possibilité d'un autre type de discours philosophique : l'immédiateté n'est pas simplement une forme, ou une catégorie métaphysique particulière, elle est la forme même de la métaphysique ; ou, comme le dit l'*Encyclopédie*, en tant qu'« *abstraite relation à soi* », ou « identité abstraite », elle n'est rien d'autre que « *l'identité d'entendement* de la métaphysique et de l'*Aufklärung* », en sorte que « *pensée abstraite* (la forme de la métaphysique réfléchissante) et *intuition abstraite* (la forme du savoir immédiat) sont une seule et même chose[1] ». Aussi la métaphysique de l'immédiateté a-t-elle pour effet d'enfermer la pensée dans une logique, qui, en lui interdisant d'apercevoir la dialectique « *immanente* » qui constitue « la nature propre » de ses déterminations finies[2], lui interdit aussi d'en être le dépassement rationnel, en ne lui laissant pour issue qu'un choix entre le rationalisme abstrait de l'entendement et un irrationalisme, tout aussi dogmatique et tout aussi abstrait[3]. Lorsqu'il affirme que l'« Être suprême » des Lumières et la « pure subjectivité » du « piétisme » sont les deux faces d'une même abstraction qui « volatilise tout contenu[4] », lorsqu'il souligne que le savoir immédiat n'est

---

1   *W.*8, 163 / tr. p. 339.

2   *W.*8, 171 / tr. p. 343-344.

3   *Cf.* par exemple ce que dit, en polémiquant contre ce que *Foi et savoir* nommait déjà l'« atomistique universelle » (*W.*2, 392 / tr. p. 173) de Schleiermacher, la fin des *Leçons sur la philosophie de la religion* de 1824 : « De même qu'ils se réfugient dans le concept, la religion, le besoin religieux peuvent aussi trouver refuge dans la forme du sentiment, de la sensation, se borner à abandonner la vérité et à renoncer au savoir d'un contenu, de sorte que la sainte Eglise n'a plus de communion et se désagrège en atomes, chacun ayant sa propre vision du monde. La communion est en effet dans la doctrine, mais chaque individu a son sentiment propre, ses sensations propres. C'est précisément cette forme qui ne correspond pas à l'esprit qui veut savoir. ». *Vorlesungen über die Philosophie der Religion, Teil 3, Die Vollendete Religion,* (*PdR* III), hrsg. von W. Jaeschke, Hamburg, Meiner, 1984, p. 174-175, trad. fr. P. Garniron, G. Marmasse, *Leçons sur la philosophie de la religion, 3e partie, La religion accomplie*, Paris, PUF, 2004, p. 169-170.

4   *PdR*, III, 266-268 / tr. p. 256-258. Outre la fin des différentes versions de la troisième partie des *Leçons sur la philosophie de la religion*, on trouve cette idée dans la *Préface à La Philosohie de la religion d'Hinrichs*, qui insiste sur le fait qu'en « fuyant dans le sentiment », la religiosité ne fait que substituer au « Dieu privé de détermination » (*W.*11, 53 / tr. p. 904) des Lumières « un terrain qui, lui-même indéterminé, enferme en soi en même temps ce qu'il y a de plus divers et de plus opposé » (*W.*11, 57 / tr. p. 907). *Cf.* aussi ce que dit la remarque au § 573 de l'*Encyclopédie* quant à l'accord d'une « soi-disant philosophie » rationaliste et d'une « piété sans contenu » pour refuser à la philosophie son « contenu [...] spéculatif » (*W.*380 / tr. p. 62), ou les développements de la *Recension des*

qu'un retour aux origines de la métaphysique moderne, qui reprend la métaphysique cartésienne de la subjectivité, en en proposant une version irrationaliste[1], Hegel ne veut rien dire d'autre : comme l'explique l'*Encyclopédie*, dès lors qu'elle est aveugle à la dialectique qui lui permettrait de surmonter ses contradictions, la pensée ne peut que les fuir, et se replier sur les certitudes que lui fournit la tradition ; mais ce repli n'équivaut pas nécessairement à un renoncement à toute critique : la pensée peut encore, en retournant contre la métaphysique rationaliste ce qui en est le principe, lui opposer, sous le nom de savoir immédiat, une métaphysique irrationaliste, et s'engager ainsi dans une polémique avec soi-même[2], aussi stérile qu'auto-destructrice :

Aphorismes de Göschel sur « l'égarement de certains théologiens chrétiens, quand ils font cause commune avec le rationalisme contre la philosophie » (*W*.11, 356 / tr. p. 89). À cet égard, le texte le plus clair est peut-être celui qui, dans l'Avant-Propos de la troisième édition de l'*Encyclopédie* souligne la présence d'une même vacuité dans les deux positions immédiatement antagonistes que sont la pensée religieuse de l'*Aufklärung* et celle du piétisme : « Ce dénuement en teneur consistante scientifique et, d'une façon générale, spirituelle, cette piété le partage avec ce dont elle fait immédiatement l'objet de son accusation et de sa condamnation. L'*Aufklärung* d'entendement, par sa pensée formelle, abstraite, sans teneur consistante, a vidé la religion de tout contenu, tout comme cette piété l'a fait par sa réduction de la foi au *schibboleth* du « Seigneur, Seigneur ! ». En cela aucune des deux n'a le moindre avantage sur l'autre ; et en tant qu'elles se rencontrent en s'opposant, il n'existe aucune matière où elles auraient un point de contact et pourraient acquérir un terrain commun ainsi que la possibilité de parvenir à la recherche et ensuite à la connaissance et à la vérité » (*W*.8, 36 / tr. p. 142).

1   On peut cependant se demander si, en en revenant à la forme de la métaphysique cartésienne, le savoir immédiat ne fait pas retour à ce qui est la forme pure de la métaphysique : ainsi la *Phénoménologie de l'esprit*, après avoir évoqué « le concept de la métaphysique cartésienne, selon lequel, en soi, être et penser sont la même chose » (*W*.3, 427 / tr. p. 511), désigne-t-elle la détermination du soi comme « métaphysique pure » (*W*.3, 431-432 / tr. p. 516). Au-delà du rôle fondateur que Descartes accorde à la subjectivité, Hegel semble surtout intéressé par le fait qu'à travers celui-ci, est affirmée la valeur absolue de la certitude immédiate (*Cf. W*.8, 155 / tr. p. 330). En sorte que, lorsqu'elle parle d'un « retour » du savoir immédiat à la métaphysique cartésienne, l'*Encyclopédie* semble vouloir désigner, non un enfermement dans la « métaphysique scolaire », ou une dépendance vis-à-vis de la métaphysique moderne, à laquelle on pourrait remédier par une réinterprétation de la métaphysique antique, ou tout au moins de ses éléments authentiquement spéculatifs, mais l'incapacité d'une pensée dogmatique comme celle de Jacobi et de ses successeurs à opposer à la tradition métaphysique plus et autre chose que ce qui en est le principe même, en se contentant *d'*isoler celui-ci, pour en inverser le sens. (*Cf. W*.8, 166-167 / tr. p. 341-342). Sur ce point, *cf.* par exemple G. Lebrun, *op. cit.* p. 204 : « Jacobi refuse (dogmatiquement) la thèse métaphysique ; il n'en analyse pas les présupposés et ne va pas jusqu'à la rendre à sa particularité ».

2   En substituant la « polémique » au moment « dialectique » ou « négativement rationnel » de tout procès logique, le savoir immédiat n'est qu'une forme de scepticisme « inaccompli », ou ce qui revient au même une forme de « sophistique ». *Cf. Encyclopédie, W*.8, 168-172 / tr. p. 342-344. — Sur la sophistique qui ne fait qu'« emprunter » à la philosophie

Le discernement que la nature de la pensée elle-même est la dialectique consistant en ce qu'elle doit nécessairement en tant qu'entendement tomber dans le négatif d'elle-même, dans la contradiction, constitue un côté capital de la Logique. La pensée, désespérant de pouvoir *à partir d'elle-même* effectuer aussi la résolution de la contradiction dans laquelle elle s'est posée elle-même, revient aux solutions et apaisements qui ont échu en partage à l'esprit dans certaines autres de ses manières d'être et de ses formes. La pensée, toutefois, n'aurait pas besoin, lors de ce retour, de sombrer dans la *misologie*, dont Platon a déjà eu l'expérience sous les yeux, et de se conduire de façon polémique à l'encontre de soi-même, ainsi que cela se produit dans l'affirmation de ce que l'on appelle le *savoir immédiat* comme de la forme *exclusive* de la conscience de la vérité[1].

La critique du savoir immédiat ne vise qu'à mettre fin à ce rapport polémique de la pensée à elle-même. En libérant le sentiment et l'intuition de la métaphysique à laquelle ils sont associés, elle entend dépasser les oppositions abstraites – entre sentiment et raison, entre concept et intuition, entre rationalisme et irrationalisme – que l'*Encyclopédie* qualifie de « préjugé de l'époque actuelle[2] » fondé sur l'entendement et sa topique « des facultés de l'âme » :

> La difficulté consiste, pour l'entendement [...] à se défaire de la séparation, une fois qu'elle a été faite par lui de façon arbitraire, entre les facultés de l'âme : le sentiment [et] l'esprit pensant, et d'en venir à la représentation que, dans l'homme, il n'y a qu'une raison une dans le sentiment, le vouloir et la pensée[3].

En ce sens, Jacobi et ses successeurs ont parfaitement raison d'opposer à l'entendement le cœur et le sentiment, qui, dès lors qu'ils renoncent à un exclusivisme qui en fait les principes d'une violence destructrice des fondements mêmes de toute communauté humaine[4], incarnent, contre

---

« l'arme de la forme, l'exercice de la réflexion », *cf. Préface à La Philosophie de la religion d'Hinrichs, W.*11, 61 / tr. p. 911.

1   *W.*8, 54, Remarque / tr. p. 176.

2   *W.*8, 41, Remarque / tr. p. 164 : c'est le « préjugé de l'époque actuelle » que de séparer « l'un de l'autre sentiment et pensée de telle sorte qu'ils seraient opposés entre eux, et même si hostiles, que le sentiment, en particulier le sentiment religieux, serait souillé, perverti, et même peut-être entièrement anéanti par la pensée, et que la religion et la religiosité n'auraient essentiellement pas dans la pensée leur racine et leur lieu. » Sur ce point, *cf.* aussi les *Leçons sur les preuves de l'existence de Dieu, W.*17, 378 / tr. p. 69 : « notre cœur n'a pas à redouter la connaissance », ainsi que la critique, dans la *Recension des Aphorismes de Göschel*, de la séparation du cœur et du savoir : « Que grand bien nous fasse, si nous pouvons répéter avec bonne conscience les mots de l'apôtre Paul « Je sais en qui je crois ! ». *W.*11, 388 / tr. p. 112.

3   *W.*10, 291, Remarque / tr. p. 269.

4   Sur ce point, dont la Préface à la *Phénoménologie de l'esprit* avait déjà souligné l'importance (*W.*3, 64-65 / tr. p. 125), *cf.* la fin de la remarque au § 471 de l'*Encyclopédie* (*W.*10,

l'abstraction et le dogmatisme, le droit de la subjectivité libre et de la
totalité concrète :

> Lorsqu'on en appelle au *sentiment* du droit et de la moralité, comme de la
> religion, que l'homme aurait en lui-même – à ses penchants bienveillants,
> etc. – à son *cœur* en général, c'est-à-dire au sujet, pour autant qu'en lui sont
> réunis tous les divers sentiments pratiques, cet appel a ce sens juste 1) que
> ces déterminations sont des déterminations *immanentes propres*, 2) et ensuite,
> pour autant que le sentiment est opposé à l'entendement, qu'il *peut* être, face
> aux abstractions unilatérales de celui-ci, la *totalité*[1].

Mais le tort des partisans de l'immédiateté est d'oublier que le sentiment *peut* seulement être la totalité, c'est-à-dire qu'il « peut aussi bien
être *unilatéral*, inessentiel, mauvais[2] » ; ou, si l'on préfère, d'oublier que,
là où son contenu est rationnel, le sentiment exige une justification qui,
loin d'en entraîner la mutilation ou l'appauvrissement, lui procure au
contraire la forme universelle qui en garantit l'objectivité et la vérité :

> Le *rationnel*, qui est, en tant qu'un pensé, dans la figure de la rationalité, est
> le même contenu que celui du sentiment pratique *bon*, mais dans son univer-
> salité et nécessité, dans son objectivité et vérité. [...] La rationalité effective
> du cœur et de la volonté ne peuvent avoir leur lieu que dans l'*universalité*
> de l'intelligence, non pas dans la singularité du sentiment en tant que tel.
> Si les sentiments sont d'une espèce vraie, ils le sont par leur déterminité,
> c'est-à-dire par leur contenu, et celui-ci n'est vrai qu'autant qu'il est par
> lui-même universel, c'est-à-dire qu'il a pour source l'esprit pensant. [...] Les

---

291-292 / tr. p. 269-270), ainsi que tous les textes, par exemple ceux des *Leçons sur la
philosophie de la religion* de 1824, qui déclarent que lorsqu'un homme « invoque fréquemment son sentiment quand les raisons viennent à manquer », il faut le « laisser là »,
car « il se replie dans sa particularité » puisque « avec l'appel au sentiment propre, la
communauté entre nous est rompue » (*PdR*, 178 / tr. p. 167). *Cf.* aussi les analyses des
Leçons de 1827, *PdR*, 291 / tr. p. 273-274, celles des *Leçons sur les preuves de l'existence de
Dieu*, W.17, 375 / tr. p. 63-64, ou les développements de la *Préface à la Philosophie de la
religion* d'Hinrichs sur « *le non-savoir animal de Dieu et la sophistiquerie de ce non-savoir* qui
remplacent la doctrine de la foi et les principes des droits et des devoirs par le sentiment
individuel et l'opinion subjective » (W.11, 65-66 / tr. p. 915). Rappelons enfin les attaques
des *Principes de la philosophie du droit* sur l'éthique de la conviction qui, en oubliant que
« l'élément éthique est disposition-d'-esprit subjective, mais celle du droit qui est en soi »
(W.7, 286// tr. p. 229), ouvre la voie à un « *fanatisme* religieux qui, comme le fanatisme
politique, bannit toutes les institutions de l'État et tout ordre légal comme des bornes
gênantes, inappropriées à la [disposition d'esprit] intérieure, à l'infinité du cœur », ou
s'adapte « aux institutions et aux lois », mais en faisant « de la religiosité une espèce *polémique* de piété » qui entretient chez les citoyens un sentiment d'hostilité vis-à-vis de l'État
(W.7, 418-419 / tr. p. 335-336). Cette dernière allusion vise probablement Schleiermacher.
1   W.10, 290-291 / tr. p. 269.
2   *Ibid.*

Idées qui appartiennent seulement à l'esprit pensant : Dieu, le droit, la vie éthique, peuvent aussi être *senties*. Mais le sentiment n'est rien d'autre que la forme de la singularité immédiate distinctive du sujet, en laquelle peut être posé ce contenu-là, comme tout autre contenu objectif auquel la conscience attribue aussi de l'ob-jectivité[1].

Autrement dit, là encore, ce n'est pas l'immédiateté du sentiment elle même qui est en cause, mais l'illusion dogmatique qui, imaginant que le sentiment est à lui-même son propre fondement, se détourne de la pensée rationnelle, assimilée à une abstraction pure et simple, sans comprendre que c'est au contraire d'elle et d'elle seule que le sentiment peut recevoir la légitimation que son contenu ne saurait posséder en lui-même[2] : « il est [...] *insensé* de s'imaginer que, dans le passage du sentiment au droit et au devoir, il y aurait perte de contenu et d'excellence ; c'est ce passage et lui seul qui amène le sentiment à sa vérité. Il est aussi insensé de tenir l'intelligence pour inutile, voire même préjudiciable, au sentiment, au cœur et à la volonté[3] ».

---

1   *Ibid.*
2   Les *Principes de la philosophie du droit* thématisent l'idée que le sentiment reçoit sa légitimité du procès concret et concrètement agissant qu'est le procès de la raison infinie, qui, dans les lois, les mœurs et les institutions de l'État moderne, cesse d'être ressenti par l'individu singulier comme une contrainte ou comme un pouvoir hostile et étranger. *Cf. Principes de la philosophie du droit*, W.7, 297-298 / tr. p. 234-235. « L'obligation qui nous lie ne peut apparaître comme une *restriction* qu'à l'encontre de la subjectivité indéterminée ou de la liberté abstraite, et à l'encontre des impulsions de la volonté naturelle ou de la volonté morale qui détermine à partir de son arbitre son Bien indéterminé. Mais, dans l'obligation, l'individu a plutôt sa *libération* [:] [il est libéré] d'une part de la dépendance où il se tient dans la simple impulsion naturelle ainsi que de l'abattement dans lequel il est en tant que particularité subjective [prise] dans les réflexions morales du devoir et du pouvoir, [il est libéré] d'autre part de la subjectivité indéterminée qui ne parvient pas à l'être-là et à la déterminité objective de l'agir et qui demeure *au-dedans de soi* et en tant qu'ineffectivité. Dans l'obligation, l'individu se libère en direction de la liberté substantielle ». Dans son ouvrage *Les pathologies de la liberté. Une réactualisation de la philosophie du droit de Hegel*, Paris, La Découverte, 2008, A. Honneth attire l'attention sur le fait que dans ce paragraphe Hegel thématise l'idée que le passage à l'« éthicité » permet à l'individu de se libérer des « tourments de la vacuité » où l'a conduit « l'autonomisation du point de vue moral » (p. 78). *Cf.* également les attaques de la Préface des *Principes de la philosophie du droit* contre une attitude – illustrée par le discours de Fries lors de la fête de la Wartburg de 1817 – qui ressent « la forme de ce qui est droit, en tant qu'elle est celle d'une *obligation* et d'une *loi* » « comme une *froide lettre morte* et comme une *entrave*; car elle ne se reconnaît pas en celle-ci, elle ne se reconnaît pas, de ce fait, comme libre en elle, parce que la loi est la raison de la Chose et que celle-ci ne permet pas au sentiment de s'échauffer à même sa propre particularité ». W.7, 20 / tr. p. 79.
3   W.10, 291 / tr. p. 269. *Cf.* aussi W.10, 247 / tr. p. 244 : « Relativement au contenu, c'est un préjugé courant, *qu'il y a plus dans le sentiment que dans la pensée* ; c'est ce qui est décrété particulièrement dans le cas des sentiments moraux et religieux. Le

On peut encore ajouter, – même si c'est là un point que Hegel, plus soucieux de polémiquer contre le sentimentalisme que de souligner le rôle positif du sentiment, laisse quelque peu dans l'ombre – qu'à l'inverse c'est parce que le contenu rationnel des lois et des institutions ou celui de la religion chrétienne informent l'existence de l'individu et peuvent être vécus sur le mode du sentiment que la raison est une raison concrète, irréductible aux abstractions de l'entendement. Ainsi les *Leçons sur la Philosophie de la religion* de 1827 reconnaissent-elles qu'il est justifié d'exiger que le savoir de Dieu ou celui du droit « soit dans notre sentiment, dans notre cœur » :

> Agir selon des principes exige non seulement qu'on les sache, mais aussi qu'ils soient dans le cœur. [...] Si la conviction est dans le cœur, alors celui qui agit est ainsi : il a cette disposition d'esprit et agit selon ce qu'il est de cette manière. Ce qu'un homme a dans le cœur appartient à l'être de sa personnalité, à son être le plus intérieur. Le devoir, le droit, la religion – dans la mesure où je suis moral, droit, religieux – sont identifiés à moi ; ma réalité effective est en eux, et ils sont dans ma réalité effective ; ils constituent mon être : je suis ainsi[1].

De même, les *Principes de la Philosophie du Droit* soulignent que la substance éthique, ses lois et ses pouvoirs « ne sont pas quelque chose d'*étranger* au sujet », qui « donne [...] à leur propos le *témoignage de l'esprit*, selon lequel elles sont *son essence propre*, en laquelle il a son *sentiment de soi* et vit comme dans un élément non distinct de lui – rapport qui est immédiat, qui est encore plus un rapport d'identité que la *croyance* et la

---

matériau qu'est à soi-même l'esprit en tant que ressentant s'est produit ici comme l'être-déterminé-en-et-pour-soi de la raison ; c'est pourquoi tout contenu rationnel, et, plus précisément, même tout contenu spirituel, entre dans le sentiment. Mais la forme de la singularité réfléchie en un soi, que l'esprit a dans le sentiment, est la plus inférieure et la plus mauvaise, dans laquelle il n'est pas comme être libre, comme universalité infinie, – dans laquelle sa teneur et son contenu sont, bien plutôt, comme quelque chose de contingent, de subjectif, de particularisé. »

1 *PdR*, 257 / tr. p. 270. La version de 1824, qui insiste davantage sur l'indétermination et l'insuffisance du recours au sentiment ne méconnait pas cependant cet aspect. *Cf.* par exemple l'affirmation que le sentiment « est le lieu où mon être et l'être de l'objet existent comme un seul » (*PdR*, 175 / tr. p. 165), en sorte que « le contenu véritable doit nécessairement lui aussi être dans notre sentiment » (*PdR*, 179 / tr. p. 168), et qu'« il est essentiel que tout contenu véritable soit dans le sentiment, dans le cœur » (*PdR*, 180 / tr. p. 169). De même, les *Leçons sur les preuves de l'existence de Dieu* soulignent que « vis-à-vis de la religion, l'homme ne doit rien conserver pour soi, car elle est la région la plus intérieure de la vérité ; ainsi ne doit-elle pas seulement posséder ce moi encore abstrait qui même comme foi est encore un savoir, mais le moi *concret* dans sa personnalité simple qui comprend en soi le tout de celui-ci ; le sentiment est cette intimité indivisée en soi » (*W*.17, 372 / tr. p. 61).

confiance elles-mêmes[1] » ; et ils précisent que c'est ce rapport d'identité immédiate et immédiatement vécue au sein de la morale concrète de la communauté, sur le mode de la « coutume éthique », qui permet au monde éthique d'apparaître au sujet singulier comme une organisation dont le sens constitue un tout vivant ou une subjectivité concrète, irréductibles à la dimension d'une simple substantialité :

> Dans l'*identité* simple avec l'effectivité des individus, l'élément éthique, en tant que mode d'action universel de ceux-ci, apparaît comme *coutume-éthique*, – l'*habitude* de celui-ci, comme *seconde nature* qui est posée à la place de la volonté première, simplement naturelle, et qui est l'âme, la signification et l'effectivité qui pénètrent leur être-là, l'*esprit* vivant et présent-là en tant que monde [et] dont la substance est seulement ainsi comme esprit[2].

---

1 *W.*7, 295 / tr. p. 233. On notera que Hegel utilise ici la même expression – « le témoignage de l'esprit » – que celle qu'utilisent les *Leçons sur la philosophie de la religion* de 1827, pour caractériser la signification du savoir immédiat (*cf. PdR*, 71, 285, 307 / tr. p. 66, 268, 290).

2 *W.*7, 301 / tr. p. 237. Cette « expérience » immédiate et immédiatement vécue de la raison concrètement présente dans le monde éthique trouve certes une expression privilégiée dans la famille, « en tant que substantialité immédiate de l'esprit » (*W.*7, 307 / tr. p. 240), mais elle s'accomplit également dans la « disposition d'esprit éthique », c'est-à-dire la « droiture » et « l'honneur professionnel » qu'évoquent le § 207 (*W.*7, 359 / tr. p. 277) et surtout dans « la disposition-d'esprit politique » autrement dit le « patriotisme », compris comme « confiance » qu'éprouve le citoyen envers un État qu'il reconnaît immédiatement comme sien et dans lequel sa liberté se sait immédiatement reconnue (*W.*7, 413 / tr. p. 330). Toutefois, c'est sans doute sur le plan de la morale concrète telle que l'individu la vit personnellement que cette présence agissante de la raison et de l'universel dans le sentiment trouve sa thématisation la plus claire. De ce point de vue, les lettres que Hegel adresse en 1811 à sa fiancée, Marie de Tücher, afin de la convaincre des insuffisances d'une morale du sentiment et des bonnes intentions, constituent un témoignage d'autant plus significatif que le propos du philosophe y prend un tour plus intime (*Briefe*, I, 180, 17 Avril 1811, *op. cit.* p. 355 / tr. p. 316-317 ; I, 186, été 1811, *op. cit.* p. 367 *sq.* / tr. p. 326 *sq.* ; I, 187, été 1811, *op. cit.* p. 369 *sq.*, trad. fr. *op. cit.* p. 328 *sq.*). Tout d'abord un poème, daté du 17 avril 1811, suggère que Marie s'est élevée par elle-même au dessus de « l'étroite vallée du néant » jusqu'à « la colline du matin », c'est-à-dire jusqu'à la colline de la « belle âme ». Mais cette vie qui reste dominée par des images séductrices et trompeuses doit encore faire effort pour quitter définitivement l'existence égoïste, et se hisser jusqu'à la montagne de l'amour, où « la vie n'est qu'une vie réciproque que crée l'amour dans l'amour », et où « l'esprit ne retient rien qui lui soit propre ». Autrement dit, c'est à la condition de se libérer du sentiment singulier et de l'égoïsme qui lui est inhérent, c'est-à-dire de s'élever réellement à l'universel, que l'individu peut s'abandonner librement et en toute confiance au sentiment, et vivre la morale dans la réciprocité de l'amour. Ensuite, dans une autre lettre, sans doute écrite lors de l'été 1811, Hegel s'interroge de nouveau sur le bonheur que l'on est en droit d'attendre de l'amour partagé, et il déclare que l'amour, bien qu'étant unité et lien, n'est source de bonheur que là où il est complété par la religion et le sentiment du devoir : « Ce qu'on nomme satisfaction parfaite, être tout à fait heureux, seuls le sentiment du devoir et la religion l'accomplissent ; car là seulement s'écartent toutes ces particularités du moi temporel qui pourraient créer des troubles dans la réalité, laquelle reste quelque chose d'imparfait et ne peut pas être prise

On le voit, Hegel n'a pas pour but de discréditer l'intuition ou le sentiment. Il entend simplement mettre en question la mauvaise méta-physique, qui, faute de voir en eux la saisie immédiate d'un contenu identique à celui dont la raison est la saisie conceptuelle, interdit en même temps d'apercevoir que le discours qui en constitue la justifica-tion et l'explicitation philosophiques n'est autre que le savoir spéculatif lui-même. C'est précisément ce que rappelle la *Recension des Aphorismes* de Göschel, lorsqu'elle loue celui-ci d'expliquer à ses coreligionnaires[1] que c'est en cessant de considérer le savoir absolu comme une menace, et en se tournant vers la philosophie spéculative, et non en s'adressant à la pensée de Jacobi – accusée de reconduire le nihilisme et le panthéisme qu'elle prétend combattre[2], que le chrétien sincère pourra comprendre le sens de sa foi[3] ; c'est aussi ce que souligne l'Introduction aux *Leçons*

---

pour ce qu'il y a de plus haut et où pourtant devrait se trouver ce qu'on appelle bonheur terrestre. » Enfin, dans une dernière lettre, qui date vraisemblablement, elle aussi, de l'été 1811, Hegel s'excuse de la peine qu'ont pu causer à Marie des propos qui, à en juger par la suite du texte, devaient concerner l'insuffisance de la morale du sentiment, et il explique à sa fiancée qu'il n'a jamais voulu lui attribuer à elle, à son moi singulier, des maximes ou des principes qui n'existent que dans sa réflexion, dont elle s'est seulement servie pour excuser les actions d'autres personnes, et dont il convient d'ailleurs de relativiser l'importance, lorsque le caractère de la personne est bon. Cependant, il maintient fermement qu'il est essentiel de « répudier » des « opinions » qui « abolissent la différence entre ce qui plaît au cœur et le devoir, ou qui éliminent entièrement ce dernier et détruisent la moralité. » On retrouve dans ces textes les deux thèmes qui dominent toutes les analyses hégéliennes du cœur et du sentiment : d'un côté, il est dangereux de se fier aveuglément au sentiment, dont la légitimité dépend uniquement du caractère rationnel de son contenu ; mais en même temps, il serait absurde de vouloir en rester, à la manière de Kant, à une morale du devoir pour le devoir : les maximes ne sont certes pas dénuées d'importance, et c'est pourquoi elles doivent être mesurées à l'aune du critère de l'universalité, mais pour l'essentiel, la morale n'est pas une affaire de raisonnement ; une fois fondée, et ainsi protégée contre les objections du faux raisonnement, elle a pour sens d'être vécue, et c'est dans le cœur, dans la passion, dans le sentiment que la raison peut et doit agir concrètement. L'article d'E. Weil, *La morale de Hegel*, in *Essais et conférences*, I, Paris, Plon, 1970, p. 151 *sq.* attire l'attention sur l'intérêt de cette correspondance pour l'interprétation du rapport de Hegel à la morale vécue. Nous en avons repris les principales thèses, ainsi que la traduction qu'il propose des lettres de Hegel.

1 Sur le piétisme de Göschel, *cf.* l'article de P. Jonkers, *Unmittelbares Wissen und absolutes Wissen. Göschel Aphorismen über Jacobis Nichtwissen* in B. Sandkaulen, W. Jaeschke, (hsrg.), *F. H. Jacobi. Ein Wendepunkt der geistigen Bildung der Zeit*, Hamburg, Meiner, 2004, en particulier p. 371.

2 *W.*11, 361-362 / tr. *op. cit.*, p. 93.

3 *W.*11, 355 / tr. *op. cit.*, p. 88 : « C'est "la philosophie de notre temps" que monsieur l'auteur s'efforce de mettre au clair pour les chrétiens sans préjugés contre l'entendement de la théologie rationaliste, qui ne pense que ce qui est fini et pose des limites à toute vérité. Il dit à la page deux que la tâche de s'accommoder à l'époque, et donc à la nôtre en rapport avec sa philosophie et son sommet actuel, ne peut pas facilement être complètement repoussée par ces chrétiens que leurs activités professionnelles ont appelé à la science, sans qu'ils ne commettent de péché ». *Cf.* également ce que Hegel dit de sa recension

sur la philosophie de la religion de 1821, lorsqu'elle précise que ces leçons ont pour seul but d'établir que « l'esprit va et doit aller de ses autres modes, vouloir, représenter, sentir, à ce mode absolu qui est le sien[1] ». À l'inverse, la version de 1827 de l'introduction aux *Leçons sur la philosophie de la religion* montre que, dès lors qu'elle dissocie le savoir immédiat de la métaphysique dogmatique qui lui tient lieu de justification, la philosophie n'a aucune difficulté à en reconnaître la légitimité, limitée, mais réelle : il existe un accord foncier, dit Hegel, entre le « préjugé » caractéristique de l'époque qu'est le « savoir immédiat » et les « principes fondamentaux de la philosophie elle-même[2] », car, dès qu'il « n'intervient [pas] polémiquement contre le savoir », le savoir immédiat n'énonce qu'un certain nombre de « propositions triviales » : « le contenu suprême, [] le contenu religieux se fait connaître à l'homme dans l'esprit lui-même, [...] l'esprit se manifeste dans l'esprit, dans cet esprit qui est le mien ; [...] la foi a sa racine dans le plus intérieur, dans ce qui m'est le plus profondément propre, [...] ce que j'ai de plus intérieur en est inséparable[3] ». Or, en quoi ces affirmations, qui visent simplement à écarter toute « autorité extérieure » et « toute accréditation étrangère[4] » et à rappeler que « ce qui doit valoir pour moi doit avoir son accréditation dans mon esprit[5] », pourraient-elles contredire les déterminations fondamentales de la philosophie ?

---

dans les *Leçons sur les preuves de l'existence de Dieu*, W.17, 381 / tr. p. 71, ainsi que sa lettre à Göschel du 13 décembre 1830 *(Briefe von und an Hegel*, hrsg. von J. Hoffmeister, III, 659, p. 321 *sq.*, trad. fr. J. Carrère, *Correspondance*, III, Paris, Gallimard, 1967, p. 275).

1 *PdR*, 9 / tr. p. 8. *Cf* aussi la leçon inaugurale du 22 Octobre 1818, où Hegel déclare « la figure de la religion est insatisfaisante pour la conscience qui a une formation supérieure. Elle doit savoir sursumer la forme de la religion, mais dans le seul but d'en légitimer le contenu » W.10, 411. Sur le but des *Leçons sur la philosophie de la religion, cf.* l'article de F. Wagner, *Religion zwischen Rechfertigung und Aufhebung*, in *Hegels Logik der Philosophie. Religion und Philosophie in der Theorie des absoluten Geistes*, (D. Henrich, R.P. Horstmann, hrsg), Stuttgart, Klett-Cotta, 1984, p. 127-150.

2 *PdR*, 70-71 / tr. p. 65-66. *Cf.* P. Garniron, qui dans son « analyse du texte » *op. cit.* p. XXXIV parle d'une « valorisation du savoir immédiat ». À en juger par les nombreuses remarques qui, dans l'œuvre de Hegel, reconnaissent le rôle essentiel du sentiment et du vécu immédiat, on peut cependant douter que cette valorisation soit « essentiellement nouvelle » *(ibid.)*, même s'il est vrai qu'elle est absente du manuscrit de 1821 et de la version des *Leçons* de 1824.

3 *PdR*, 70 / tr. p. 65-66.

4 *PdR*, 71 / tr. p. 66.

5 *Ibid.* Sur ce thème, *cf.* aussi la fin du chapitre sur Jacobi des *Leçons sur l'histoire de la philosophie*, qui voit exprimé dans le savoir immédiat « le principe, mais seulement le principe de la liberté de l'esprit » (W.20, 329 / tr. p. 1842). *Cf.* aussi les remarques de la *Préface à la Philosophie de la religion* d'Hinrichs sur le fait que la liberté de l'esprit pensant est devenue « pour la conscience une *condition indéclinable* de ce qu'on doit faire *valoir* et reconnaître pour *vrai* », W.11, 62 / tr. p. 912.

> Cet être présent, ce manifester du contenu [...] est le principe simple du connaître philosophique lui-même : à savoir que notre conscience a immédiatement un savoir de Dieu, que le savoir de l'être de Dieu est purement et simplement certain pour l'homme. Non seulement la philosophie ne répudie pas cette proposition : elle constitue au contraire une détermination fondamentale dans la philosophie elle-même[1].

En réalité, lorsqu'il exprime l'unité « indissociable » de la conscience avec Dieu, le savoir immédiat s'accorde parfaitement avec le concept philosophique : dans les deux cas, il s'agit uniquement de reconnaître que Dieu est « esprit » ou qu'il est « concret », même si cette reconnaissance n'accède à sa forme achevée que là où la communauté chrétienne se représente elle-même comme l'actualisation effective de l'esprit absolu[2]. Aussi, n'est-ce pas la philosophie qui s'oppose au savoir immédiat, mais le savoir immédiat qui renie son propre contenu lorsqu'il s'oppose à la philosophie sans comprendre que celle-ci ne fait que développer sous la forme du concept ce qu'il énonce lui-même sur le mode de la certitude immédiate :

> Nous n'avons pas besoin de frayer polémiquement la voie à notre science en combattant ces vues qui font prétendument obstacle à la philosophie. Les affirmations susmentionnées s'opposent certes elles-mêmes à la connaissance philosophique ; l'inconscience au sujet de ce qui est opposé à la philosophie ne connaît justement pas de limites. Les affirmations qui prétendent dire le contraire de la philosophie et la combattre, et qui pensent être opposées à elle de la façon la plus nette, ces affirmations précisément montrent en elles-mêmes, quand on considère leur contenu, la déterminité qu'elles expriment, leur accord avec ce qu'elles combattent[3].

---

1   *PdR*, 71, trad. fr. *op. cit.* p. 66. *Cf.* aussi la remarque au § 554 de l'Encyclopédie, qui renvoie d'ailleurs à ce que dit le § 63 (*W.*8, 150 *sq.* / tr. p. 325 *sq.*) à propos de la fausse opposition que le savoir immédiat instaure entre croyance et savoir : « Que, d'une façon générale, la croyance ne soit pas opposée au savoir, mais que, bien plutôt, le croire soit un savoir, et celui-là seulement une forme particulière de celui-ci, on l'a déjà fait remarquer plus haut (§ 63, Rem.). – Que de nos jours, on sache si peu de Dieu et qu'on s'arrête à son essence objective, mais qu'on parle d'autant plus de religion, c'est-à-dire du séjour de Dieu dans le côté subjectif, et que l'on exige la religion, non la vérité en tant que telle, cela renferme pour le moins cette détermination juste, que Dieu, en tant qu'esprit, doit être appréhendé dans sa communauté ». *W.*10, 366 / tr. p. 343-344.

2   *PdR*, 73 / tr. p. 68. Sur ce point, *cf.* L. De Vos, *Unmittelbares Wissen und begriffenes Selbstbewusstsein des Geistes. Jacobi in Hegels Philosophie der Religion*, in *F. H. Jacobi. Ein Wendepunkt*, *op. cit.* p. 337 *sq.*

3   *PdR*, 75 / tr. p. 70. Dans un autre article, intitulé *Hegel und Jacobi (ab 1807). Jacobi-Kritik in Fortsetzung Jacobischer Motive ? op. cit.* p. 218 *sq.*, L. De Vos, qui mentionne de façon exhaustive les textes de la maturité traitant de Jacobi, montre, en suivant Jacobi lui-même (lettre à Neeb du 30 mai 1817, *op. cit.*), que la différence entre les deux positions renvoie à la différence entre un point de vue pour lequel l'existence de la liberté est une conviction personnelle, qu'il s'agit simplement de communiquer aux autres, et une approche philosophique qui entend

Malgré les apparences, la conclusion à laquelle aboutit la critique du savoir immédiat que développent les textes de Berlin ne diffère donc pas fondamentalement de celle à laquelle conduisait une lecture de Jacobi qui préférait mettre l'accent sur la portée spéculative de ses objections à la philosophie moderne : en opposant à l'entendement son « intuition rationnelle » ou son « intuition sans lacune du concret absolu[1] », Jacobi rappelle à juste titre à la philosophie que son rôle est de saisir un sens qui soit un sens concret. Mais, en donnant à ce rappel la forme d'une métaphysique abstraite et dogmatique, il incite la culture contemporaine à chercher en vain dans l'arbitraire et l'incohérence ce que seul peut lui procurer le procès concret et concrètement agissant de la raison absolue, tel que l'explicite le discours cohérent de la philosophie spéculative.

Aussi est-ce, en dernière analyse, le système lui-même, et non le subjectivisme radical, qui est réellement en droit de revendiquer et d'assumer l'héritage de la pensée de Jacobi, ou du moins l'héritage de ce que celle-ci comporte de philosophiquement sensé. C'est d'ailleurs ce que suggère l'*Encyclopédie*, lorsqu'elle remarque que la « difficulté insurmontable » à laquelle se heurte le savoir immédiat « n'est pas présente dans le fait, tout comme elle disparaît dans le concept spéculatif[2] » ; ou encore lorsqu'elle présente « la *Logique* elle-même et la *philosophie tout entière* » comme « l'*exemple* » « du *fait* d'une [...] connaissance, qui ne progresse ni dans une immédiateté unilatérale, ni dans une médiation unilatérale[3] » : c'est

---

justifier conceptuellement cette conviction, moyennant l'élaboration d'un discours dont la validité puisse être reconnue par tous. À supposer que cette lecture de Jacobi, fondée sur les recherches récentes de K. Homann (*Jacobis Philosophie der Freiheit*, Alber, München, 1973) et de B. Sandkaulen (*Grund und Ursache*, *op. cit.*), corresponde historiquement à la lecture de Hegel, on peut se demander si L. De Vos n'efface pas quelque peu les véritables enjeux du différend entre les deux pensées. Hegel ne reproche pas à Jacobi d'avoir telle ou telle conviction, ni même d'en rester à la conviction, sans la justifier conceptuellement ; il conteste que la conviction immédiate puisse être un critère exclusif du vrai, qui permettrait de récuser l'autorité de la raison. Autrement dit, ce qu'il met en cause est moins l'absence chez Jacobi d'un savoir de la liberté que la violence à laquelle risque de donner libre cours l'apologie absolue de l'immédiateté. Aussi paraît-il difficile de tirer argument de la reconnaissance d'une dimension authentiquement spéculative au sein du savoir immédiat pour affirmer que le discours hégélien élaborerait conceptuellement, contre Jacobi, un motif déjà présent chez Jacobi : non seulement c'est après coup que la philosophie découvre cette dimension spéculative, mais elle la découvre comme le contenu d'un savoir dont la forme présuppose un choix diamétralement opposé au sien, puisqu'il suppose un refus de la « résolution *de vouloir purement penser* » (*W*.8, 168 / tr. p. 342) par laquelle l'individu fini entre dans le cercle du discours systématique.

1   *W*.4, 446 / tr. p. 31.

2   *W*.8, 160, tr. p. 334.

3   *W*.8, 165 / tr. *p.* 339. Hegel présente ici comme un fait ce dont la justification véritable ne se montre qu'au terme du développement de la *Science de la logique* : c'est la philosophie

dans le développement du concept et dans la saisie de l'effectivité qui en est l'accomplissement que le contenu de l'expérience, loin de se réduire à un schéma sans vie, peut accéder à sa vérité concrète[1]. Ou, comme le disent les *Leçons sur la philosophie de la religion* de 1827, c'est la philosophie qui, en apercevant la présence de son propre concept au sein d'une culture qui, de prime abord, lui est radicalement hostile, « reconnaît ce principe [...] du savoir immédiat lui-même en tant que contenu », et le « conduit en tant que tel jusqu'à son véritable déploiement en lui-même[2] ».

spéculative qui réalise rationnellement ce que vise de manière irrationnelle le savoir immédiat, dans la mesure où c'est le procès de l'Idée absolue qui constitue l'immédiat véritable, non au sens « dogmatique » de l'être vide et indéterminé du début de la Logique, mais au sens du procès infini qu'est le procès de la cohérence discursive, procès que l'on peut se représenter comme l'« être empli », ou comme « l'être en tant que la totalité concrète », mais dont l'« accomplissement » effectif, ou l'« ampliation (*Erweiterung*) » (*W.*6, 569 / tr. p. 388) n'est autre que le système lui-même. *Cf.* par exemple la fin du chapitre sur l'Idée absolue (*W.*6, 572 / tr. p. 391) : « la Logique, dans l'Idée absolue, a fait retour à cette unité simple qui est son commencement ; l'immédiateté pure de l'être, dans lequel tout d'abord toute détermination apparaît comme éteinte ou omise par l'abstraction, est par la médiation, savoir la sursomption de la médiation, l'Idée venue à son égalité à soi lui correspondant. La méthode est le concept pur qui n'est en relation qu'à soi-même ; elle est par conséquent le rapport simple à soi qui est être. Mais, il est maintenant aussi être empli, le concept se comprenant, l'être comme la totalité concrète, aussi bien purement-et-simplement intensive ».

1   En ce sens, Hegel répond à l'accusation de « nihilisme » que la *Lettre à Fichte* adresse à toute philosophie « idéaliste ». *Cf. Werkeausgabe, op. cit.* p. 215 / tr. p. 124. Sur les rapports du concept et du sensible, *cf. Science de la logique, W.*6, 258-260 / tr., *op. cit.* p. 49-51.
2   Ce passage ne figure que dans la seconde édition des *Œuvres* de Hegel de 1840. Sur l'idée que le système se comprend comme « la vérité » du savoir immédiat, *cf.* G. Kirscher, *Hegel et la philosophie de F. H. Jacobi, op. cit.* : « le contenu de la non-philosophie de Jacobi ne diffère pas du contenu de la philosophie de Hegel : mais, chez Jacobi ce contenu n'est pas appréhendé dans la forme qui lui est propre. Comprendre la non-philosophie, c'est donc montrer l'inadéquation de sa forme et conduire cette forme, par la médiation, à l'adéquation au contenu. La critique de la non-philosophie est donc beaucoup moins une « réfutation » qu'une compréhension, qu'une éducation à la philosophie » (p. 190). C'est en ce sens que l'*Encyclopédie* peut affirmer qu'« un contenu ne peut être connu comme ce qui est vrai que pour autant qu'il n'est pas médiatisé avec quelque chose d'autre, n'est pas fini, donc se médiatise avec lui-même et, ainsi, est tout à la fois médiation et relation immédiate à lui-même » (*W.*8, 164 / tr. p. 338). C'est d'ailleurs là, nous semble-t-il, la raison pour laquelle l'examen critique du savoir immédiat constitue la *dernière* « position de la pensée par rapport à l'objectivité » : c'est en se libérant du « préjugé » constitutif du dogmatisme qu'est l'opposition d'une « immédiateté subsistante-par-soi du contenu ou du savoir » à « une médiation, face à elle, tout aussi subsistante-par-soi, qui ne pourrait être réunie avec celle-là » (*W.*8, 167 / tr. p. 342), que la pensée, renonçant au dogmatisme, se résout à « *vouloir purement penser* » (*Ibid.*) et à déployer le procès dont la *Science de la logique* est la présentation. Il faut également ajouter que c'est cette perspective – la compréhension du système comme « vérité » du savoir immédiat – qui fonde l'attitude hégélienne consistant à opposer la pensée de Jacobi lui-même au point de vue de ses disciples supposés : outre le passage de la *Recension* sur Fries et la note à la remarque du § 140 des *Principes de la philosophie du droit* que nous avons déjà évoqués, on peut se référer

Lorsque l'on voit en eux de simples « interprétations » ou de simples « lectures[1] », les écrits que le Hegel de la maturité consacre à Jacobi peuvent sembler inconciliables : l'*Encyclopédie* ne contredit-elle pas la *Recension* de 1817 ? Ou, pire, ne se contredit-elle pas elle-même ? Cette difficulté disparaît en revanche lorsque l'on comprend qu'il s'agit en réalité dans ces textes de répondre à l'objection que Jacobi a élevée contre la philosophie, accusée de sacrifier l'individu et sa singularité sur l'autel d'une rationalité abstraite et étrangère à la vie. Cette thèse, justifiée là où la rationalité du discours philosophique, incapable de réellement se constituer en système, demeure la rationalité abstraite de l'entendement[2], perd en revanche toute

---

aux textes – notamment la Préface à la seconde édition de l'*Encyclopédie* – qui suggèrent l'existence d'une différence entre le point de vue religieux de Jacobi, insuffisant, mais sensé, et la métaphysique « sentimentaliste » que développe Schleiermacher.

1   Outre le fait évident que les historiens de la philosophie ont toujours tendance à vouloir projeter leur propre activité, de nature essentiellement herméneutique, sur la pensée des auteurs qu'ils étudient, il faudrait sans doute s'interroger sur l'idée que tout discours constitue une « lecture » ou une « interprétation ». Il est probable que le scepticisme « moderne » ou « post-moderne » vis-à-vis de la raison et de la vérité joue ici un rôle essentiel. Quoi qu'il en soit, les deux figures du savoir immédiat, ou de la pensée de Jacobi, que certains interprètes opposent l'une à l'autre – en semblant ne pas voir que cette « ambivalence » signifierait l'échec d'une pensée dont l'intention première est de dépasser les scissions de l'entendement – semblent coexister chez Hegel sans le moindre problème. Par exemple, la *Préface à la Philosophie de la religion* d'Hinrichs présente le savoir immédiat comme étant à la fois l'expression d'un besoin d'affirmer la raison contre l'entendement et celle du mépris qu'éprouve à l'égard du concept « la philosophie la plus récente » : « c'est la philosophie la plus récente [...] qui a si mal compris son propre élément, le concept, et a jeté celui-ci dans le discrédit. Elle n'a pas reconnu l'infinité de ce dernier et lui a substitué la réflexion finie, l'entendement, tant et si bien que l'entendement seul en vient à pouvoir penser et non la raison ; celle-ci ne doit jouir que de la possibilité d'un savoir immédiat, c'est-à-dire qu'elle ne fait que sentir et intuitionner, et partant ne doit parvenir qu'à un *savoir sensible* » (*W*.11, 64 / tr. p. 913-914). On peut ajouter que le problème ne concerne pas seulement la religion ; ainsi, quelques lignes plus loin la *Préface à la Philosophie de la religion* d'Hinrichs accuse-t-elle les doctrines subjectivistes de détruire « la cohésion éthique des hommes, de l'État et de la religion » (*W*.11, 66 / tr. p. 915).

2   C'est la raison pour laquelle Hegel se soucie constamment de souligner l'irréductibilité de son système à une philosophie de l'identité abstraite, accusée par les défenseurs de l'immédiateté et du sentiment de n'être qu'une nouvelle version du panthéisme dont les *Lettres à Mendelssohn* dénonçaient la présence chez Spinoza. C'est sans doute chez Tholuk, dans le « vrai sacre du sceptique » *(Guido und Julius : Die Lehre von der Sünde und von Versöhner, oder die wahre Weihe des Zweiflers)*, publié pour la première fois à Hambourg en 1823, que l'on trouve la première expression explicite de ce type de critique de la philosophie hégélienne. Hegel ne cesse de la prendre au sérieux et de vouloir y répondre en détail, comme le montrent tant la remarque au § 573 de l'*Encyclopédie* (*W*.10, 379 *sq.* / tr. p. 361 *sq.*) que la Préface à la seconde édition. (*W*.8, 17 *sq.* / tr. p. 124 *sq.*) *Cf.* aussi les précisions que fournissent à cet égard les *Leçons sur la philosophie de la religion* de 1824 (*PdR*, 246 / tr. p. 230 *sq.*), et surtout de 1827 (*PdR*, 269 / tr. p. 253 *sq.*), la discussion de la *Recension des Aphorismes de Göschel* – où l'accusation de panthéisme est explicitement liée au point de vue du savoir immédiat – sur le sens dans lequel la philosophie spéculative peut être désignée comme « une philosophie de l'identité »

pertinence, là ou la raison se comprend comme le procès de cohérence infini qui agit en tout fini. De ce point de vue, l'objection de Jacobi et le « sentimentalisme » qui en découle résultent simplement d'un dogmatisme métaphysique[1] qui transforme en horizon ultime ce qui, au sein du système développé, ne saurait être qu'un moment nécessaire mais insuffisant[2]. En

_____

(*W.*11, 369 *sq.* / tr. p. 99 *sq.*), et la recension en trois articles de 1829 répondant à des écrits qui accusaient le système hégélien de panthéisme (*W.*11, 390-466 / tr. in *Ecrits sur la religion*, *op. cit.* p. 115-172). L'accusation de panthéisme semble également correspondre à la manière dont Jacobi a fini par envisager la signification du système hégélien. *Cf.* sa lettre à Neeb du 30 mai 1817 *op. cit.*

1   En outre, comme on l'a vu, le savoir immédiat n'est pas *une* métaphysique parmi d'autres. Aux yeux de Hegel, il est l'expression métaphysique du présupposé de toute métaphysique dogmatique, la métaphysique dont le contenu n'est autre que la forme même de la pensée dogmatique. C'est en ce sens que Hegel peut dire qu'en opposant au rationalisme de la métaphysique moderne la certitude immédiate du sujet, le savoir immédiat lui oppose simplement son propre principe ; ou qu'il peut suggérer que la philosophie de Jacobi se ramène à la pensée de l'être vide, encore inconsciente de son identité avec le néant, qui constitue le début de la *Science de la logique*. Sur ce point, *cf.* par exemple *Leçons sur les preuves de l'existence de Dieu*, *W.*17, 369 / tr. p. 58 *sq.* « Si nous envisageons ce que l'on entend par immédiateté, elle doit alors être en soi-même, sans aucune différence, puisque par celle-ci la médiation est posée tout de suite ; elle est la *relation simple* à soi-même, ainsi selon sa manière elle-même immédiate est-elle seulement *être* ». *Cf.* aussi *W.*17, 383, trad. fr. *op. cit.* p. 73 ainsi que les *Leçons sur la philosophie de la religion* (1824), *PdR*, 171-173, trad. fr. *op. cit.* p. 161-162. On peut encore remarquer que, lorsqu'il énonce le « passage » immédiat de l'être dans le néant, le début de la *Logique* le fait en évoquant l'identité de la pensée abstraite et de l'intuition abstraite dont parlera le § 74 de l'*Encyclopédie* : « (l'être) est l'indéterminité et vacuité pure. – Il n'y a *rien* à intuitionner en lui, si d'intuitionner l'on peut ici parler ; ou il est seulement cet intuitionner même, pur et vide. Aussi peu y a-t-il à penser quelque chose en lui, ou il n'est pareillement que ce penser vide » *W.*5, 81-82 / tr. p. 58.

2   La *Recension des Aphorismes de Goschel* formule parfaitement l'idée qu'un système spéculatif répond aux objections dirigées contre lui en les concevant comme des déterminations uni-latérales, auxquelles le développement systématique reconnaît un droit relatif, même s'il est « pédagogiquement » justifié de les traiter à la façon de Göschel, comme des objections auxquelles on se contente d'opposer d'autres arguments, sans exhiber le tout du procès conceptuel qui constitue la seule véritable justification de ceux-ci : « Les objections qui sont faites contre un système spéculatif – si elles méritent par ailleurs le nom d'objections ; ce nom, ici lui-même insuffisant, ne peut même pas être attribué à chaque piètre fantaisie complètement superficielle – sont contenues et traitées directement à l'intérieur du système. Les objections, lorsqu'elles sont effectivement en rapport avec la chose contre laquelle elles sont dirigées, sont des déterminations unilatérales dont les unes sont produites, comme il a été indiqué précédemment, par falsification du fait spéculatif et prennent la forme d'une accusation contre lui, et dont les autres sont établies comme des affirmations à son encontre. Ces déterminations unilatérales, pour autant qu'elles sont en rapport avec la chose, sont des *moments de son concept*, chose qui doit donc être présentée lors de son exposition dans sa position momentanée et dont il faut montrer la négation dans la dialectique immanente du concept ; cette négation est ce qui, étant posée sous forme d'objections, en vient à se trouver dans la forme de sa réfutation. Dans la mesure où des gens qui réfléchissent et ont quelque peu confiance dans leur réflexion n'ont pas la patience de pénétrer dans la dialectique du concept ici présentée, où ils trouveraient reconnu et honoré le contenu de leur objection, et

ce sens, on peut affirmer clairement que le sentiment n'est pas l'instance de légitimation absolue que voient en lui les partisans de la morale de la conviction immédiate, ou ceux d'une religion du cœur qui croit pouvoir justifier le christianisme en en éliminant le contenu doctrinal. Mais il n'en découle en rien qu'il serait illégitime ou insensé de se rapporter sur le mode de la certitude immédiate à des contenus qui, aux yeux de la philosophie, ne doivent pourtant leur rationalité qu'à l'effectivité qu'y possède le mouvement immanent du concept : la philosophie ne songe nullement à dénier à l'individu le droit de se contenter d'une foi naïve, pour autant que le contenu en est rationnel, ni celui d'en rester, sur le plan éthique et politique, à une attitude de confiance immédiate envers la morale concrète, les lois et les institutions d'une communauté raisonnable, sans s'interroger plus avant sur ce qui en constitue le fondement[1]. Elle exige simplement de la pensée qu'elle reconnaisse que ce type de satis-faction, pour légitime qu'il soit, ne correspond qu'au degré le plus bas de la satisfaction humaine[2]. Le sentiment, disent les *Leçons sur la philosophie de la religion*, est la « plus mauvaise forme » ou « la forme la plus basse » dans laquelle peut se trouver un contenu spirituel, parce que c'est celle que « les hommes ont en commun avec les animaux[3] ». Aussi la satisfaction que l'individu est en droit d'attendre du discours philosophique est-elle d'un autre type et se situe-t-elle à un autre niveau : seul y accède l'homme qui, s'étant libéré peu à peu de sa finitude et de sa singularité dans et par le parcours systématique, et s'étant ainsi élevé à l'universalité, parvient au point où dans la finitude même de son discours, l'acte de la pensée

---

préfèrent bien plutôt avancer qu'une telle détermination vient de leur entendement subjectif, l'entreprise de monsieur l'auteur d'accepter et de traiter de telles déterminations comme des objections est populaire et très louable. » *W.*11, 380-381 / tr. p. 107.

1   Ainsi la remarque au § 150 des *Principes de la philosophie du droit* peut-elle affirmer : « *Ce qu'il* faudrait que l'homme fasse, *ce que* sont les obligations qu'il a à remplir pour être vertueux, est facile à dire dans une communauté éthique [:] il n'a rien d'autre à mettre en œuvre que ce qui, pour lui, est tracé, désigné et familier dans les rapports qui sont les siens. La droiture est l'universel, ce qui peut être exigé de l'homme en partie sur le plan juridique, en partie sur le plan éthique. » *W.*7, 298 / tr. p. 235.

2   *Cf.* par exemple ce que dit la remarque du § 445 de l'*Encyclopédie* : « Même isolés, c'est-à-dire privés d'esprit, l'intuitionner, l'activité de l'imaginaire, etc., peuvent sans doute procurer de la satisfaction [...] Mais, la *satisfaction vraie* – on l'accorde – seules peuvent la procurer une intuition pénétrée d'entendement et d'esprit, une représentation rationnelle, des productions de l'activité de l'imaginaire qui sont pénétrées de raison, qui présentent des Idées, etc., c'est-à-dire une intuition, une représentation qui *connaissent*. Le *vrai* qui est attribué à une telle satisfaction réside en ce que l'intuition, la représentation, etc., sont présentes, non pas isolément, mais seulement comme moments de la totalité, du connaître lui-même. » *W.*10, 243 / tr. p. 242-243.

3   *PdR*, 179-181 / tr. p. 168-170.

pensant sa propre infinité en vient à coïncider avec l'acte de jouir de cette même infinité[1]. Hegel ne dit rien d'autre lorsqu'à la fin de l'Avant-propos à la troisième édition de l'*Encyclopédie*, il rappelle, en citant Aristote, que « la Théorie est ce qui renferme *la plus grande béatitude* et ce qui, parmi le bien, est le *meilleur* », avant d'ajouter que « ceux qui participent à cette jouissance savent qu'ils y ont « la satisfaction de la nécessité de leur nature spirituelle », et peuvent de ce fait laisser les autres « à leurs besoins et aux satisfactions qu'ils trouvent pour ceux-ci[2] » ; ou encore, lorsqu'il achève la dernière édition de l'*Encyclopédie* en déclarant que dans le « troisième syllogisme » qui est « l'Idée de la philosophie », le savoir auquel parvient « *la raison qui se sait* » est à la fois le mouvement du concept, de « la nature de la Chose » et « tout autant l'activité de la connaissance », en sorte que dans l'unité de ce mouvement, « l'Idée éternelle qui est en et pour soi se fait agissante, s'engendre et jouit de soi éternellement comme esprit absolu[3] ». En définitive, c'est le savoir de l'unité concrète et différenciée de la raison et de l'effectivité qui procure à l'être pensant qu'est l'homme la satisfaction que les partisans de la métaphysique de l'immédiateté prétendent trouver dans le sentiment, en oubliant que celui-ci n'est, au mieux, que la forme la plus pauvre sous laquelle chacun peut faire l'expérience du caractère raisonnable de ce qui est[4].

---

1   *W.*10, 394 / tr. p. 374. Sur ce point, *cf.* F. Chiereghin, *Histoire, État et Genuß dans la philosophie de l'histoire de Hegel*, Archives de philosophie, 2002, 3, vol. 65, p. 407-422.

2   *W.*8, 38 ; / tr. p. 144.

3   *W.*10, 394 ; / tr. p. 374. Sur les trois syllogismes finaux de l'*Encyclopédie*, *cf.* T.F. Geraets, *Les trois lectures philosophiques de l'Encyclopédie ou la réalisation du concept de la philosophie chez Hegel*, Hegel-Studien, 10, 1975, p. 231-254, ainsi que A. Nuzzo, *Hegels Auffassung der Philosophie als System und die drei Schlüsse der Enzyklopädie* in Hegels enzyklopädisches System der Philosophie, *op. cit.* p. 459-479.

4   Rappelons que dans ses deux dernières éditions, l'*Encyclopédie* s'achève (*W.*10, 394 / tr. p. 375) sur la citation du texte d'Aristote (*Métaphysique*, Λ 7, 1072 b19-32) auquel fait référence la fin de l'Avant-Propos de 1830 (*W.*8, 38 / tr. p. 144), texte dans lequel Aristote écrit que l'homme ne parvient qu'à certains moments au bonheur suprême que Dieu possède toujours. Outre cette référence à Aristote, peut-être peut-on rapprocher, comme le fait H.F. Fulda dans un article intitulé *Der letzte Paragraph der hegelschen Enzyklopädie der philosophischen Wissenschaften* in Hegels enzyklopädisches System, *op. cit.* p. 503, l'emploi par Hegel du terme « jouissance » (*Genuß*) de la phrase de Lessing rapportée par Jacobi dans ses *Lettres* « Les concepts orthodoxes de la divinité ne sont plus pour moi. Je ne puis plus les souffrir (*Ich kann sie nicht genießen*) » (Werke IV, 1, *op. cit.* p. 54 / tr. p. 108.). On peut alors soutenir que la participation de l'homme à l'« auto-jouissance de l'Idée véritable de la philosophie » constitue une réponse à ce qu'a d'insuffisant l'attitude de Lessing : Hegel fonderait rationnellement ce que le savoir immédiat de Jacobi se contentait d'opposer à Lessing (et à Spinoza), sans en produire la justification conceptuelle. On peut également rappeler que *Foi et savoir* désignait « la connaissance la plus haute » comme celle en laquelle « l'aspiration » parvient à « l'intuition parfaite et à la jouissance bienheureuse ». *W.*2, 291 ; / tr. p. 196.

CONCLUSION : DISCOURS PHILOSOPHIQUE, SENTIMENT ET VIE CONCRÈTE

Comprendre et critiquer la pensée de Jacobi, cela signifie toujours, pour Hegel, justifier le bien-fondé de la connaissance spéculative de l'absolu contre un discours qui risque d'inciter à ne voir en elle qu'une prétention illusoire. Mais ce qui, dans *Foi et savoir* relève d'un amour inconditionnel du fini, incapable de s'élever à la pensée de l'infini, apparaît, à partir de la *Phénoménologie de l'Esprit* comme l'expression dogmatique et irrationnelle d'un besoin de sens concret identique en son fond à celui dont le système spéculatif se veut la satisfaction rationnelle et non dogmatique. D'où l'insistance de la *Recension* de 1817 sur la présence, dans les critiques que Jacobi adresse à Spinoza, à Kant ou à Fichte, d'une dimension authentiquement spéculative ; d'où aussi, dans les textes de la maturité, une discussion du savoir immédiat qui, tout en récusant la souveraineté absolue du sentiment, en reconnaît cependant la légitimité partielle, et s'attache à montrer que la cohérence développée du discours philosophique conduit l'homme à la satisfaction pleine et entière que les tenants de la métaphysique de l'immédiateté et du sentiment jugent inaccessible au discours rationnel.

Reste, comme le montre la référence à Aristote qui achève l'*Encyclopédie*, qu'une telle satisfaction se veut fondamentalement « théorétique ». En ce sens, Hegel répond-il réellement à la question que Jacobi pose à la philosophie ? Ou, plus exactement, cette réponse ne comporte-t-elle pas, à nos yeux, un certain nombre de limites qui, plus qu'au contenu du système lui-même, tiennent à la façon dont celui-ci conçoit la signification ultime de la philosophie ?

Peut-être faut-il revenir ici sur les enjeux de la critique que Jacobi adresse à la philosophie systématique – la « philosophie *toute d'une pièce* » ainsi que la nomme la *Lettre à Fichte*[1] – lorsqu'il accuse celle-ci de ne pouvoir aboutir qu'au nihilisme, qu'elle pense l'infini comme une substance, à la manière de Spinoza, ou comme un sujet, à la manière du

---

1 *Werkeausgabe, op. cit.* p. 201 / tr. p. 113.

« spinozisme *inversé*[1] » qu'est la *Doctrine de la science* fichtéenne. On peut interpréter cette critique de multiples façons, selon que l'on privilégie la « théorie de la connaissance » de Jacobi[2], la dimension « dialogique » de sa pensée[3], ou encore le rôle qu'y joue une conception de l'action qui lui fournit le point de départ d'une critique de la métaphysique différente de celle de Kant[4]. En outre, il est évident que, quel que soit le point de vue adopté, il est impossible de négliger le fait que, pour Jacobi lui-même, comme d'ailleurs pour la plupart des adversaires avec lesquels il polémique, la seule question décisive est celle de savoir comment l'homme peut parvenir à la certitude de l'existence d'un Dieu qui lui garantisse que sa vie concrète, au sein du monde concret, possède bien un sens[5].

Pourtant l'essentiel n'est-il pas ailleurs ? Lorsque Jacobi affirme que seul un « saut périlleux » permet de franchir le gouffre qui sépare du vrai toute démonstration rationnelle, en permettant à l'homme de faire retour au rapport originaire qu'est la foi en Dieu[6], lorsqu'il invoque une « non philosophie » pour mieux marquer les limites de la *Doctrine de la science* fichtéenne[7], lorsqu'il reproche à Kant de ne pas s'en tenir à la conviction immédiate de l'existence de Dieu et de l'immortalité de l'âme et de vouloir redonner à ces affirmations le statut de propositions rationnellement démontrées, par le biais de l'usage pratique de la raison[8], il est clair qu'il s'agit toujours de souligner qu'il existe, entre la cohérence du discours et les certitudes immédiates sans lesquelles l'existence humaine ne serait que non-sens, un abime qu'aucune démarche rationnelle n'est capable de combler[9]. Dès lors, qu'en est-il de l'incohérence sur laquelle les critiques

---

1   *Werkeausgabe, op. cit.* p. 195 / tr. p. 108.
2   Leo Strauss, *Le problème de la connaissance dans la doctrine philosophique de F.H. Jacobi*, thèse d'habilitation soutenue en 1921 à Hambourg / tr. in *Revue de métaphysique et de morale* 3/4, 1994.
3   K. Hammacher, *Die Philosophie Friedrich Henrich Jacobis, op. cit.*
4   B. Sandkaulen, *Grund und Ursache, op. cit.*
5   *Cf.* par exemple ce que dit Jacobi à la fin de la dernière section de la première édition des *Lettres à Mendelssohn sur la doctrine de Spinoza*, (Werke, IV, 1, *op. cit.* p. 249) : « *Dieu parla – et quelque chose fut – et tout fut bien.* [...] C'est là [...] le seul fondement en lequel la raison trouve son apaisement : *le Tout-puissant voulut et cela fut.* C'est ici en même temps la limite de toute philosophie, la limite où même Newton s'arrêta avec respect. Et le philosophe qui trouve trop mesquin de s'en tenir à cette volonté divine, qui ose la dépasser, en allant de cause en cause, dans l'infini, pour bâtir des mondes, se perdra dans des ténèbres éternelles, et finira par y perdre le Créateur lui-même » / tr. p. 208.
6   *Werke*, IV, 1, *op. cit.* p. 59 / tr. p. 111.
7   *Werkeausgabe, op. cit.* p. 194 / tr. p. 107 et p. 198, *op. cit.* p. 110.
8   *Werkeausgabe, op. cit.* p. 85 sq. / tr. p. 96 sq.
9   *Cf.* la critique de l'« enthousiasme logique » dans la *Lettre à Fichte, Werkeausgabe, op. cit.* p. 205/ tr. p. 116. *Cf.* aussi le fait que malgré les déclarations de Fichte, affirmant son accord avec la façon dont Jacobi comprend le sens de la philosophie, le désaccord de celui-ci repose

de Hegel ne cessent de mettre l'accent ? Il est évident que l'immédiateté du savoir revendiquée par Jacobi repose sur une négation de la médiation, qui est elle-même une forme de médiation ; mais, n'est-il pas tout aussi évident que Jacobi est lui-même parfaitement conscient d'une telle contradiction[1] ? En sorte que le choix de l'assumer est un choix délibéré qui semble avant tout destiné à renforcer l'idée qu'il s'agit bien là d'une relation irréductible à la dimension « logique » ou « conceptuelle » à laquelle Hegel cherche à la réduire. En ce sens, Hegel n'a-t-il pas tort de vouloir comprendre sur le plan de la cohérence discursive un rapport qui vise précisément à marquer les limites de celle-ci et à signifier qu'il existe entre le discours et la vie concrète une distance qu'aucun procès logique, fut-il « conceptuel » ou « spéculatif », ne peut effacer ?

On répondra, avec raison, que Hegel adopte lui-même à Francfort une position analogue, en particulier dans le *Systemfragment* de 1800, – sans qu'il faille voir là l'effet d'une quelconque influence exercée par Jacobi – et que l'évolution qui le conduit, dès la *Differenzschrift*, à reconnaître l'infinité de la raison ou de la cohérence discursive, semble montrer que ce type d'objection n'est rien d'autre qu'un « *flatus vocis* ». Mais, cette réponse suffit-elle à dissiper la difficulté ? S'il s'agit, comme les textes de Jacobi lui-même le laissent penser, d'opposer au discours philosophique une foi – religieuse ou non – dont le contenu excède ce que la cohérence du discours permet de dire, il est évident que l'argument relève simplement de la « métaphysique sentimentaliste » dont les textes hégéliens de la maturité s'emploient à mettre à jour l'incohérence. Mais en va-t-il de même si l'on ôte à la « distance » mise en avant par Jacobi tout ce qui en fait l'expression d'un fidéisme religieux, ou d'une forme de « préromantisme[2] » ? Ne peut-on alors y

---

en dernière analyse sur le refus d'admettre qu'un système tel que la *Doctrine de la science* puisse expliquer ou justifier rationnellement des croyances qui, étant inhérentes à la vie, ne peuvent être qu'immédiates. Sur ce point, *cf.* M. Ivaldo, *Filosofia trascendentale e nichilismo* in *Teoria*, 1999/1, p. 31 et *Wissen und Leben. Vergewisserungen Fichtes in Anschluß an Jacobi* in *F.H. Jacobi. Ein Wendepunkt, op. cit.* p. 53-71, ainsi que W. Müller-Lauter, *Über die Standpunkte des Lebens und der Spekulation. Ein Beitrag zur Auseinandersetzung zwischen Fichte und Jacobi unter besonderen Berücksichtigung ihrer Briefe* in *Idealismus mit Folgen*, München, Fink, 1994, p. 47-67.

1   Si tel n'était pas le cas, pourrait-il écrire à propos du « saut périlleux » que « toute l'affaire consiste à conclure immédiatement en partant du fatalisme contre le fatalisme et tout ce qui s'y rattache » ? *Werke*, IV, 1, *op. cit.* p. 59/ tr. p. 111 ; ou pourrait-il opposer ce « saut » à la continuité d'un chemin de pensée qui tente de s'élever au dessus du spinozisme en conservant la même direction, comme le fait, à propos de Hegel, la lettre à Neeb que nous avons déjà citée ?

2   Sur le rôle essentiel joué par Jacobi dans la constitution de la première philosophie romantique, en particulier chez F. Schlegel, *cf.* M. Frank, *op. cit.* p. 927 *sq.*

lire, non le signe d'un refus du discours et de la cohérence, mais celui d'une conscience du fait que la réalisation effective de celle-ci ne peut jamais se confondre pour l'individu qui y parvient avec l'expérience immédiate d'une présence concrète, antérieure à toute scission entre la subjectivité et l'objectivité – ou entre la conscience et le monde –, du type de celle à laquelle il lui est loisible d'accéder sur le plan esthétique ou religieux, ou plus simplement et plus communément, dans les rares instants où il n'est qu'un regard désintéressé, et librement ouvert à la pensée de quelque être – naturel, humain, surhumain – dont l'existence suffit à le combler[1] ?

On peut se demander si, lorsqu'il achève l'*Encyclopédie* en parlant – dans un langage qui semble d'ailleurs plus « représentatif » que conceptuel[2] – de « l'Idée éternelle [...] qui s'engendre et jouit éternellement de soi comme esprit absolu », Hegel n'accorde pas au procès de cohérence absolue capable de se fonder absolument qu'est le discours philosophique systématique, un statut qui en fait l'équivalent d'une telle présence concrète[3] ? Or, si tel est le cas, ne faut-il pas admettre

---

1   *Cf.* E. Weil, *La fin de l'histoire* in *Philosophie et réalité*, Paris, Beauchesne, 1982, p. 175. Sur ce type d'expérience, *cf.* à propos du beau naturel, Kant, *Kritik der Urteilskraft* § 42 *Ak*, V, 298 *sq.* / tr. A. Renaut, *Critique de la faculté de juger*, Paris, Aubier, 1995, p. 284 *sq.* D'une certaine façon, le fait que le fragment de Hölderlin *Urteil und Sein* constitue un « prolongement » de la problématique de Jacobi (*cf.* M. Frank, *op. cit.* p. 690 *sq.* et D. Henrich, *Konstellationen, op. cit.* p. 3 *sq.*) semble attester de la possibilité d'une lecture qui découvre chez ce dernier l'expression de l'irréductibilité de la présence concrète (c'est-à-dire de l'être) au « discours » (c'est-à-dire au jugement et à la conscience de soi). Par ailleurs, on peut remarquer que Jacobi, qui semble préférer la forme du roman épistolaire à celle du traité philosophique parce qu'elle est plus apte à restituer la vie, déclare dans un passage des *Zufälligen Ergießungen eines einsamen Denkers, Jacobis Werke, op. cit.*, I, 285 : « Ecriture et langage, séparés de la vie des hommes, ne sont plus écriture, ne sont plus langage, ce sont seulement des traits dépourvus de forme, des sons dépourvus de sens ». *Cf.* sur ce point l'article de V. Verra, *Jacobis Kritik am deutschen Idealismus, op. cit.* p. 220-221.

2   H.F. Fulda, *Der letzte Paragraph, op. cit.* p. 503.

3   On peut interpréter de deux façons la fin de l'*Encyclopédie* : ou bien la jouissance dont parle Hegel réside dans l'acte de la pensée qui se pense en son absolue cohérence, ce qui revient à prêter au discours spéculatif ce qu'Aristote réservait à la θεωρία, à la vue du tout ; ou bien, cette jouissance relève d'une « intuition intellectuelle » sur laquelle ouvre l'achèvement du système, comme le suggère H.F. Fulda dans l'article *Der letzte Paragraph...* (*op. cit.* p. 502) ; mais il faut alors admettre que la cohérence discursive en tant que telle est incapable de procurer à l'être pensant la satisfaction dont parle l'Avant-Propos à la troisième édition de l'*Encyclopédie*, et se demander pourquoi Hegel ne thématise pas davantage les conséquences de ce point quant au statut de l'« Idée absolue » dont la cohérence du discours systématique se veut la présentation. A. Nuzzo, dans l'article que nous avons cité auparavant (*Hegels Auffassung...op. cit.* p. 474) écrit que le paragraphe 577 développe « une argumentation auto-référentielle, dans laquelle la philosophie elle-même informe immédiatement sur elle-même dans la langue de la philosophie (le « syllogisme dans l'Idée »)», et elle note qu'il

qu'il existe une tension entre la volonté hégélienne de se libérer du dogmatisme métaphysique et cette compréhension du sens de la philosophie ? On peut assurément affirmer que le but de Hegel n'est pas d'en revenir à une métaphysique précritique, et qu'en ce sens la thématisation « du *logique* » que proposent les derniers paragraphes de l'*Encyclopédie* procède davantage d'un souci de radicaliser la démarche kantienne que de celui de restaurer une forme quelconque d'« ontologie[1] » dogmatique. On peut également admettre, comme le suggère H.F. Fulda dans une autre étude, que lorsqu'il qualifie la *Logique* de « métaphysique au sens propre[2] (*eigentliche Metaphysik*) », Hegel veut simplement affirmer qu'elle est la métaphysique parvenue à son concept propre, dans la mesure où, dans et par le parcours encyclopédique, elle s'est réellement libérée, en tant que science « *dernière*[3] », des résidus « représentatifs » dont gardent la trace tant la métaphysique d'Aristote – ou les « antéphysiques » que sont l'ensemble des métaphysiques modernes – que la tentative kantienne de refonder la métaphysique à partir de la raison pratique[4]. Mais l'interprétation que le syllogisme final de l'*Encyclopédie* propose de l'Idée absolue ne tend-elle pas à conférer à son mouvement éternel le statut d'une présence immédiatement concrète ? Et, par là, à faire oublier que s'il est vrai qu'il n'est de cohérence absolue et non dogmatique que dans et par la compréhension, toujours assurée, mais aussi toujours à recommencer, de l'effectivité concrète en ce qu'elle comporte d'immédiat et de contingent[5], le sens absolu ne saurait avoir

---

convient de « souligner cette immédiateté – une immédiateté qui se rapproche finalement (§ 577) du caractère propre de l'intuition ». On peut encore ajouter que dans une lettre à Hinrichs de l'été 1819, Hegel précise, à propos du § 478 de l'édition de 1817, qualifiant « le concept qui sait » de « savoir universel qui dans sa déterminité reste immédiatement auprès de lui-même » (*SW*.6 hrsg. von H. Glockner, *op. cit.* p. 310/ tr. p. 172) que le savoir absolu de lui-même que possède l'esprit absolu n'est pas un savoir immédiat, puisque l'aspect de la médiation « réside dans l'expression « déterminité », qui n'est rien d'autre que cette médiation », mais il ne récuse pas l'idée que la médiation avec soi du savoir universel constitue l'immédiat véritable. (*Briefe* II, 357, *op. cit.* p. 215 *sq.*/ tr. p. 192).

1 *Cf.* H.F. Fulda, *Die ontologie und ihr Schicksal in der Philosophie Hegels. Kantkritik in Fortsetzung kantischer Gedanken*, in *Revue internationale de Philosophie*, 1999, 4, n° 210, p. 465-483. — *Cf.* aussi sur ce point B. Mabille, *Hegel, Heidegger et la métaphysique. Recherches pour une constitution*, Paris, Vrin, 2004, p. 151 *sq.*

2 *W*.5, 16/ tr. p. 5.

3 *W*.6, 496 / tr. p. 313.

4 H.F. Fulda, *Spekulative Logik als « die eigentliche Metaphysik ». Zu Hegels Verwandlung des neuzeitlichen Metaphysikverständnisses* in D. Pätzold, A. Vanderjagt (hrsg.), *Hegels Transformation der Metaphysik*, Köln, Dinter, 1991, p. 24 *sq.*

5 Rappelons l'insistance de la fin de la *Phénoménologie* sur l'« histoire conçue », comprise comme ouverture du savoir absolu à l'événement en ce qu'il comporte d'immédiateté et

d'autre statut que celui d'une forme, ou d'un procès formel, qu'il est impossible d'identifier à un contenu ultime et définitif, celui-ci fût-il conçu comme l'*Aufhebung* de tout contenu représentatif ? De ce point de vue, peut-on réellement reprocher à Jacobi de faire valoir, dans un propos marqué par son incohérence délibérée, que le discours rationnel excède ses limites lorsqu'il prétend pouvoir se substituer à la certitude immédiate et immédiatement vécue du sens concret[1] ? Un tel propos n'indique-t-il pas au contraire que si la philosophie doit aboutir à une réconciliation ultime, comme le veut Hegel, celle-ci ne saurait avoir pour lieu le discours, mais uniquement la vie concrète et concrètement vécue de l'individu qui, s'étant libéré *par* le discours, mais non *en* lui, de l'illusion consistant à croire que la philosophie lui permettrait de retrouver quelque présence immédiate, sait qu'il ne peut en attendre plus que la certitude *formelle* de la compréhensibilité de ce qui est ; mais aussi que cela ne lui interdit en rien de concrétiser cette certitude dans la singularité d'une vie qui peut se vivre, en sa finitude même, dans l'assurance du caractère sensé d'une réalité, dont l'infinité, toujours à comprendre, se montre toujours compréhensible à celui qui, dans la particularité de sa situation historique, s'y est librement décidé à l'universalité du penser[2] ?

Au fond, qu'il s'interroge sur la pensée de Kant, ou sur celle de Jacobi, Hegel semble toujours considérer que le fait de soulever la question des limites du discours conceptuel participe d'une volonté d'assigner à la cohérence discursive des limites *internes* ; ce qui le conduit à ramener ce type d'interrogation à une forme d'incompréhension de soi de la pensée qui se refuse à voir dans les catégories finies que sont les catégories

---

de contingence (*W*.3, 591 / tr. p. 695), ou encore la thèse énoncée au début de la doctrine du concept de *la Science de la logique* : « La philosophie ne doit pas être une narration de ce qui survient, mais une connaissance de ce qui en cela est vrai, et à partir du vrai elle doit en outre comprendre ce qui dans la narration apparaît comme un pur survenir » (*W*.6, 290 / tr. p. 51). Sur tous ces points, *cf.* P.J. Labarrière, *La sursomption du temps et le vrai sens de l'histoire conçue* in *Hegeliana*, Paris, PUF, 1986.

1   Etant entendu que Jacobi lui-même n'envisage pas qu'il soit possible de mettre sa critique de la cohérence discursive au service d'une compréhension du sens de celle-ci, alors que, avec la « renaissance » du spinozisme à laquelle il contribue sans le vouloir, c'est cet aspect qui confère très tôt à sa pensée son importance historique, à travers les débats autour de la systématicité philosophique qui, chez Schelling, Hölderlin, ou F. Schlegel, marquent les débuts de l'« idéalisme allemand », ou ceux du « premier romantisme ». *Cf.* sur ce point M. Frank, *Unendliche Annäherung, op. cit.*

2   *Cf.* les catégories de sens et de sagesse à la fin de la *Logique de la philosophie* d'E. Weil, *op. cit.* p. 413 *sq.* ainsi que les précisions fournies par l'article *De la réalité* in *Essais et conférences*, I, Paris, Plon, 1970, p. 297 *sq.*

de l'entendement, les multiples manifestations du procès un et infini de la raison concrètement agissante en tout ce qui est fini[1]. Pourtant, cette question, qu'elle soit posée sous la forme d'une critique de l'usage théorique de la raison au nom de son usage pratique, ou sous celle de l'affirmation d'un savoir immédiat de l'absolu irréductible au savoir médiatisant[2], ne peut-elle avoir une autre portée ? La distance qu'elle allègue ne peut-elle s'entendre, non comme une distance intérieure au discours, mais comme la distance qui sépare toute cohérence discursive de la vie concrète et concrètement vécue par l'individu singulier ? Prise en ce sens, n'est-elle pas une façon de rappeler que la cohérence du discours, fût-elle absolue et systématique, n'a pas d'autre fonction que d'informer la vie de l'être fini ? Ou, si l'on préfère, que le but ultime de la philosophie n'est pas la vue du Tout, fût-elle repensée comme acte de l'Idée éternelle qui « jouit de soi éternellement comme

---

1   *Cf.* par exemple ce que dit la remarque au § 231 de l'*Encyclopédie* : « L'inconscience où est [la] connaissance finie au sujet de la nature de sa méthode et du rapport de cette dernière au contenu, ne lui permet de reconnaître ni qu'elle est conduite, dans sa progression à travers des définitions, des divisions, etc. par la nécessité des *déterminations du concept*, ni là où elle est à sa limite, ni lorsqu'elle l'a franchie, qu'elle se trouve dans un champ où n'ont plus de valeur les déterminations d'entendement qu'elle y utilise pourtant encore de façon grossière » *W*.8, 385 / tr. p. 458. *Cf.* aussi dans l'additif au § 82 de l'*Encyclopédie* le fait que le spéculatif corresponde à ce que « on avait coutume autrefois [...] de désigner comme le *mystique* », en sorte qu'aux yeux de l'entendement et de son « identité abstraite », il reste « quelque chose d'absolument mystérieux ». *W*.8, 178-179 / tr. *op. cit.* p. 517-518.

2   Il est évident qu'on ne saurait confondre la perspective de Kant et celle de Jacobi. Mais, par delà les critiques qu'ils s'adressent l'un à l'autre dans *Qu'est ce que s'orienter dans la pensée ?* ou dans l'appendice sur l'idéalisme transcendantal d'*Idéalisme et réalisme*, et par delà l'incompréhension mutuelle dont elles témoignent, ne peut-on discerner une préoccupation commune qui consiste, dans les deux cas, à s'interroger sur les limites de toute conception « théorétique » de la philosophie, en partant du champ de l'action ? *Cf.* pour Jacobi les éclaircissements que fournit sur ce point B. Sandkaulen dans *Grund und Ursache, op. cit.* À cet égard, il nous semble possible de défendre l'idée d'une conciliation possible entre l'héritage de Hegel – la compréhension systématique du sens de ce qui est – et celui de Kant – le concept « cosmopolitique » de la philosophie, distinct de son concept « scolaire ». Peut-être doit-on également remarquer que Hegel semble hésiter entre deux attitudes à propos de ce concept « cosmopolitique » : d'un côté, la *Préface à la Philosophie de la religion* d'Hinrichs énonce un jugement franchement péjoratif qui, dans le but de récuser la distinction de Schleiermacher entre foi et sagesse du monde (*Weltweisheit*), identifie polémiquement celle-ci à « une sagesse de ce qui est contingent, non-vrai, temporel ; elle est la vanité qui élève ce qu'il y a de vain et de contingent dans le sentiment, ainsi que l'arbitraire de l'opinion, à la dignité de principe absolu déterminant ce qui doit être droit et devoir, foi et vérité » (*W*.11, 61 / tr. p. 911). De l'autre, l'*Encyclopédie* en propose une appréciation beaucoup plus positive, quoique limitée, qui défend le bien-fondé de la désignation de la philosophie comme « sagesse du monde », « car la pensée rend présente la vérité de l'esprit, introduit celui-ci dans le monde, et le libère ainsi dans son effectivité et en lui-même » (*W*.10, 358 / tr. p. 336).

esprit absolu », mais la satisfaction concrète de l'individu dont la vie singulière est et se sait informée par l'universalité et la raison[1] ? À cet égard, peut-être doit-on soupçonner la conception du sens de la philosophie qu'expose la fin de l'*Encyclopédie* de négliger quelque peu ce que Hegel est pourtant le premier à souligner, lorsqu'il écrit dans la *Phénoménologie*, à propos du stoïcisme, que « la liberté dans la pensée n'a que la *pensée pure* pour vérité, [vérité] qui est sans l'accomplissement de la vie, et n'est donc aussi que le concept de la liberté, et non la liberté vivante elle-même[2] ».

---

1   Comme on le sait, l'école hégélienne va très rapidement soulever ce problème, tant au plan de l'individu (par exemple, K.T. Bayrhoffer en 1838, dans *Die Idee und Geschichte der Philosophie*) qu'au plan socio-politique (Von Cieszkowski en 1838 dans *Prolegomena zur Historiosophie*). K.L. Michelet reconnaîtra qu'il y a là un « défaut » du hégélianisme (*Entwicklungsgeschichte der neuesten deutschen Philosophie mit besonderer Rücksicht auf die gegenwärtigen Kampf Schellings mit der hegelschen Schule*, op. cit., *Funfzehnte Vorlesung*, p. 319), alors qu'un auteur comme A. Ruge, en dénonçant l'aspect exclusivement « théorique » du système hégélien (*Die Hegelsche Rechtsphilosophie und die Politik unsrer Zeit*, 1842) va préparer le rapport d'appropriation critique à la philosophie hégélienne qui caractérise les écrits du jeune Marx.(*Kritik der hegelschen Staatsrechts* 1843, in *Werke*, Dietz Verlag, Bd 1, Berlin, 1976, trad. A. Baraquin, *Critique du droit politique hégélien* Paris, Editions sociales, 1975 et *Ökonomisch-philosophische Manuskripte aus dem Jahre 1844* in *Werke*, Ergänzungsband 1, Dietz Verlag, Berlin, 1968, trad. F. Fischbach *Manuscrits de 1844*, Paris, Vrin, 2007).

2   *W.*3, 158 / tr. p. 231. On pourrait formuler le même soupçon en se référant au concept de « l'esprit libre », compris comme « unité de l'esprit théorique et de l'esprit pratique » (*W.*10, 300 / tr. p. 277) et en se demandant si la présence dans l'« Idée de la philosophie » de déterminations issues du moment pratique de l'esprit, telles que l'auto-activité, l'auto-engendrement et la jouissance de soi (sur ce point, *cf.* E. Renault, « *l'élargissement fichtéen du concept de pratique et ses avatars* » in http ://www.sha.univ-poitiers.fr/philosophie/, D. Wittmann, « *Le concept de Trieb. Entre logique et sciences concrètes* » in *Logique et sciences concrètes (Nature et esprit)*, Paris, L'Harmattan, 2006, p. 171-203 ou encore F. Fischbach, « *Im Denken ist nichts Praktisches* » : *Quelques remarques à propos d'une critique couramment adressée à Hegel* in *Lectures de Hegel* (O. Tinland dir.), Paris, LGF, 2005, p. 396-449.) suffit à garantir que la satisfaction « théorétique » – et non simplement théorique – thématisée dans le § 577 de l'*Encyclopédie* constitue – pour l'individu plus et autre chose qu'une abstraction au regard de sa propre existence concrète. H.F. Fulda, dans l'article que nous avons cité, évoque une difficulté semblable lorsqu'il écrit à propos de la conception du savoir absolu exposée dans le dernier chapitre de la *Phénoménologie* qu'une réélaboration de ce dernier qui, sans en modifier le programme, parviendrait à « un concept plus complexe de savoir absolu » et à une plus grande « concrétisation de son apparaître » « ne pourrait ainsi que tenir compte de l'objection qui est souvent faite, selon laquelle la philosophie ne doit pas seulement être une discipline de l'activité concevante, mais doit aussi être vécue au sein d'une vie individuelle qu'elle a à éclairer, bien que celle-ci ne soit pas un système » *op. cit.* p. 385-387. *Cf.* aussi H.F. Fulda, *Science of the Phenomenology of Spirit : Hegel's program and its implementation* in *Hegel's Phenomenology of Spirit. A Critical Guide* (D. Moyar, M. Quante éd.), Cambridge, Cambridge University Press, 2008, p. 21-42.

BIBLIOGRAPHIE

ŒUVRES DE HEGEL

Werke in zwanzig Bänden, hrsg. von E. Moldenhauer und K.M. Michel, Frankfurt a. M., Suhrkamp, 1969-1971

Gesammelte Werke, hrsg. von der Rheinisch-Westfälischen Akademie der Wissenschaften & Hegel-Archiv der Ruhr Universität Bochum, Hamburg, Meiner, 1968-

Sämtliche Werke hrsg. von H. Glockner, Bd.6, Stuttgart, 1927-1930

Berliner Schriften 1818-1831, VIII, *Auszüge und Bemerkungen* in *Sämtliche Werke*, XI, (hrsg. von J. Hoffmeister), Hamburg, Meiner, 1956

Vorlesungen über die Philosophie der Religion (PdR) hrsg. von W. Jaeschke, Hamburg, Meiner, 1983

Vorlesungen über die Logik (Berlin 1831) hrsg. von U. Rameil und H. C. Lucas, Hamburg, Meiner, 2001

Briefe von und an Hegel, 4 Bde, hrsg. von J. Hoffmeister, Hamburg, Meiner, 1953

La religion est une des affaires les plus importantes de notre vie. Un fragment de Tübingen in *la vie de Jésus* précédé de *Dissertations et fragments de l'époque de Stuttgart et de Tübingen*, trad. T. Barazon, R. Legros, A. Simhon, Paris, Vrin, 2009

Fragments de la période de Berne (1793-1796), trad. R. Legros et F. Verstraeten, Paris, Vrin, 1987

Premiers écrits (Francfort 1797-1800), trad. O. Depré, Paris, Vrin, 1997

La positivité de la religion chrétienne, trad. G. Planty-Bonjour, Paris, PUF, 1983

La différence entre les systèmes philosophiques de Fichte et de Schelling, trad. B. Gilson, Paris, Vrin, 1986

Foi et savoir, trad. A. Philonenko et C. Lecouteux, Paris, Vrin, 1988

Premières publications, Différence des systèmes philosophiques de Fichte et de Schelling ; Foi et savoir, trad. M. Mery, Gap, Ophrys, 1964

La relation du scepticisme avec la philosophie suivi de *L'essence de la critique philosophique. Son rapport avec l'état présent de la philosophie en particulier*, trad. B. Fauquet, Paris, Vrin, 1972

Comment le sens commun comprend la philosophie, trad. J. M. Lardic, Arles, Actes Sud, 1989

Ecrits politiques, trad. M. Jacob, Paris, Champ libre, 1977

Le premier système. La philosophie de l'esprit 1803-1804, trad. M. Bienenstock, Paris, PUF, 1999

La philosophie de l'esprit 1805, trad. G. Planty-Bonjour, Paris, PUF, 1982

Phénoménologie de l'esprit, trad. G. Jarczyk et P.J. Labarrière, Paris, Gallimard, 1983

Phénoménologie de l'esprit, trad. B. Bourgeois, Paris, Vrin, 2006

Science de la logique, I, II, III, trad. G. Jarczyk et P.J. Labarrière, Paris, Aubier, 1972-1981

Recension des Œuvres de Jacobi, trad. A. Doz, Paris, Vrin, 1976

Préface à la philosophie de la religion de Hinrichs, trad. F. Guibal et G. Petitdemange in *Archives de philosophie*, 33-4, Oct-Dec 1970

Principes de la philosophie du droit, trad. J.F. Kervégan, Paris, PUF, 1998

Encyclopédie des sciences philosophiques, I, II, III, trad. B. Bourgeois, Paris, Vrin, 1970-2004.

Leçons sur la philosophie de l'histoire, trad. J. Gibelin, Paris, Vrin, 1963

La Philosophie de l'histoire, trad. M. Bienenstock (dir.), Paris, LGF, 2009

Leçons sur l'histoire de la philosophie, trad. P. Garniron, Paris, PUF, 1991

Leçons sur l'histoire de la philosophie, trad. J. Gibelin, Paris, Gallimard, 1954
Leçons sur l'histoire de la philosophie, Introduction, trad. G. Marmasse, Paris, Vrin, 2004.
Leçons sur la philosophie de la religion I, *Introduction, Le concept de la religion*, trad. P. Garniron, Paris, PUF, 1996
Leçons sur la philosophie de la religion, 3e partie, *La religion accomplie*, trad. P. Garniron, G. Marmasse, Paris, PUF, 2004
Leçons sur les preuves de l'existence de Dieu, trad. J.M. Lardic, Paris, Aubier, 1994
Cours d'esthétique, trad. J. P. Lefebvre et V. Von Schenck, Paris, Aubier, 1995
Ecrits sur la religion, trad. J. L. Georget, et P. Grosos, Paris, Vrin, 2001
Les Ecrits de Hamman, trad. J. Colette, Paris, Aubier, 1981
L'Ironie romantique, trad. J. Reid, Paris, Vrin, 1997.
Leçons sur la logique 1831, trad. D. Wittmann, JM. Buée, Paris, Vrin, 2007
Correspondance, I, II, III, trad. J. Carrère, Paris, Gallimard, 1962

ŒUVRES DE JACOBI ET DE CONTEMPORAINS DE HEGEL

BAYRHOFFER, K.T. *Die Idee und Geschichte der Philosophie*, Leipzig, Wigand, 1838
CIESZKOWSKI, A. (von) *Prolegomena zur Historiosophie, Berlin*, Veit & Co, 1838
CIESZKOWSKI, A. (von) *Prolégomènes à l'historiosophie*, trad. M. Jacob, Paris, Champ libre, 1973
FICHTE, J. G. *Sämmtliche Werke*, hrsg. von H. I. Fichte, 8 Bde, Berlin, Veit & Co, 1845-1846
FICHTE, J.G. *Fichte-Gesamtausgabe der bayerischen Akademie der Wissenschaften*, hrsg. von R. Lauth und H. Jacob, Frommann, Stuttgart, 1962
FICHTE, J. G. *Doctrine de la science (1794-1797)* in *Oeuvres choisies de philosophie première*, trad. A. Philonenko, Paris, Vrin, 1972
FICHTE, *La destination de l'homme*, trad. fr. J.C. Goddard, Paris, Flammarion, 1995
FICHTE, *Querelle de l'athéisme* suivie de *Divers textes sur la religion* trad. J. C. Goddard, Paris, Vrin, 1993
FLATT, J.F. *Briefe über den moralischen Erkenntnisgrund der Religion uberhaupt und besonders in Beziehung auf die Kantische Philosophie*, Tübingen, Cotta,1789
FLATT, J.F. *Beiträge zum christlichen Dogmatik und Moral und zur Geschichte derselben*, Tübingen, Cotta,1792
FRIES, J. F. *Sämtliche Schriften*, Scientia Verlag, Aalen, 1967-
HINRICHS, *Die Religion im inneren Verhältnisse zur Wissenschaft*, Heidelberg, 1822, *anast. Nachdruck, Aetas kantiana*, Bruxelles, 1970.
HÖLDERLIN, F. *Sämtliche Werke und Briefe* (J. Schmidt hrsg), Frankfurt. a. M., Deutscher Klassiker Verlag, 1994
HÖLDERLIN, F. *Œuvres*, trad. D. Naville, Paris, Gallimard, 1967
JACOBI, F.H. *Werkeausgabe*, hrsg. von K. Hammacher und W. Jaeschke, Hamburg, Meiner, 2004
JACOBI, F.H. *Werke*, hrsg. von F. H. Jacobi, F. Roth und F. Köppen, 6 Bde, Fleischer, Leipzig, 1812-1825.
JACOBI, F.H. *Œuvres philosophiques*, trad. J.J. Anstett, Paris, Aubier, 1946
JACOBI, F.H. *David Hume et la croyance, idéalisme et réalisme*, trad. L. Guillermit, Paris, Vrin, 2000
JACOBI, F.H. *Sur l'entreprise du criticisme de ramener la raison à l'entendement* suivi de la *Lettre à Fichte* trad. P. Cerutti, Paris, Vrin, 2009
JACOBI, F.H. *Des choses divines et de leur révélation*, trad. P. Cerutti, Paris, Vrin, 2008
KANT, I. *Werke*, hrsg von der Königlichen Preussischen Akademie der Wissenschaften, Walter de Gruyter & Co, Berlin 1968

KANT, I. *Critique de la raison pure*, trad. A. Renaut, Paris, G-F, 2006
KANT, I. *Critique de la faculté de juger*, trad. A. Renaut, Paris, Aubier, 1995
KANT, I. *Qu'est-ce que l'Aufklärung ?*, trad. J. F. Poirier, Paris, GF, 2006
KANT, I. *Qu'est ce que s'orienter dans la pensée ?*, trad. A. Philonenko, Paris, Vrin, 1967
MARX, K. *Kritik der hegelschen Staatsrechts 1843*, in *Werke*, Dietz Verlag, Bd 1, Berlin, 1976
MARX, K. *Critique du droit politique hégélien*, trad. A. Baraquin, Paris, Editions sociales, 1975
MARX, K. *Ökonomisch-philosophische Manuskripte aus dem Jahre 1844* in *Werke*, Ergänzungsband 1, Dietz Verlag, Berlin, 1968
MARX, K. *Manuscrits de 1844*, trad. F. Fischbach, Paris, Vrin, 2007
MICHELET, K.L. *Entwicklungsgeschichte der neuesten deutschen Philosophie mit besonderer Rücksicht auf die gegenwärtigen Kampf Schellings mit der hegelschen Schule*, Berlin, Duncker und Humblot, 1843
NIETHAMMER, F.I. *Von den Ansprüchen des gemeinen Verstandes an die Philosophie* in *Philosophisches Journal einer Gesellschaft Teutscher Gelehrter*, Bd. 1, Neu Strelitz,1795
ROSENKRANZ, K. *G.W.F. Hegels Leben*, Berlin, 1844
ROSENKRANZ, K. *La vie de Hegel*, trad. P. Osmo, Paris, Gallimard, 2004
SCHELLING, F.W.J. *Sämmtliche Werke*, hrsg. von K. F. Schelling, 1856-1861, Berlin, Total Verlag, 1997
SCHELLING, F.W.J. *Briefe und Dokumente*, I, 1775-1809, hrsg. von H. Fuhrmans, Bouvier, Bonn, 1962.
SCHELLING, F.W.J. *Contribution à l'histoire de la philosophie moderne*, trad. J.F. Marquet, Paris, PUF, 1983
SCHELLING, F.W.J. *Premiers écrits*, trad. J.F. Courtine, Paris, PUF, 1987
SCHELLING, F.W.J. *Exposition de mon système de la philosophie*, trad. E. Cattin, Paris, Vrin, 2000
SCHILLER, J.C.F. *Briefe über die ästhetische Erziehung des Menschen*, trad. R. Leroux, *Lettres sur l'éducation esthétique de l'homme*, éd. bilingue, Aubier, 1943
SCHLEIERMACHER, F. *Der Chrisliche Glaube, 1821-1822*, Bd. 1 hrsg. von H. Peiter, Berlin, 1984
STORR, G.C. *Bemerkungen über Kant's philosophische Religionslehre*, Tübingen, Cotta,1794
THOLUK, A. *Guido und Julius : Die Lehre von der Sünde und von Versöhner, oder die wahre Weihe des Zweiflers*, Hamburg, 1823

OUVRAGES ET ARTICLES TRAITANT EN TOTALITÉ OU EN PARTIE DU RAPPORT HEGEL/JACOBI

BAUM, M. *Die Entstehung der Hegelschen Dialektik*, Bonn, Bouvier, 1986
BEISER, F.C. *The Fate of Reason*, Cambridge (Mass.) et London, Harvard University Press, 1987
BIENENSTOCK, M. *Vom Erkennen und Empfinden der Seele. Zu Hegels Lektüre von Aristoteles* in *Hegels enzyklopädisches System der Philosophie* (hrsg. von H.C. Lucas, B. Tuschling, V. Vogel), Stuttgart, Fromann-Holzboog, 2004
BIGNAMI, L. *Concetto e Compito della filosofia in Hegel*, Trento, Verifiche, 1990
BOLLNOW, O.F. *Die Lebensphilosophie F. H. Jacobis*, Stuttgart, Kohlhammer, 1933
BONDELI, M. *Der Kantianismus des jungen Hegel*, Hamburg, Meiner, 1997
BONDELI, M. *Hegels Philosophische Entwicklung in der Berner Periode* in *Hegel in Bern, Hegel-Studien/* Beiheft 33, Bonn, Bouvier, 1990
BOUCHILLOUX, H. *Hegel lecteur des Provinciales* in *L'enseignement philosophique*, Janv-Fev. 2008
BOUTON, C. *Temps et esprit dans la philosophie de Hegel, de Francfort à Iéna*, Paris, Vrin, 2000
BRÜGGEN, M. *Jacobi, Schelling und Hegel* in *Friedrich Heinrich Jacobi, Philosoph und Literat der Goethezeit*, Frankfurt a. M, Klostermann, 1971

BRÜGGEN, M. *La critique de Jacobi par Hegel dans « Foi et savoir »* in *Archives de philosophie*, 30, avril-juin 1967

CAFAGNA, E. *Dottrine psicologiche nella teoria hegeliana del volere* in *Annali della Scuola Normale Superiore di Pisa*, Pisa, 1996

DE VOS, L. *Hegel und Jacobi (ab 1807). Jacobi-Kritik in Fortsetzung Jacobischer Motive ?* in *Hegel und die Geschichte der Philosophie*, hrsg. von D.H. Heidemann, C. Krijnen, Darmstadt, WBG, 2007

DE VOS, L. *Unmittelbares Wissen und begriffenes Selbstbewusstsein des Geistes. Jacobi in Hegels Philosophie der Religion*, in B. Sandkaulen und W. Jaeschke (hrsg), *F. H. Jacobi. Ein Wendepunkt der geistigen Bildung der Zeit*, Hamburg, Meiner, 2004.

DÜSING, K. *Das Problem der Subjektivität in Hegels Logik*, Hegel-Studien/Beiheft 15, Bonn, Bouvier, 1976

FALKE, G. *Begriffne Geschichte ; das historische Substrat und die systematische Anordnung der Bewußtseinsgestalten in Hegels Phänomenologie des Geistes, Interpretation und Kommentar*, Berlin, Lukas Verlag, 1996

FALKE, G. *Hegel und Jacobi, Ein methodisches Beispiel zur Interpretation der Phänomenologie des Geistes*, Hegel-Studien, 22, 1987

GÉRARD, G. *Critique et dialectique. Itinéraire de Hegel à Iéna, 1801-1805*, Bruxelles, Facultés Universitaires St Louis, 1982

GAWOLL, H.J. *Hegel-Jacobi-Obereit. Konstellationen im deutschen Idealismus*, Frankfurt. a. M., Peter Lang, 2008

GAWOLL, H. J. *Die Verwandlung der Unmittelbarkeit. Zu den Anfängen von Hegels Auseinandersetzung mit Jacobi* in *Hegel-Jahrbuch 1998*, hrsg. von A. Arndt, K. Bal und H. Ottmann, Berlin, Akademie Verlag, 1999, 75-79.

GAWOLL, H. J. *Der logische Ort des Wahren. Jacobi und Hegels Wissenschaft vom Sein in Hegels Seinslogik. Interpretationen und Perspektiven.* hrsg. von A. Arndt und Ch. Iber, Berlin, Akademie Verlag, 2000, 90-108.

GAWOLL, H. J. *Von der Unmittelbarkeit des Seins zur Vermittlung der Substanz* in Hegel-Studien, 33, 1998, p. 144 *sq.*

GAWOLL, H.J. *Glauben und Positivität. Hegels frühe Verhältnis zu Jacobi* in *Hegels Denkenentwicklung in der Berner und Frankfurter Zeit* hrsg. von M. Bondeli, H. Linneweber-Lammerskitten, München, Fink, 1999

HAMMACHER, K. *Die Philosophie Friedrich Heinrich Jacobis*, München, Fink, 1969

HAMMACHER, K. *Jacobi und das Problem der Dialektik* in *Friedrich Heinrich Jacobi, Philosoph und Literat der Goethezeit*, Frankfurt a. M, Klostermann, 1971

HARRIS, H.S. *Hegel's Development, Part one*, Oxford, Clarendon Press, 1972,

HARRIS, H.S. *Le développement de Hegel*, trad. P. Muller, Lausanne, L'Age d'Homme, 1981

HAYM, R. *Hegel und seine Zeit*, Berlin, 1857

HAYM, R. *Hegel et son temps*, trad. P. Osmo, Paris, Gallimard, 2008

HENRICH, D. *Konstellationen, Probleme und Debatten am Ursprung der idealistichen Philosophie (1789-1795)*, Stuttgart, Klett-Cotta, 1991

HENRICH, D. *Der Ursprung der Doppelphilosophie. Friedrich Heinrich Jacobis Beteudung für das nachkantische Denken* in *F.H. Jacobi Präsident der Akademie, Philosoph, Theoretiker der Sprache*, München, 1993

HIRSCH, E. *Die Beisetzung der Romantiker in Hegels Phänomenologie. Ein Kommentar zu dem Abschnitte über die Moralität* (1926) reproduit dans *Materialen zu Hegels Phänomenologie des Geistes*, hrsg. von D. Henrich, H.F. Fulda, Frankfurt. a. M., Suhrkamp, 1973

HORSTMANN, R.P. *Les frontières de la raison, Recherche sur les objectifs et les motifs de l'idéalisme allemand*, Paris, Vrin, 1998

IBER, C. *Subjektivität, Vernunft und Ihre Kritik. Präger Vorlesungen über den Deutschen Idealismus*, Frankfurt. a. M., Suhrkamp, 1999.

JAMME, C. *Ein Ungelehrtes Buch. Die philosophische Gemeinschaft zwischen Hölderlin und Hegel in Frankfurt 1797-1800*, Hegel-Studien Beiheft 23, Bonn, Bouvier, 1983

JAMME, C. « *Tout défaut d'amour est violence* ». *Hegel, Hölderlin et la dialectique des Lumières* in *Conférence*, n° 10-11, 2000

JONKERS, P. *Jacobi, Galimathias der spekulativen Vernunft ?* in *Hegel und die Geschichte der Philosophie*, hrsg. von D. H. Heidemann, C. Krijnen, Darmstadt, WBG, 2007

JONKERS, P. *Unmittelbares Wissen und absolutes Wissen. Göschel Aphorismen über Jacobis Nichtwissen* in B. Sandkaulen, W. Jaeschke (hsrg.), *F. H. Jacobi. Ein Wendepunkt der geistigen Bildung der Zeit*, Hamburg, Meiner, 2004,

KIRSCHER, G. *Hegel et Jacobi critiques de Kant* in *Archives de philosophie*, 33, oct.-déc. 1970

KIRSCHER, G. *Hegel et la philosophie de Jacobi* in *Hegel-Studien*, Beiheft 4, Bouvier, Bonn, 1969

KÖHLER, D. *Hegels Gewissensdialektik*, in *Phänomenologie des Geistes*, hrsg. von D. Köhler und O. Pöggeler, Berlin, Akademie Verlag, 1998

KRONER, R. *Von Kant bis Hegel*, Tübingen, Mohr-Siebeck, 1921-1924

LEGROS, R. *Le jeune Hegel et la naissance de la pensée romantique*, Bruxelles, Ousia, 1980

LUFT (von der), E. *Hegel, Hinrichs and Schleiermacher on Feeling and Reason in Religion, the Texts of Their 1821-22 Debate*, Lewiston (N.Y.), The Edwin Mellen Press, 1987

LUGARINI, L. *Hegel e l'esperienza dell'anima bella* in *Giornale di Metafisica*, II, 1980

MERCIER, S. *Grandeurs et limites de la pensée de Jacobi d'après Hegel* in *Science et Esprit*, 58/3, Bellarmin, Montréal, 2006

PINKARD, T. *Hegel's Phenomenology. The Sociality of Reason*, Cambridge (Mass.), Cambridge University Press, 1994

PÖGGELER, O. *Hegels Kritik der Romantik*, München, W. Fink, 1999

RENAUT, A. *Kant aujourd'hui*, Paris, Aubier, 1997

RÜHLE, V. *Zum Darstellungs-und Mitteilungsproblem einer philosophie des Absoluten*, *Hegel-Studien*, 24, 1988

SANDKAULEN, B. *Grund und Ursache. Die Vernunftkritik Jacobis*, München, Fink, 2000

SCHULZ, W. *Die Vollendung des deutschen Idealismus in der Spätphilosophie Schellings*, Kohlhammer, Stuttgart, 1955

SIMHON, A. *La Préface de la Phénoménologie de l'esprit de Hegel*, Bruxelles, Ousia, 2003.

SPEIGHT, A. *Hegel, Literature and the Problem of Agency*, Cambridge, Cambridge University Press, 2001

VALENZA, P.L. *Logica e filosofia pratica nello Hegel di Jena*, Padova, CEDAM, 1999

VAYSSE, J.M. *Totalité et subjectivité. Spinoza dans l'idéalisme allemand*, Paris, Vrin, 1994

VERRA, V. *Filosofia Moderna e Riflessione in Glauben und Wissen* in *Fede e Sapere*, a cura di R. Bonito Oliva e G. Cantillo, Milano, Guerini, 1998

VERRA, V. *F.H. Jacobi dall'illuminismo all'idealismo*, Torino, Edizioni di « Filosofia », 1963

VERRA, V. *Jacobis Kritik am Deutschen Idealismus* in *Hegel-Studien*, 5, 1969

WASZEK, N. *Descartes, Jacobi, Schleiermacher et la « philosophie de la subjectivité » selon Hegel* in *Hegel, bicentenaire de la Phénoménologie de l'esprit*, Paris, Vrin, 2008

WESTPHAL, K.R. *Hegel's Attitude toward Jacobi in the « Third Attitude of Thought toward Objectivity » (Encyclopedia §§ 61-78)* in *the Southern Journal of Philosophy*, 27.1, 1989

Transzendentalphilosophie und Spekulation. Der Streit um die Gestalt einer Ersten Philosophie (1799-1807), hrsg. von Walter Jaeschke, Hamburg, Meiner, 1993

AUTRES OUVRAGES ET ARTICLES CONSULTÉS

ARNDT, A. *Schleiermacher und Hegel. Versuch einer Zwischenbilanz* in *Hegel-Studien* 37, 2002

BOURGEOIS, B. *Le droit naturel de Hegel (1802-1803)*, Paris, Vrin, 1986

BOURGEOIS, B. *Etudes Hégéliennes. Raison et décision*, Paris, PUF, 1992

BOURGEOIS, B. *Statut et destin de la religion dans la « Phénoménologie de l'esprit »* in *Revue de métaphysique et de morale*, n°3 Juillet-Sept 2007
BOURGEOIS, B. *Préface et Introduction de la Phénoménologie de l'esprit*, Paris, Vrin, 1997
BRECKMAN, W. *Marx, the Young hegelians and the origins of Radical Social Theory. Dethroning the Self*, Cambridge, Cambridge University Press, 1999
BOUTON, C. (éd.) *Dieu et la nature. La question du panthéisme dans l'idéalisme allemand*, Hildesheim, Olms, 2005
BUCHNER, H. *Philosophie und Religion im einigen Ganzen des Lebens (zu Hegels « systemfragment » von 1800)* in *All-Einheit. Wege eines Gedanken in Ost und West*, (D. Henrich hrsg.), Stuttgart, Klett-Cotta, 1985
CASSIRER, E. *Les systèmes post-kantiens*, Lille, Presses universitaires de Lille, 1983
CATTIN, E. *Le sommet de la subjectivité se saisissant comme ce qui est ultime* in *La Phénoménologie de l'esprit à plusieurs voix*, Paris, Ellipses, 2008
CHIEREGHIN, F. *Histoire, État et Genuß dans la philosophie de l'histoire de Hegel* in *Archives de philosophie*, 65, 2002
COURTINE, J.F. *Les débuts philosophiques de Hölderlin à Iéna et sa critique de Fichte* in *Le bicentenaire de la Doctrine de la science de Fichte, Les Cahiers de philosophie*, Lille, 1995
CROUTER, R. *Hegel and Schleiermacher at Berlin : a many-sided debate*, in *Journal of the American Academy of Religion*, 48, 1, 1980
DE ANGELIS, M. *Die Rolle des Einflusses von J.J. Rousseau auf die Herausbildung von Hegels Jungendideal*, Frankfurt. a. M., P. Lang, 1995
D'HONDT, J. *Hegel en son temps*, Paris, Editions sociales, 1968
DESCOMBES, V. *Le Même et l'Autre, Quarante-cinq ans de philosophie française (1933-1978)*, Paris, Minuit, 1979.
DÜSING, K. *Idealistische Substanzmetaphysik* in *Hegel in Jena, Hegel-Studien/ Beiheft 20*, Bonn, Bouvier, 1980
DÜSING, K. *Die Rezeption der kantischen Postulatenlehre in den frühen philosophischen Entwürfen Schellings und Hegels* in *Das älteste Systemprogramm, Hegel-Studien/Beiheft 9*, Bonn, Bouvier, 1982
FISCHBACH, F. *Du commencement en philosophie, étude sur Hegel et Schelling*, Paris, Vrin, 1999
FISCHBACH, F. *« Im Denken ist nichts Praktisches » : Quelques remarques à propos d'une critique couramment adressée à Hegel* in *Lectures de Hegel* (O. Tinland dir.), Paris, LGF, 2005.
FRANK, M. *« Unendliche Annäherung ». Die Anfänge der philosophischen Frühromantik*, Frankfurt. a. M., Suhrkamp, 1997
FULDA, H.F. *Jacobi et la critique de l'Aufklärung matérialiste* in *Autour de Hegel. Hommage à B. Bourgeois*, (F. Dagognet et P. Osmo éd.) Paris, Vrin, 2000
FULDA, H. F. *Le savoir absolu : son concept, son apparaître et son devenir effectivement réel* in *Revue de métaphysique et de morale*, n° 3 Juillet-Septembre 2007
FULDA, H. F. *Die ontologie und ihr Schicksal in der Philosophie Hegels. Kantkritik in Fortsetzung kantischer Gedanken*, in *Revue internationale de Philosophie*, 1999, 4, n° 210,
FULDA, H.F. *Spekulative Logik als « die eigentliche Metaphysik ». Zu Hegels Verwandlung des neuzeitlichen Metaphysikverständnisses* in D. Pätzold, A. Vanderjagt (hrsg.), *Hegels Transformation der Metaphysik*, Köln, Dinter, 1991
FULDA, H. F. *Der letzte Paragraph der hegelschen Enzyklopädie der philosophischen Wissenschaften* in *Hegels enzyklopädisches System der Philosophie*, (H.C. Lucas, B. Tuschling, V. Vogel hrsg.), Stuttgart, Fromann-Holzboog, 2004
FULDA, H. F. *Science of the Phenomenology of Spirit : Hegel's program and its implementation* in *Hegel's Phenomenology of Spirit. A Critical Guide* (D. Moyar, M. Quante éd.), Cambridge, Cambridge University Press, 2008
GERAETS, T. F. *Les trois lectures philosophiques de l.'Encyclopédie ou la réalisation du concept de la philosophie chez Hegel*, Hegel-Studien, 10, 1975
GUIBAL, F. *Dieu selon Hegel. Essai sur la problématique de la Phénoménologie de l'esprit*, Paris, Aubier, 1975

HABERMAS, J. *Le discours philosophique de la modernité*, Paris, Gallimard, 1988

HEIDEGGER, M. *Schellings Abhandlung über das Wesen der menschlichen Freiheit*, Tübingen, Niemeyer, 1971

HEIDEGGER, M. *Schelling. Le traité de 1809 sur l'essence de la liberté humaine*, trad. J.F. Courtine, Paris, Gallimard, 1977

HENRICH, D. *Hegel im Kontext*, Frankfurt a. M., Suhrkamp, 1967

HENRICH, D. *Systemprogramm?* in *Das älteste Systemprogramm*, Hegel-Studien, Beiheft 9, Bonn, Bouvier, 1982

HENRICH, D. *Der Grund im Bewußtsein. Untersuchungen zu Hölderlins Denken (1794-1795)*, Stuttgart, Klett-Cotta, 1992

HERCEG, M. *le jeune Hegel et la naissance de la réconciliation moderne. Essai sur le Fragment de Tübingen* (1792-1793) in *Les Etudes philosophiques*, 3, 2004

HERCEG, M. *Le jeune Hegel et le problème de la fausse réconciliation. Essai sur la période de Berne (1793-1796)* in *Archives de philosophie*, 68, 2005

HOMANN, K. *Jacobis Philosophie der Freiheit*, Alber, München, 1973

HONNETH, A. *Les pathologies de la liberté. Une réactualisation de la philosophie du droit de Hegel*, Paris, La Découverte, 2008,

IACOVACCI, A. *Idealismo e nichilismo. La lettera di Jacobi a Fichte*, Padova, CEDAM, 1992

IOVINO, S. *Woldemar, due letture possibili*, in *Woldemar*, Introduzione, traduzione e commento storico-critico, Padova, CEDAM, 2000

IVALDO, M. *Filosofia trascendentale e nichilismo* in *Teoria*, 1999/1

IVALDO, M. *Wissen und Leben. Vergewisserungen Fichtes in Anschluß an Jacobi* in *F.H. Jacobi. Ein Wendepunkt der geistigen Bildung der Zeit*, Hamburg, Meiner, 2004.

JAESCHKE, W. (Hrsg.) *Religionsphilosophie und spekulative Theologie. Der Streit um die Göttlichen Dinge (1799-1812), Quellenband*, Hamburg, Meiner, 1994

JARCZYK, G. *Système et liberté dans la logique de Hegel*, Paris, Aubier, 1980

JARCZYK, G. *Le négatif ou l'écriture de l'autre dans la logique de Hegel*, Paris, Ellipses, 1999

JARCZYK, G. et Labarrière, P.J. *Hegeliana*, Paris, PUF, 1986

JARCZYK, G. et Labarrière, P.J. *De Kojève à Hegel. 150 ans de pensée hégélienne en France*, Paris, Albin Michel, 1996.

KERVEGAN, J.F. *Figures du droit dans la Phénoménologie de l'esprit. La phénoménologie comme doctrine de l'esprit objectif?* in *Revue internationale de philosophie*, n° 2-2007

KOJEVE, A. *Introduction à la lecture de Hegel*, Paris, Gallimard, 1947

LABARRIERE, P.J. *Structures et mouvement dialectique dans la Phénoménologie de l'esprit*, Paris, Aubier, 1968

LABARRIERE, P.J. *Introduction à une lecture de la Phénoménologie de l'esprit*, Paris, Aubier, 1979

LARDIC, J.M. *La contingence chez Hegel* in *Hegel, comment le sens commun comprend la philosophie*, Arles, Actes Sud, 1989

LEBRUN, G. *La patience du Concept. Essai sur le Discours hégélien*, Paris, Gallimard, 1972

LONGUENESSE, B. *Hegel et la critique de la métaphysique*, Vrin, 1981

LOSURDO, D. *L'Ipocondria dell' Impolitico, La Critica di Hegel Ieri e Oggi*, Lecce, Milella, 2001

LUKÀCS, G. *Der junge Hegel. Uber die Beziehungen von Dialektik und Ökonomie*, Zürich, Europa-Verlag, 1948

LUKÀCS, G. *Le jeune Hegel*, II, trad. G. Haarscher et R. Legros, Paris, Gallimard, 1981

MABILLE, B. *Hegel, l'épreuve de la contingence*, Paris, Aubier, 1999

MABILLE, B. *Hegel, Heidegger et la métaphysique. Recherches pour une constitution*, Paris, Vrin, 2004,

MENEGONI, F. *Da Glauben und Sein a Glauben und Wissen* in *Fede e sapere*, a cura di R. Bonito Oliva e G. Cantillo, Milano, Guerini, 1998

MOREAU, P.F. *Spinoza. L'expérience et l'éternité*, Paris, PUF, 1994

MÜLLER-LAUTER, W. *Über die Standpunkte des Lebens und der Spekulation. Ein Beitrag zur Auseinandersetzung zwischen Fichte und Jacobi unter besonderen Berücksichtigung ihrer Briefe* in *Idealismus mit Folgen*, München, Fink, 1994

NUZZO, A. *Sinnliche und übersinnliche Erkenntnis. Das Problem des Empirismus in Hegels Glauben und Wissen* in *Wissen und Begründung. Die Skeptizismus-Debatte um 1800 im Kontext neuzeitlicher Wissenskonzeptionen*, (K. Vieweg und B. Bowman hrsg.), Würzburg, K &N, 2003

NUZZO, A. *Hegels Auffassung der Philosophie als System und die drei Schlüsse der Enzyklopädie* in *Hegels enzyklopädisches System der Philosophie*, hrsg. von H.C. Lucas, B. Tuschling, V. Vogel, Stuttgart, Fromann-Holzboog, 2004

PÖGGELER, O. *Hegels praktische Philosophie in Frankfurt*, in *Hegel-Studien*, 9, 1974

REID, J. *L'anti-romantique. Hegel contre le romantisme ironique*, Québec, Les Presses de l'Université Laval, 2007

RENAULT, E. *L'élargissement fichtéen du concept de pratique et ses avatars* in *http ://www.sha.univ-poitiers.fr/philosophie*

RENAULT, E. *Connaître le présent. Trois approches d'un thème* in *Hegel penseur du droit*, (J. F. Kervégan et G. Marmasse dir.), Paris, CNRS editions, 2004

RENAULT, E. *Hegel, La naturalisation de la dialectique*, Paris, Vrin, 2001

SIEP, L. *Anerkennung als Prinzip der praktischen Philosophie. Untersuchungen zu Hegels Jenaer Philosophie des Geistes*, Freiburg, 1978

SIEP, L. *Der Weg der Phänomenologie des Geistes. Ein einführender Kommentar zu Hegels Differenzschrift und Phänomenologie des Geistes*, Frankfurt. A. M. Suhrkamp, 2000

SPINOZA, *Œuvres complètes*, Paris, Gallimard, 1954

Spinoza im Deutschland des achtzehnten Jahrhunderts hrsg. von E. Schürmann, N. Waszeck, F. Weinreich, Stuttgart, Frommann-Holzboog, 2002

Spinoza entre Lumières et romantisme, Cahiers de Fontenay n° 36 à 38, 1985

Spinoza au dix-huitième siècle, Paris, Méridiens Klincksieck, 1990

STRAUSS, L. *Le problème de la connaissance dans la doctrine philosophique de F.H. Jacobi*, thèse d'habilitation soutenue en 1921 à Hambourg, trad. fr. in *Revue de métaphysique et de morale* 3/4, 1994.

TAVOILLOT, P.H. *Le crépuscule des Lumières. Les documents de la querelle du panthéisme (1780-1789)*, Paris, Cerf, 1995

TILLIETTE, X. *L'absolu et la philosophie*, Paris, PUF, 1987

TIMM, H. *Gott und die Freiheit. Studien zur Religionsphilosophie der Goethezeit I Die Spinozarenaissance*, Frankfurt. a. M., 1974

VAN DOOREN, W. *Hegel und Fries, Kant-Studien*, 61, 2, 1970

VIEWEG, K. *Skepsis und Common sense – Hegel und Friedrich Immanuel Niethammer* in *Wissen und Begründung. Die Skeptizismus-Debatte um 1800 im Kontext neuzeitlicher Wissenskonzeptionen* (K. Vieweg und B. Bowman hrsg.), Würzburg, K &N, 2003

WAGNER, F. *Religion zwischen Rechfertigung und Aufhebung*, in *Hegels Logik der Philosophie. Religion und Philosophie in der Theorie des absoluten Geistes*, hrsg. von D. Henrich, R.P. Horstmann, Stuttgart, Klett-Cotta, 1984

WEIL, E. *Logique de la philosophie*, Paris, Vrin, 1950

WEIL, E. *Essais et conférences*, I, Paris, Plon, 1970,

WEIL, E. *Philosophie et réalité*, Paris, Beauchesne, 1982

WEIL, E. *Problèmes kantiens*, Paris, Vrin, 1970

WITTMANN, D. *Le concept de Trieb. Entre logique et sciences concrètes* in *Logique et sciences concrètes (Nature et esprit)*, Paris, L'Harmattan, 2006

ZAC, S. *Spinoza en Allemagne, Mendelssohn, Lessing et Jacobi*, Paris, Méridiens Klincksieck, 1989

INDEX

TABLE DES MATIÈRES

Achevé d'imprimer par Corlet Numérique,
à Condé-sur-Noireau (Calvados), en décembre 2011
Nº d'impression : 84105 – Dépôt légal : décembre 2011
Imprimé en France